社会经济统计学

主　编　刘　波　刘　薇
副主编　徐　刚　冯　杉

西南财经大学出版社
中国·成都

图书在版编目(CIP)数据

社会经济统计学/刘波,刘薇主编;徐刚,冯杉副主编.—成都:西南财经大学出版社,2022.9(2024.8 重印)
ISBN 978-7-5504-5464-4

Ⅰ.①社… Ⅱ.①刘…②刘…③徐…④冯… Ⅲ.①经济统计学
Ⅳ.①F222

中国版本图书馆 CIP 数据核字(2022)第 133621 号

社会经济统计学

SHEHUI JINGJI TONGJIXUE

主　编　刘波　刘薇
副主编　徐刚　冯杉

策划编辑:李邓超
责任编辑:金欣蕾
责任校对:陈何真璐
封面设计:墨创文化
责任印制:朱曼丽

出版发行	西南财经大学出版社(四川省成都市光华村街 55 号)
网　　址	http://cbs.swufe.edu.cn
电子邮件	bookcj@swufe.edu.cn
邮政编码	610074
电　　话	028-87353785
照　　排	四川胜翔数码印务设计有限公司
印　　刷	郫县犀浦印刷厂
成品尺寸	185 mm×260 mm
印　　张	14.125
字　　数	333 千字
版　　次	2022 年 9 月第 1 版
印　　次	2024 年 8 月第 2 次印刷
印　　数	2001— 3000 册
书　　号	ISBN 978-7-5504-5464-4
定　　价	42.00 元

前言

社会经济统计学是本科院校经济与管理学科各专业学生都需要学习的一门必修基础课。随着新经济、新业态的不断产生和发展，人们在从事各种社会经济活动时，需要掌握基本的统计理论和方法，从而可以运用专业的统计分析工具准确、有效地做好工作。作为数据处理和数据分析技术方法论学科的统计学，无疑应成为大数据时代各行各业的专业人士必备的基本知识，这也使统计学这门方法论学科迎来了前所未有的发展机遇。

现有的统计学教材或是理论性较强，不利于应用性学科专业的学生学习和掌握；或是专业性较强，不利于其他学科专业的学生学习。在多年的教学实践中我们发现，有许多学生花费了很多时间，却依然找不到学习统计学的“感觉”，对其有所畏惧。作为教授这门课程的教师，我们深感编写一本既易于学习又能解决实际问题的教材是非常必要的，于是便有了这本书的编写和出版。在本书编写中，我们注意了以下几点：

一是以应用为特征来构建教材内容，在体系安排上力求做到难易适中，体现统计学科的系统性和科学性，以便学生学习、理解、掌握和应用。

二是根据教学大纲和实际教学的要求，在每一章都设置了引导案例、本章小结、思考与练习，力求实现统计理论与实践的融合。

三是在编撰思路上，以统计数据的收集、整理和分析为主线，突出统计在经济生活中的具体运用，并举出运用 Excel 软件进行数据处理的实例，从而提高学生对数据处理和分析的能力。

四是在写作方法上，力求简明扼要、深入浅出，突出对社会经济数据的理解和对学生实际应用技能的培养。每章的习题都紧密结合教材内容，以加强对学生的基础知识和基本技能的训练。

通过对本书的学习，学生可以系统掌握统计学的基本原理和基本方法，提高分析经济问题和处理经济信息的能力，从而为今后进一步学习专业统计知识和计量经济课程打下良好的专业基础。

本书不仅可作为大学本科应用型学科专业的通用教材，也可作为大专院校有关专业的教学参考书。全书共九章，由西华大学的刘波、刘薇、徐刚、冯杉四位教师编写。

各章编写人员分工如下：冯杉（第一章、第二章、第三章）、刘薇（第四章、第五章）、刘波（第六章、第七章）、徐刚（第八章、第九章）。

在编写此书的过程中，编者学习、吸收了大量统计学著作和相关文献的理论成果，在此向这些著作和文献的作者表示诚挚的谢意。由于编者水平有限，书中不足之处在所难免，希望专家、学者多提宝贵意见。

编者

2022 年 6 月

目录

第一章 绪论

【引导案例】

总部位于美国阿肯色州的世界著名商业零售连锁企业沃尔玛，拥有世界上最大的数据仓库系统。为了能够准确了解顾客在其门店的购买习惯，沃尔玛对其顾客的购物行为进行购物篮分析。沃尔玛数据仓库里集中了其各个门店的详细原始交易数据。在这些原始交易数据的基础上，沃尔玛利用 NCR 数据挖掘工具，对这些数据进行分析和挖掘，可以很轻松地知道顾客经常一起购买的商品有哪些。一个意外的发现是："跟尿布一起购买最多的商品竟然是啤酒!"

这是数据挖掘技术对历史数据进行分析的结果，反映出数据内在的规律。沃尔玛派出市场调查人员和分析师对这一数据挖掘结果进行调查分析。他们经过大量调查和分析，发现了隐藏在啤酒和纸尿布背后的美国人的一种行为模式。在美国，一些年轻的父亲下班后经常要到超市去买婴儿尿布，而他们中有30%~40%的人同时也为自己买一些啤酒。产生这一现象的原因是，美国的太太们常叮嘱她们的丈夫下班后为孩子买尿布，而丈夫们在买尿布后又随手带回了他们喜欢的啤酒。既然啤酒和尿布一起被购买的机会很多，于是，沃尔玛就在其门店将尿布和啤酒摆放在一起，结果是尿布和啤酒的销售量双双增长。

该案例已经成为大数据技术应用的一个经典案例。这个故事的意义在于，将看似不相关的商品数据放在一起进行分析，找到它们之间的关联性。生活中处处有统计。

资料来源：佚名．啤酒和尿布[EB/OL].(2009-11-27)[2022-05-20].http://finance.sina.com.cn/roll/20091127/03427023352.shtml.

第一节 为什么要学习统计学

一、理解统计对每个人都是必要的

首先，统计在许多领域中都有运用。人们在日常生活中会接触到很多统计数据，如消费者价格指数（CPI）、空气质量指数、股票价格信息等。还有一些结论：吸烟对健康是有害的；身材高的男性，其子女的身材也较高；第二个出生的子女没有第一个聪明，第三个出生的子女没有第二个聪明，以此类推；学生在听了莫扎特钢琴曲十分钟后所做的推理测试结果会比他们听十分钟娱乐节目或其他曲目所做的推理测试的结果更好……这些结论是正确的吗？你相信这些结论吗？要正确理解这些数据，就需要具备一些统计学知识。

其次，理解和掌握一些统计知识，对政治家或者制定政策的人来说更为重要，在他们做决策时，如果不懂统计可能会闹出笑话来。比如，卫生部门的一位领导看到一个统计学者提供的报告，报告中提到由于某种疾病，平均每10 000人中死亡人数为3.2人，这位领导对这个数字产生了兴趣。他问他的私人秘书，3.2人该如何解释？他的秘书说：先生，当一个统计学家说死了3.2人时，意味着3个人已经死了，2个人正要死。你是否也这样认为？

统计也是量化投资、自动化交易、人工智能的基础。2018年8月10日至12日，2011年诺贝尔经济学奖获得者托马斯·萨金特（Thomas J. Sargent）在北京举办的以"共享全球智慧，引领未来科技"为主题的世界科技创新论坛上表示："人工智能其实就是统计学，只不过用了一个很华丽的辞藻，其实就是统计学。好多公式都非常老，但是所有的人工智能都是利用统计学来解决问题的。"未来，统计学会对我们的生活产生更大、更深远的影响，所以提前对统计学有一定的了解，对于我们未来的工作生活都具有一定的指导意义。

二、统计学是一门应用范围很广的学科

目前，统计学已被应用到自然科学和社会科学的各个领域。可以这样说，统计学几乎应用到了所有研究领域，比如工商企业、政府部门、学术研究领域，甚至日常生活中都要用到统计。因而也形成了众多的具有统计学应用性质的学科，如社会经济统计学、工业统计学、农业统计学、物理统计学、生物统计学、医药统计学、人口统计学、空间统计学等。随着数字化进程的不断推进，人们越来越希望能够从大量的数据中总结出一般经验规律，从而为后面的决策提供一些依据。统计刚好包含了调查数据、收集数据、分析数据、预测等过程。因此，连纯文科领域的语言、新闻、历史、法律等都越来越重视对统计数据的分析。可以说，统计学与数学、哲学一样成为所有学科的基础。

三、本书的内容结构

本书按照先描述统计学、后推断统计学的思路编写。描述统计是推断统计的基础，只有对总体进行客观描述才能认识总体，只有对样本进行同样客观的描述才能对总体进行推断。第二至五章属于描述统计学的基本理论和方法，第六至九章属于推断统计学的基本理论和方法。本书第九章的内容是计量经济学课程的起点，这样的安排符合知识点的逻辑关系，也便于学生理解和掌握。

第二节　什么是统计

一、统计的含义

统计作为一种社会实践活动历史悠久。现在，各个国家各个行业都离不开统计，日常生活中也经常使用统计。统计一般具有三种含义：统计工作、统计资料和统计学。

（一）统计工作

统计最初是适应国家管理的需要和社会经济发展的需要而产生和发展的。统计工作就是人们有目的地收集、整理和分析实际资料的工作过程，涉及社会、经济、文化、科技等各个方面。例如，要了解我国国土资源情况，统计部门要完成下列工作：设计调查项目—编制调查表—派调查人员分区域逐步调查—对调查结果进行整理、分析—得出反映我国土地资源基本情况的各种统计指标。

统计工作作为一种社会实践活动，已有四五千年的历史。据考证，在我国原始社会的末期及奴隶社会形成的过程中，已经出现了统计的萌芽。“结绳记事”是最早的统计调查活动，并且将所记之事分为“大事”和“小事”，以“结”的大小来表示。这说明在原始社会人类已经开始有目的地积累资料了。经过漫长的封建社会，统计活动的范围逐渐拓宽，内容逐渐丰富，除了人口和耕地统计之外，财产统计、产量统计、仓储统计、交通运输统计、矿冶统计、物价统计、军费统计、驿传统计、财政统计、海关统计等也慢慢产生和发展，并在漫长的岁月里积累了一定的统计资料。但由于封建社会战乱频繁、灾害连连，因此，积累并保存起来的统计资料连贯性较差，且基本不具有可比性。中华民国时期的统计工作已经分行业开展，具备了一定规模。中华人民共和国成立后，统计实践得到了极大的发展，如今的统计活动，已涉及国民经济和社会生活的各个方面，取得了很大的成绩，积累了丰富的资料，为我国的经济建设和社会发展做出了重大贡献。

现实生活中，统计工作作为一种认识社会经济现象总体和自然现象总体的实践过程，一般包括统计设计、统计调查、统计整理和统计分析四个环节。

1. 统计设计

统计设计是统计工作的首要阶段。其基本任务是制订出各种统计工作方案。统计设计是不可缺少的重要环节之一，是统计工作的指导依据。其完成质量直接关系到整个统计研究的质量。

在统计设计阶段，统计者根据统计研究的目的及研究对象的特点，对统计工作所涉及的各个方面、各个环节事先进行通盘考虑和周密计划。该阶段的主要工作内容有：统计指标和指标体系的设计，统计分组和分类的设计，统计调查、整理和分析方案的设计，统计工作各部门和各阶段之间相互协调与联系的设计，统计力量的组织与安排设计，等等。

2. 统计调查

在统计设计阶段形成方案后，已经明确了调查的目的，统计人员就可以确定调查对象、设计调查表、规定调查时间和地点等。统计调查是统计资料整理和统计分析的前提。调查是获取原始资料的主要手段。按调查的组织方式的不同分类，统计调查可分为定期统计报表和专门调查；按调查对象的范围的不同分类，统计调查可分为全面调查（对调查对象的全部单位进行调查）和非全面调查（包括重点调查、抽样调查和典型调查）；按调查时间的连续性分类，统计调查可分为经常性调查和一次性调查；等等。

3. 统计整理

统计调查所取得的反映个体的原始资料和经过一定程度加工、整理的次级资料，必须经过统计整理。统计整理是指统计人员按照科学的方法对资料进行审核、分组、汇总，使之条理化、系统化的过程。统计整理的数据须说明现象总体数量特征，是统计分析工作的前提。统计整理是统计工作的中间环节，具有承前启后的作用。

4. 统计分析

统计分析的主要内容体现在统计分析报告中。统计分析报告是运用统计资料和统计方法、将数字与文字相结合，对客观事物进行规律性研究结果的表现。

（二）统计资料

统计资料即统计数据，是经过统计调查和统计整理以后得到的反映社会经济实际的统计成果，是对人类活动数量方面客观情况的记录，包括数据资料和文字资料，以数据资料为主。统计数字、统计分析报告、统计台账、统计表、统计图等都是统计资料。例如，我国以 2020 年 11 月 1 日零时为标准时点开展了第七次全国人口普查。第七次全国人口普查结果显示：全国人口共 141 178 万人，与 2010 年（第六次全国人口普查数据）的 133 972 万人相比，增加 7 206 万人，增长 5.38%，年平均增长率为 0.53%。我国开展的第四次全国经济普查的标准时点为 2018 年 12 月 31 日，普查的时期资料为 2018 年度，普查对象是我国境内从事第二产业和第三产业活动的全部法人单位、产业活动单位和个体经营户。第四次全国经济普查结果显示：2018 年年末，全国共有科学研究和技术服务业法人单位 127.6 万个、从业人员 1 182.9 万人。其中，企业法人单位 119.5 万个、从业人员 1 029.0 万人。科学研究和技术服务业企业法人单位资产总计 152 124.0 亿元，比 2013 年年末增长 125.5%，负债合计 81 967.0 亿元，全年实现营业收入 44 695.7 亿元。以上这些都是统计资料。目前，收集和积累的统计资料已经十分丰富，大量的统计资料多以各种统计公报、统计年鉴、数据库等的形式公布和收藏。

（三）统计学

统计学即统计理论，是一门有关统计数据的科学，它是研究如何收集、整理数据和进行数据分析、推断的方法论科学。

虽然统计学的应用范围几乎覆盖了社会科学和自然科学的各个领域，用到了大量的数学及其他学科的专业知识，但它并不能解决各门学科的所有问题，而是在各门学科的研究中发现规律。

统计工作、统计资料、统计学三者之间的关系密切：统计资料是统计工作的成果，统计学与统计工作是理论与实践的辩证关系，了解和掌握统计学的基本理论和方法是做好统计工作、取得有效统计资料的基础。

二、统计学的产生和发展

统计是为了适应国家管理需要和社会政治经济发展产生并发展起来的。

从统计的产生和发展过程来看，统计学可划分为古典统计学、近代统计学和现代统计学三个时期。

（一）古典统计学时期

这个时期是指17世纪中叶至18世纪末的统计学萌芽时期。按照对统计学的贡献和时间的先后顺序又可将这个时期的统计学派分为记述学派和政治算术学派。

1. 记述学派

记述学派又称记录学派、国家学派、国势学派，产生于18世纪的德国，其代表人物有赫尔曼·康令（Hermann Conring，1601—1681）和特弗里德·阿亨瓦尔（Gottfried Achenwall，1719—1772）。记述学派以文字记述和比较国情而得名。阿亨瓦尔把记述和比较国情的国家学定名为“统计学”，第一个使用了“统计学”这个名称。

2. 政治算术学派

政治算术学派产生于17世纪中叶的英国。其代表人物有威廉·配第（William Petty，1623—1687）和约翰·格朗特（John Graunt，1620—1674）。《政治算术》一书写于1671—1676年，于1690年出版，其独特之处在于用算数方法和大量统计资料对英国、法国、荷兰三国的实力进行比较和分析，“用数字、重量和尺度”来表达自己的思想。马克思认为威廉·配第是“政治经济学之父，在一定程度上也是统计学的发明人”。

约翰·格朗特利用政府公布的人口变动的资料，写了一本统计学著作《关于死亡表的自然和政治观察》，提出了通过大量观察可以发现男女婴儿出生比例是较为稳定的观点，创造性地编制了初具规模的“生命表”，对各种年龄的死亡率与人口寿命做了比较。

记述学派和政治算术学派共存达200年之久。两个学派的共同之处是均以社会经济作为研究对象，都以社会经济的实际调查资料作为理论的基础，均认为统计学这门科学是能阐明国情国力的社会科学。不同之处在于是否把数量方面的研究，作为这一门学科的基本特征。两派相互影响、相互争论直到19世纪中叶。随着社会经济统计实践的发展，社会科学的发展和分工，统计学作为一门对社会经济现象进行经济数量对比分析的方法论科学，已为社会所公认。此时，两个学派的争论才告一段落，国势学改称为国家论，而统计学则成为“政治算术”的科学名词。

在记述学派和政治算术学派的争论还没有完全结束时，统计理论又向前发展，产生了新的学派。

（二）近代统计学时期

这个时期是从18世纪末到19世纪末。在这个时期，统计学又形成了许多学派，其中最主要的是数理统计学派和社会经济统计学派。

1. 数理统计学派

数理统计学派产生于19世纪中叶，其代表人物是比利时的阿道夫·凯特勒（Adolphe Quetelet，1796—1894），他是19世纪比利时的通才：统计学家、数学家、天文学家、物理学家。他是国际统计会议之父、近代统计学之父、数理统计学派创始人。其主要著作有：《论人类》《概率论简书》《社会物理学》等。他还是身体质量指数（BMI）的发明者。他充分运用19世纪的最新科学成果，首次将概率论引入统计学的研究领域，初步完成了统计学与概率论的结合，确定了大数定律的原理，奠定了统计学大量观察的理论基础，使统计学开始进入一个新的阶段。其所提出的“平均人”概念及犯罪理论对误差法则理论、正态分布理论等有一定的影响。可以说，阿道夫·凯特勒是古典统计学的完成者和近代统计学的奠基人。

2. 社会经济统计学派

19世纪后半叶，正当英美数理统计学派刚开始发展的时候，德国兴起了社会经济统计学派。其创始人为克尼斯（Karl Gustav Adolf Knise，1821—1897）。他于1850年出版了《作为独立科学的统计学》一书。他恢复了文字记述的国事学（所谓的统计学）本来的名称，把用数字研究社会经济规律的政治算术作为唯一的统计学，从而为德国统计学界指出了统计学的发展方向。德国统计学界正是在这种思想的引导下才发展成社会经济统计学派的。

社会统计学派的代表人物乔治·蓬·梅尔（Georg von Mayr，1841—1925）和恩斯特·恩格尔（Ernst Engel，1821—1896）。他们强调统计学是一门具有特殊研究方法的实质性社会科学；统计方法与统计科学是有区别的，主张将二者结合起来。梅尔在《社会生活中的规律性》（1877）一书中提出，统计学是根据大量观察，对人类社会生活的状态及其产生的规律做出系统的说明与研究。他明确指出统计学的研究对象是社会经济现象的规律，认为脱离规律性的研究不能获得科学的认识，统计学不仅要确定事实数量的记述，还必须研究其规律性。这体现了社会统计学派的“实质性科学”的特点。恩格尔所提出的统计方法包括事实的收集、分类、观察、记录和整理、比较、分析。他认为，观察社会现象的范围不是个体而是总体。统计学是一门关于研究总体的学问。

（三）现代统计学时期

这个时期是指自20世纪初至今的统计学发展时期。这一时期，统计学由于同自然科学、工程技术科学紧密结合，被广泛应用而获得迅速发展，进入鼎盛时期。

统计学在随机抽样的基础上建立了推断统计的理论和方法，其代表人物有威廉·戈塞特（William Gosset，1876—1936）。他于1908年导出了正态总体下T统计量的精准分布，开创了小样本理论的先河。罗纳德·费希尔（Ronald Fisher，1890—1962）是一名英国统计学家、演化生物学家与遗传学家。他是现代统计学与现代演化论的奠基者之一。丹麦统计学家安德斯·哈尔德称他是“一位几乎独自建立现代统计科学的天才”，英国皇家科学院院士理查·道金斯则认为他是“达尔文最伟大的继承者”。费希尔建立了以生物统计为基础的遗传学和著名的方差分析（analysis of variance，ANOVA），还发明出最大似然估计，并发展出充分性（sufficiency）、辅助统计、Fisher’s 线性判别（Fisher’s linear discriminator）与 Fisher’s 资讯（Fisher’s information）等统计概念。

后来，美国统计学家亚伯拉罕·瓦尔德（Abraham Wald，1902—1952）又将统计学中的估计和假设理论加以归纳，创造了“决策理论”。威廉·科克伦（William Cochran，1909—1980）等在 1957 年提出了试验设计的理论和方法，拓宽了统计学的范畴。

三、统计学的类型

由于统计学是一门应用非常广泛的科学，所以其内容也非常丰富。统计学的分类如图 1-1 所示。

- 统计学
  - 理论统计学
    - 描述统计学
    - 推断统计学
  - 应用统计学

图 1-1　统计学的分类

（一）理论统计学

理论统计学是指把统计研究对象一般化、抽象化后，形成的可以运用于各种统计活动的一般统计理论和方法。本书的内容属于理论统计学。理论统计学又可分为描述统计学和推断统计学。

1. 描述统计学

描述统计学是研究如何取得反映客观现象的数据，并通过图表形式对所收集的数据进行加工处理和显示，进而通过综合、概括与分析，得出反映客观现象的规律性数量特征的一门学科。其内容包括统计数据的收集方法、数据的加工处理方法、数据的显示方法、数据分布特征的概括与分析方法等。描述统计学属于统计学的初级阶段。

2. 推断统计学

推断统计学也称统计推断，是研究如何利用样本数据来推断总体数据的理论和方法论的科学。其特点是从总体中抽取样本，得出关于总体的结论。推断统计学应用的理论基础是概率论。比如，要了解一个地区的人口特征，不可能对每个人的特征一一进行测量；对产品的质量进行检验，往往是破坏性的，也不可能对每个产品进行测量。这就需要抽取部分个体即样本进行测量，然后根据获得的样本数据对所研究的总体特征进行推断，这就是推断统计学要解决的问题。

描述统计学和推断统计学的划分，反映了统计方法发展的前后两个阶段。描述统计学是整个统计学的基础，推断统计学则是现代统计学的主要内容。由于在对现实问题的研究中，所获得的数据主要是样本数据，因此，推断统计学在现代统计学中的作用越来越重要，已成为统计学的核心内容。当然，这并不等于说描述统计学不重要，如果没有描述统计收集可靠的统计数据并提供有效的样本信息，即使再科学的统计推断方法也难以得出切合实际的结论。

从描述统计学发展到推断统计学，不仅反映了应用统计方法探索客观事物数量规律性的不同过程，也反映了统计学发展的巨大成就，是统计学发展成熟的重要标志。

（二）应用统计学

应用统计学是指统计的一般理论和方法应用到各个领域形成的科学，如教育统计学、经济统计学、农业统计学、货币与金融统计学、管理统计学、人口统计学、心理统计学、医学统计学、生物统计学等。

四、统计的特点

作为对客观事物的数量方面进行分析和研究的社会实践活动，统计研究具有以下几个方面的特点：

（一）数量性

“数字是统计的语言”，用数字说话是统计研究的基本特点。客观事物都有质和量两个方面。量就是规模、水平、速度、结构和比例关系等。对数量的研究称为定量研究。定量研究通过研究客观事物的数量表现、数量关系及其变化，揭示事物的本质、事物发展的规律，推断事物发展趋势。例如，统计出不同时期、不同地区的国民收入水平以及消费水平，进行纵向和横向的对比，可以判断某个时期某个地区的国民是贫穷还是富裕等。

（二）总体性

统计的总体性是指统计研究通过对大量杂乱的、无序的个体数据进行统计整理和统计分析，从而揭示出现象总体的数量特征。统计学研究的总体就是统计总体，是由同类个体组成的集合体，如人口总体、企业总体、商品总体等。因此，总体性也有综合性的含义。

统计研究也不排除对个别现象进行深入具体的分析研究。例如，进行个人综合素质测评，是把个人的政治思想素质、文化素质、技术素质以及身体素质等个别素质加以综合得到个人综合素质。

（三）具体性

具体性即客观性。统计对象是具体的、客观存在的事物或现象。统计数据包括原始数据和计算结果，它们都是客观现象在一定时间、地点、条件下的数量表现，是具体的数据。如标准时间 2020 年 11 月 1 日零时，中国总人口共 1 411 778 724 人，即在一定时间、空间条件下的人口数。这是统计和数学的一个重要区别，数学所研究的数量可以是脱离了具体对象的抽象的数量。统计学所研究的统计对象是具体的社会现象，包括人类自身、人类从事的活动以及活动的成果等。

五、统计研究的基本方法

统计学作为一门方法论科学，具有完善的方法体系。统计研究的具体方法有很多，归纳起来，其基本研究方法主要有如下几种：

（一）大量观察法

大量观察法是指对所研究现象总体中的足够多的个体进行观察和研究，从而认识总体现象具有规律性的数量特征的方法。大量观察法的理论依据是大数定律。大数定律是指虽然每个个体受偶然因素的影响不同而在数量上存有差异，但对总体而言，是可以相互抵消而呈现出稳定的规律性。因此只有对足够多的个体进行观察，观察值的综合结果才会趋向稳定。如就新生儿的性别来说，可能一家医院一段时间出生的男性新生儿多些，另一段时间的女性新生儿要多些，但在正常情况下，相当长时期内男性新生儿与女性新生儿的性别比例在103~107∶100。

大量观察法揭示出统计的规律性，主要以平均数形式表现出来。总体的平均数在次要和偶然的因素中相互抵消，以集中的趋势值形式来反映，使总体的数量特征呈现以平均数为中心的分布状态。

（二）统计分组法

统计分组法是指根据统计研究的目的和需要，按一定的标志将所研究的现象总体划分为若干组别的方法。由于研究对象本身的复杂性、差异性及多层次性，因此需要对所研究对象进行分组或分类研究，以期在同质的基础上探求不同组或类之间的差异性。统计分组在整个统计活动过程中都占有重要地位，贯穿统计研究和统计工作的全过程。在统计调查阶段，统计人员可通过使用统计分组法来收集不同类的资料，并可使抽样调查的样本代表性增强；在统计整理阶段，统计人员可以通过使用统计分组法使各种数据资料得到分门别类地加工处理和储存，并为编制分布数列奠定基础；在统计分析阶段，统计人员则可以通过使用统计分组法来划分现象类型、研究总体内在结构、比较不同类或组之间的差异（显著性检验），以及分析不同变量之间的相关关系。统计学中的统计分组法可以划分为传统分组法、判别分析法和聚类分析法等。

（三）综合分析法

综合是指对获取的资料，运用各种综合指标来反映所研究的现象的总体数量特征和数量关系的范畴及其数值。常见的有总量指标、相对指标、平均指标和标志变异指标等。

分析是指对综合指标进行分解对比，研究总体的差异程度和数量关系。具体来说，统计人员应用统计分组法，根据事物的内在特点和研究目的，将被研究的现象划分为若干组成部分或不同类型。在分组的基础上，统计人员运用各种数量分析方法，探讨总体内部的各种数量关系，发现问题，以便进一步找到解决问题的方法。常用的统计分析方法有时间数列分析法、因素分析法、相关分析与回归分析等。

综合分析法在统计学，尤其是社会经济统计学中占有十分重要的地位，是描述统计学的核心内容。如何最真实客观地记录、描述和反映所研究现象的数量特征和数量关系，是统计指标理论研究的一大课题。

（四）归纳推断法

在统计认识活动中，人们所观察的往往只是所研究现象总体中的一部分单位，掌握的只是局部样本观察数据，这种从个别概括到一般特征的推理方法，就是归纳法。如总量指标，它不同于总体各单位的标志值，但又必须从总体各单位的标志值中来。人们使用归纳法可以从具体事实中得出一般规律，它是统计中常用的研究方法。

推断是以一定的置信标准，根据样本的数据来推断总体数量特征的推理方法。在实际中，统计人员经常使用非全面调查，其调查的是总体中的部分单位或有限的单位，而需要推断的是总体的数量特征，即利用样本的信息推断总体的信息。常用的归纳推断法有重点调查、典型调查、抽样调查等。

推断法需要用到概率论和样本分布理论，而运用参数估计或假设检验的方法，存在着抽样误差的问题。抽样误差不能消除但可以控制。在实践中，它是一种有效又经济的方法，应用范围很广泛，发展很快。

第三节　统计学中的基本术语

统计学中的术语很多，其中有几个术语是经常用到的，有必要单独加以介绍。这些术语包括总体和样本、标志和指标、参数和统计量、变量和数据的计量尺度等。

一、总体和样本

（一）总体

总体（population）是指包含所研究的全部个体（数据）的集合，它通常由具有某些共性的个体组成，如由多个企业构成的集合、多个居民户构成的集合、多个人构成的集合，等等。总体是指客观存在的、在同一性质基础上结合起来的许多个别单位的整体。构成总体的这些个别单位称为总体单位。

总体按包含单位的数量的不同划分，可以分为有限总体和无限总体。总体所包含的单位数是有限的，称为有限总体，如人口数、企业数、商店数等。总体所包含的单位数是无限的，称为无限总体。如果没有时间界限，可以把连续生产的某种产品产量等可以无限做下去的视为无限总体。社会经济现象绝大多数是有限总体。对有限总体可以进行全面调查，也可以进行非全面调查。但对无限总体只能抽取一部分单位进行非全面调查，据以推断总体。

总体分为有限总体和无限总体，主要是为了判别在抽样中每次抽取是否独立。对于无限总体，每次抽取一个单位并不影响下一次的抽样结果，因此每次抽取可以看作独立的。对于有限总体，抽取一个单位后，总体元素就会减少一个，前一次的抽样结果往往会影响第二次的抽样结果，因此每次抽取是不独立的。这些因素会影响到抽样推断的结果。

总体与总体单位的确定具有以下几方面的特点：

1. 同质性

构成总体的单位具有同质性。只有在某方面具有相同的性质才能集合在一起，不能把不同质的单位混在总体之中。例如，研究某高校学生毕业后的职业发展情况，就不能把其他高校的学生纳入研究的范围。

2. 大量性

大量性是指总体中包括的总体单位有足够多的数量。总体是由许多个体在某一相同性质基础上结合起来的整体，个别或很少几个单位不能构成总体。总体的大量性，可使个别单位某些偶然因素的影响相互抵消，从而显示出总体的本质和规律性。

3. 差异性

差异性是指总体的各单位之间在相同的性质外，在其他方面都是不尽相同的，从而表现出的差异。如果总体各单位的表现都一样，研究总体就没有意义了。例如某班学生总体中有男、女的性别属性差异、年龄差异等。

4. 相对性

相对性是指总体与总体单位随着研究任务的不同而改变。同一单位可以是总体也可以是总体单位。例如，要了解全国工业企业职工的工资收入情况，那么全部工厂是总体，各个工厂是总体单位。如果要了解某个企业职工的工资收入情况，那么该企业就成了总体，每位职工的工资就是总体单位了。

（二）样本

样本（sample）是指从总体中抽取的一部分元素的集合。构成样本的元素的数目称为样本量（sample size）。抽样的目的是根据样本提供的信息推断总体的特征。比如，从一批产品中随机抽取 50 个，这 50 个产品就构成了一个样本，然后根据这 50 个产品的平均使用寿命去推断这批产品的平均使用寿命。

二、标志和指标

（一）标志

标志（statistical characteristics）说明的是总体单位属性和特征的名称。每个总体中的个体都有很多方面的属性和特征，如每个学生都具有的性别、身高、年龄、爱好、受教育程度等属性和特征，即标志。显然，总体单位是标志的承担者。每一个标志也都可以视为描述总体单位的一个维度或角度。

标志的具体表现称为标志值。标志按其性质不同，可分为品质标志和数量标志。品质标志表明的是总体单位品质属性或特征的名称，它不能用数值表示，只能用文字说明，如性别的标志表现为男性或女性等。数量标志表明的是总体单位数量特征的名称，是用数值表示的，如身高为 160 厘米等。

（二）指标

指标（indicator）说明的是总体数量特征的概念及其数值，也称为统计指标。它是统计人员利用科学的统计方法对总体各单位的标志进行汇总而形成的。统计指标由指标名称、时间、空间、指标值、计量单位、计算方法六个要素构成。例如，2021 年我国国内生产总值为 1 143 670 亿元。

统计指标具有以下三个重要特点：

（1）数量性。它是指统计指标是数量范畴，也就是“没有没有数量的指标”。

（2）具体性。它是指总体在具体时间、地点、条件下的数量特征，即统计指标“质的规定性”。

（3）综合性。它是指对总体数量特征的综合说明，是由个体数量综合而来的。

统计学中，统计指标通常分为数量指标和质量指标。

数量指标是指反映现象总规模、总水平或总量的统计指标，例如国内生产总值、商品销售额、社会固定资产投资额等。由于数量指标反映社会经济现象的总量，所以也称为总量指标。由于这类指标用绝对数表示，因此又称为绝对量指标。

质量指标是指反映现象相对水平或工作质量的统计指标，例如人均国内生产总值（人均 GDP）、商品价格、人口密度等。质量指标通常是由两个总量指标对比而派生的指标，用相对数或平均数来表示。由于它反映的是现象之间的内在联系和对比关系，因此质量指标又被称为相对量指标。

社会经济现象是复杂的、多种多样的，其数量表现和数量关系不是一两个指标就能够反映的，因为单个指标的作用是有限的。一个统计指标只能反映总体某一方面的数量特征，要能全面反映总体的数量特征，就需要若干个既相对独立又相互联系的统计指标来反映。

（三）标志与指标的区别与联系

1. 标志与指标的区别

两者的区别如下：

（1）说明对象不同。标志是说明总体单位特征的，而指标是说明统计总体数量特征的。

（2）表现形式不同。标志可以用数值或文字表示，而指标不论是数量指标还是质量指标都是用数值表示的。

2. 标志与指标的联系

二者的联系如下：

（1）标志是总体指标的来源和基础，指标则是标志的综合。统计指标的数值是通过对总体单位数量标志的标志值进行直接汇总或间接计算得到的。例如，某企业职工的月工资总额是由该企业的所属职工的月工资额汇总而来的。

（2）指标与标志之间存在着变换关系。由于统计总体和总体单位之间的关系不是固定不变的，随着统计研究的目的和任务的变化，原来的统计总体可以变成总体单位，这时原来的指标也就变成标志了。相反，如果原来的总体单位变成了总体，那么原来的标志也就变成了指标。例如，如果从研究一个国家的经济社会发展水平变化到研究某一地区的经济社会发展水平，那么该地区的经济水平（比如人均 GDP）、城镇居民可支配收入、农村居民现金收入、人均教育经费等就由原来的数量标志变成反映该地区经济社会发展水平总体特征的指标了。

三、参数和统计量

（一）参数

参数（parameter）是指用来描述总体特征的概括性数字度量，它是研究者想要了解的总体的某种特征值。研究者所关心的参数通常有总体平均数、总体标准差、总体比例等。在统计中，总体参数通常用希腊字母表示。比如，总体平均数用 μ 表示，总体标准差用 σ 表示，总体比例用 π 表示等。因为总体数据通常是不知道的，所以参数是一个未知的常数。比如不知道某一地区所有人口的平均年龄，不知道一个城市所有家庭的收入的差异，不知道一批产品的合格率，等等。正因为如此，才进行抽样，根据样本计算出某些值，去估计总体参数。

（二）统计量

统计量是指用来描述样本特征的概括性数字度量，它是根据样本数据计算出来的一个量。由于抽样是随机的，因此统计量是样本的函数。研究者所关心的统计量主要有样本平均数、样本标准差、样本比例等。样本统计量通常用英文字母来表示，比如样本平均数 $\bar{x}$ 用表示，样本标准差用 S 表示，样本比例用 p 表示等。由于样本是已经抽出来的，所以统计量总是知道的。抽样的目的就是根据样本统计量去估计总体参数。

比如用样本平均数去估计总体平均数，用样本标准差去估计总体标准差，用样本比例去估计总体比例，等等。

除了样本均值、样本比例、样本方差这类统计量，还有一些是为统计分析需要而制造出来的统计量，比如用于统计检验的 Z 统计量、T 统计量、卡方统计量、F 统计量等。

总体、样本、参数和统计量的关系可以用图 1-2 来表示。

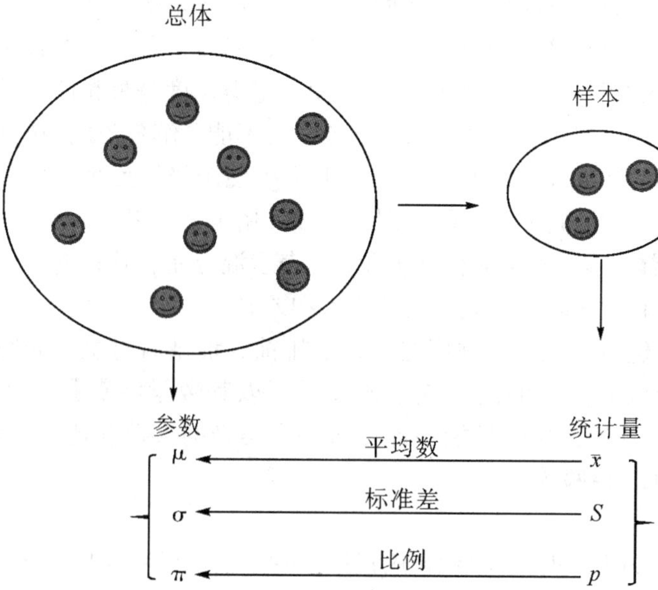

图 1-2　总体、样本、参数和统计量的关系

四、变量和数据的计量尺度

（一）变量的计量尺度

统计学中的变量指的是研究对象的特征，有时也称为属性。按照这个定义，指标和标志都是变量。如商品销售额、工资总额、学生人数、性别等都是变量。变量的具体取值称为变量值，即统计数据。

变量可以分为定性变量和定量变量两类。

定性变量是指具体表现为文字的变量，它只能以类别区分，所以也称为分类变量、属性变量。例如，性别的具体表现为男、女；冰激淋的味道可以表现为原味、牛奶味、香草味、草莓味等。对于定性变量，通常关注的是每一个类别的数量和所占比例。

定量变量是指可以取具体数值的变量，所以也称为数值变量。例如“成绩”可以是 60 分、70 分、100 分等，国内生产总值可以是 114. 37 万亿元。数值变量有离散变量和连续变量之分。离散变量是可以一一列举的量，其取值大多是整数，如企业数、产品数量等都是离散变量。离散变量一般通过计数取得。连续变量是不能一一列举的量，任意两个变量值之间无法分割，都有无穷多个变量值，如重量、长度、土地面积等。连续变量一般通过计量得到。

（二）数据的计量尺度

在计量学的一般分类方法中，依据对事物计量的精确程度的不同，可将所采用的计量尺度由低级到高级、由粗略到精确分为四个层次，即定类尺度、定序尺度、定距尺度和定比尺度。

1. 定类尺度

定类尺度（nominal scale），也称类别尺度。它是指这样一种品质标志，按照它可对研究现象进行平行的分类或分组，使同类同质、异类异质。例如：按照性别将人口分为男、女两类；按照经济性质将企业分为国有、集体、私营、混合制企业等。这里的“性别”和“经济性质”就是两种定类尺度。定类尺度是最粗略、计量层次最低的计量尺度，利用它只可测度现象之间的类别差，而不能了解各类之间的其他差别。

定类尺度计量的结果表现为某种类别；但为了便于统计处理，例如为了计算和识别，也可用不同数字或编码表示不同类别。比如：用 1 表示男，0 表示女；用 1 表示国有企业，2 表示集体企业，3 表示私营企业，4 表示混合制企业；等等。这些数字只是不同类别的代码，它们之间没有数量上的关系和差异。

定类数据没有优劣、大小、顺序之分，谁排前、谁排后对统计研究没有实质性影响。定类数据只能区分事物的同类或不同类，所以其数学特点是“等于（=）”和“不等于（≠）”。其计算功能是能够计算每一个类别的次数和比重、众数和异众比，进行列联表分析和 x^2 检验等。

2. 定序尺度

定序尺度（ordinal scale），也称顺序尺度。它是指这样一种品质标志，利用它不仅能将事物分成不同的类别，还可确定这些类别的等级差别或序列差别。例如，按等级制记录的“考试成绩”就是一种定序尺度，它可将成绩分为优、良、中、及格、不及格等；“酒店的星级”也是一种定序尺度，根据酒店的建筑物、设施设备、服务项目等不同分为一星到五星酒店；等等。显然，定序尺度对现象的计量要比定类尺度精确些，但它至多测度了类别之间的顺序，而未测量出类别之间的准确差值。因此，定序尺度的计量结果除了可用于比较大小，还可用于计算中位数、分位数等，但不能进行加、减、乘、除等数学运算。

3. 定距尺度

定距尺度（interval scale），也称区间尺度。它是指对现象类别或顺序之间间距的测度。更具体地说，定距尺度是可将事物区分为不同类别，对这些类别进行排序，并较准确度量类别之间数量差距的一种计量尺度。该尺度通常使用自然或物理单位作为度量单位，如考试成绩用“百分制”度量。定距尺度的计量结果表现为数值。

定距尺度的数值可做加减法运算。例如，考试成绩 80 分与 90 分之间相差 10 分，一个地区的温度 20℃与另一个地区的 25℃相差 5℃，等等。由于定距尺度没有绝对零点，因此就只能比较数值差，而不能计算比值。比如，可以说 30℃与 15℃之差为 15℃，而不能说 30℃比 15℃热一倍。

“0”是具有客观内容的数值。某个学生统计学的考试成绩为 0 分，这个 0 分是他的统计学的客观成绩，并不表示他没有任何统计学知识；一个地区的温度为 0℃，表示一种温度的水平，并不是说没有温度。在定距尺度中，即使计量值为“0”，这个“0”

也不代表不存在。

4. 定比尺度

定比尺度（ratio scale），也称比率尺度。它的计量结果也表示为数值。定比尺度这种数量标志不仅能测度各类别的大小和多少，还有一个绝对零点作为起点，这个绝对零点是它跟定距尺度的明显差别。就是说，定比尺度中绝对零点的“0”，表示“没有”或“不存在”。例如，一个人的身高为 0 米，表示这个人不存在；一个人的收入为 0 元，表示这个人没有收入；一个产品的产量为 0，表示没有这种产品，等等。

定比尺度与上述三种计量尺度相比还有一个特性，就是可以计算数值之间的比值。例如，一个人的月工资收入为 2 000 元，另一个人的收入为 1 000 元，可以得出一个人的收入是另一个人的两倍。可见，定比尺度可以做加、减、乘、除法运算。

上述四种计量尺度对现象的计量层次是由低级到高级、由粗略到精确逐步递进的。高层次的计量尺度可以计量低层次计量尺度的现象，但不能反过来。显然，可以很容易地将高层次计量尺度的计量结果转化为低层次计量尺度的计量结果，如将考试成绩的百分制转化为五等级分制。四个计量尺度的特征如图 1-3 所示。

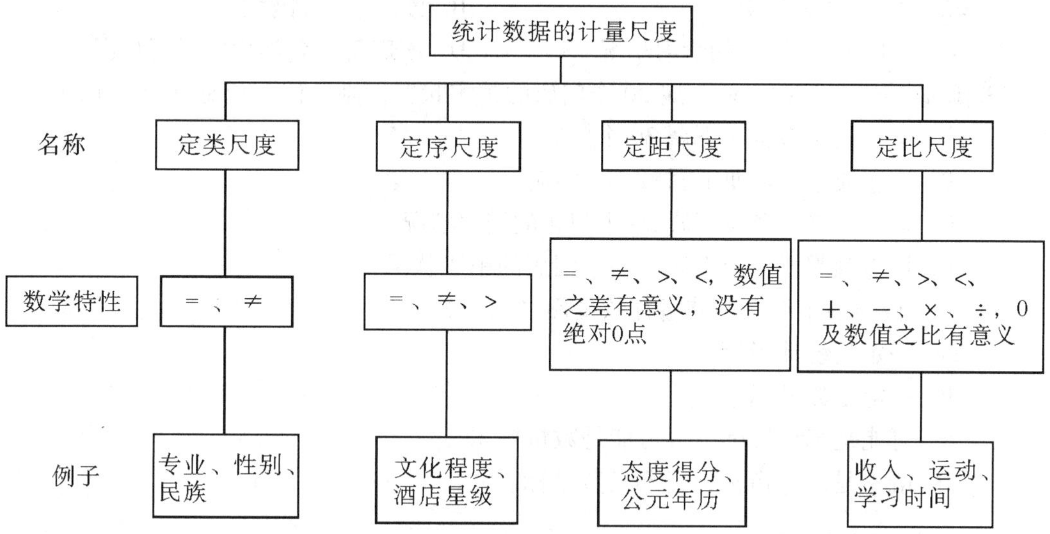

图 1-3　四个计量尺度的特征

本章小结

本章是社会经济统计学的开篇章，主要阐述统计学的基本概念和基本理论。通过本章的学习，学生对这门课会有一个初步认识，能正确理解课程的研究对象、特点、研究过程和方法，熟练掌握与本门课程紧密相连的基本概念。

统计一词在不同场合有三种含义，即统计工作、统计资料和统计学。统计研究的是在具体时间、地点和条件下具体表现的大量社会经济现象总体的数量方面，通过总体的数量方面反映社会经济现象发展变化的规律性，揭示事物的本质、相互联系、变化规律和发展趋势。

统计研究具有数量性、总体性、具体性的特点。统计研究的基本方法有大量观察法、统计分组法、综合分析法、归纳推断法。统计的几个基本术语主要包括总体和样本、标志和指标、参数和统计量、变量和数据的计量尺度。

思考与练习

一、单项选择题

1. 一个统计总体（　　）。

A. 只能有一个标志　　B. 只能有一个指标

C. 可以有多个标志　　D. 可以有多个指标

2. 调查某班 50 名学生的学习情况，则总体单位是（　　）。

A. 该班 50 名学生　　B. 该班每一名学生

C. 该班 50 名学生的学习情况　　D. 该班每一名学生的学习情况

3. 调查某连锁零售企业下属 30 个门店的销售状况，则总体单位是（　　）。

A. 该连锁零售企业下属 30 个门店

B. 该连锁零售企业下属每一个门店

C. 该连锁零售企业下属 30 个门店的销售状况

D. 该连锁零售企业下属每一个门店的销售状况

4. 某银行的某年年末的储蓄存款余额（　　）。

A. 一定是统计指标

B. 一定是数量标志

C. 可能是统计指标，也可能是数量标志

D. 既不是统计指标，也不是数量标志

二、多项选择题

1. 在全国第七次人口普查中，（　　）。

A. 全国人口数是统计总体　　B. 总体单位是每一个人

C. 全部男性人口数是统计指标　　D. 男女性别比是总体的品质标志

2. 下列标志中属于数量标志的有（　　）。

A. 性别　　B. 出勤人数

C. 产品等级　　D. 产品产量

E. 文化程度

3. 下列标志中属于品质标志的有（　　）。

A. 人口性别　　B. 工资级别

C. 考试分数　　D. 商品使用寿命

E. 企业所有制性质

4. 研究某企业职工的工资水平，“工资”对于各个职工而言是（　　）。

A. 标志　　B. 数量标志

C. 指标　　D. 数量指标

E. 变量

三、判断题

1. 统计学和统计工作的研究对象是完全一致的。
2. 运用大量观察法，必须对研究对象的所有单位进行观察调查。
3. 统计学是对统计实践活动的经验总结和理论概括。
4. 一般而言，指标总是依附在总体上，而总体单位则是标志的直接承担者。
5. 数量指标是由数量标志汇总而来的，质量指标是由品质标志汇总而来的。
6. 某学生计算机考试成绩为 80 分，这是统计指标值。
7. 统计资料就是统计调查中获得的各种数据。
8. 指标都是用数值表示的，而标志则不能用数值表示。
9. 质量指标是反映工作质量等内容的，所以一般不能用数值来表示。
10. 总体和总体单位可能随着研究目的的变化而相互转化。
11. 女性是品质标志。
12. 以绝对数形式表示的指标都是数量指标，以相对数或平均数表示的指标都是质量指标。
13. 构成统计总体的前提条件是各单位的差异性。
14. 变异是指各种标志或各种指标之间的名称的差异。

四、简答题

1. 统计有哪几种含义？它们之间是什么关系？
2. 统计工作的阶段有哪几个？
3. 指标和标志之间有什么联系和区别？为什么说差异性是构成总体的前提？
4. 什么是大量观察法？为什么说大量观察法是统计研究最基本的方法之一？

第二章 统计数据的收集、整理与显示

【引导案例】

姓氏是一种标记。在生物学研究上，可以用它来探讨一个国家的某些现象。

1983 年，我国进行了第三次全国人口普查。1986 年普查的相关抽样数据被统计出来。1987 年，统计出中国的姓氏有 12 000~13 000 个。同年，中国科学院正在进行有关姓氏研究的消息被一些媒体广泛传播。1987 年 5 月 2 日，袁义达将此次姓氏统计中排名前一百位的姓氏公之于众，并称之为“新百家姓”。“新百家姓”中，“李、王、张”位居前三名。

接下来的几十年里，关于姓氏的研究仍在马不停蹄地进行。到 2020 年的第七次全国人口普查，李、王、张仍占据榜首：李姓占全中国汉族人口的 7.94%，即95 300 000 人；王姓占全中国汉族人口的 7.41%，即 88 900 000 人；张姓占全中国汉族人口的 7.07%，即 84 800 000 人。

资料来源：笔者根据丁峰 2020 年发表于《青年探索》的《2.7 亿中国人姓李、王、张》以及网络数据整理而得。

第一节 统计数据的收集

统计数据的收集即统计调查，是指根据统计研究的目的和要求，有计划、有组织地获取数据的过程。统计调查是收集资料获得感性认识的阶段，既是对现象总体认识的开始，也是进行资料整理和分析的基础环节。

对统计调查的基本要求是准确、及时。准确是指所收集的统计数据真实、可靠，如实反映客观实际。及时是指在规定的时间内提供及时有效的统计数据。统计数据的来源可分为两类：一类是直接来源，即直接对被调查单位进行观察、登记或通过实验所收集的原始数据。另一类是间接来源，包括外部来源和内部来源。外部来源包括从统计部门和各级政府部门公布的有关资料中收集的原始数据，如定期出版的统计年鉴、统计公报；各类经济信息中心、信息咨询机构、各行业协会提供的行业发展情报；各类专业期刊；学术性研讨会上交流的有关资料；从网络或图书馆查阅的相关资料；等等。内部来源是指被调查单位内部的各种单据、记录、统计报表、财务资料等。

一、统计调查方案的确定

统计调查是一项系统工程，涉及面广，工作量繁重而复杂。为保证统计调查工作顺利开展，统计人员在调查前应该制订一个科学、周密的调查方案。统计调查方案是统计调查有计划、有组织地进行的首要步骤，也是统计人员正确、及时、完整地取得调查资料的重要条件。完整的调查方案一般包括以下内容：

（一）确定调查目的和任务

在调查方案中，首先应该明确应解决的问题、为什么要进行调查、通过本次调查要解决什么问题。不同的研究目的和任务，决定着不同的调查内容和范围。只有目的明确，才能进一步确定向谁调查、调查什么以及用什么方法进行调查等，数据的收集工作才能有序进行。例如，我国第七次全国人口普查的目的是查清我国的人口数量、结构、分布和城乡住房等情况，为完善人口发展战略和政策体系，促进人口长期均衡发展，科学制定国民经济和社会发展规划，推动经济高质量发展，开启全面建设社会主义现代化国家新征程，向第二个百年奋斗目标进军，提供科学准确的统计信息支持。

（二）确定调查对象和调查单位

有了明确的调查目的，就可以据此确定调查对象。调查对象和调查单位要解决的是向谁调查、由谁来提供所需资料的问题。调查对象是根据调查目的确定的调查研究的总体或调查范围。调查单位是构成调查对象的每一个单位，是调查项目和指标承担者。

确定调查单位时还要明确两种单位，即调查单位和报告单位，它们是两个不同的概念。报告单位是向上报告调查内容、提交统计数据的单位。报告单位一般是在经济上、行政上具有一定独立性的单位。调查单位可以是个人、企事业单位，也可以是物。报告单位和调查单位可能一致，也可能不一致。如：进行工业企业设备普查，调查单位是每台设备，报告单位是每个工业企业。又如：调查人们的幸福指数，调查单位是每个人，报告单位也是每个人。

（三）设计调查项目和调查表

调查项目是指根据调查的目的和任务，确定的调查中需要登记的调查单位的特征。确定调查项目，就是明确向调查单位调查什么。它通常由一系列标志构成。拟定调查项目应本着“少而精”的原则，表达要准确、具体，把需要与可能相结合。同类调查的项目应保持相对稳定。例如，人口普查主要调查人口和住房的基本情况，其内容包括姓名、性别、年龄、民族、国籍、受教育程度、行业、职业、迁移流动、社会保障、婚姻、生育、死亡、住房等情况。

把若干调查项目按照一定的逻辑关系排列在表上，即形成调查表。调查表不仅能够让调查人员有条理地填写需要收集的数据，还便于以后对数据进行整理。

调查表有单一表和一览表两种。每份单一表只登记一个调查单位，可以容纳较多的调查内容。多个调查单位的内容登记在一份表上，即一览表，它适用于调查内容不多的情况。在某些调查统计中，如民意调查和市场调查中，调查项目主要以问卷的形式出现。问卷是以书面文字或表格的形式了解被调查者的，问卷的主体部分由一系列问题及备选答案组成。

（四）确定调查时间

调查方案中还应确定调查时间。调查时间有两方面的含义：

1. 确定调查数据所属的时间，即调查的标准时间

如果是时期现象，要明确所收集的数据所属时期的起止时间。如调查人口的出生人数，就要明确是一个月、一个季度，还是一年的出生人口数。如果是时点现象，要规定收集登记的时点。例如，我国第七次全国人口普查的标准时间是 2020 年 11 月 1 日零时。

2. 确定调查期限，即整个调查工作从开始到结束的时间

为了保证调查资料的及时性，对调查工作所需时间的规定，应尽可能短。如第六次全国人口普查的登记时间为 2010 年 11 月 1 日到 11 月 10 日。又如第七次全国人口普查工作分为三个阶段：准备阶段，从 2019 年 10 月到 2020 年 10 月；普查登记阶段，从 2020 年 11 月 1 日到 2020 年 12 月；数据汇总和发布阶段，从 2020 年 12 月到 2022 年 12 月。

（五）调查的组织

为了确保调查工作顺利进行，统计人员在调查方案中还需要制订好各项具体计划，包括明确调查工作的组织机构、宣传调查人员的选择与培训、调查经费预算、是否需要试点、资料报送程序和方法、数据处理的质量控制、数据公布、资料管理与开发应用等。

二、常用的统计调查方法

由于统计调查的各种调查方法的含义及特点不同，因而统计人员应科学选择和应用，保证统计调查获得客观的材料。统计调查的基本方法包括普查、抽样调查、重点调查、典型调查以及统计报表。

（一）普查

普查是专门组织的一般用来调查属于一定时间社会经济现象数量的全面调查，是针对有限总体而言的。普查的目的是更详尽、更全面地掌握国情国力的基本统计资料，为政府决策提供依据。由于普查的工作量大、时间性强，需要大量人力和物力，因此普查的使用范围比较窄。

普查通常是一次性或周期性的，一般需要规定统一的标准时间，目的是避免调查数据的重复或遗漏。普查所采用的方式是利用基层单位原始记录和核算资料进行调查。

我国已经建立了周期性的普查制度，如人口普查、基本单位普查、工业普查、农业普查、第三产业普查和经济普查等。

（二）重点调查

重点调查是指只在调查对象中选择一部分重点单位进行调查。在重点调查中，调查对象的数量在总体的总量中占有较大比重。例如，要了解我国棉花生产的一般情况，只需要调查一些棉花集中产区的生产情况，如河南、山东、新疆等。因这些集中产区

所产棉花在全国棉花产区中占有很大比重。重点调查的特点是省时省力。重点单位的选择应不带有主观性。

重点调查实质上是范围比较小的非全面调查。它的目的是反映现象总体的基本情况。一般来说，当调查任务要求掌握基本情况、基本趋势，调查对象又具有明显的重点单位时，采用重点调查比较合适。由于重点调查的对象比较少，因而调查项目可以多一些，所了解的信息更加详细一些。

重点调查通常用于不定期的一次性调查，如专门配备人员到现场调查，但有时也用于经常性的连续调查，如与报表制度结合，通过统计报表调查。

（三）典型调查

典型调查是指根据调查目的和要求，在对研究对象进行全面分析的基础上，有意识地选择部分有代表性的单位进行调查，是一种非全面调查。典型调查的特点是调查范围小、调查单位少，具体深入，节省人力、物力和财力。对典型单位的选择带有主观性，更多取决于调查者的主观判断和决策。

典型调查为研究某种特殊的社会经济问题收集详细的第一手资料，为理论和政策性问题研究提供依据。其目的在于总结先进的经验和落后的教训。因此，若研究的目的是推广先进经验或吸收落后的教训时，可选择典型调查的方法进行。选择典型单位时，在研究总体构成不是很复杂的情况下，可直接选择典型单位进行；若研究的总体构成比较复杂，则可应用划类选点的方法进行，即将调查总体划分为若干类，再从每一类中选择若干个典型进行调查，以说明各类的情况。

典型调查的不足是在实际操作中，容易受非客观因素的干扰。因此，利用典型调查资料来推算总体数量的可靠程度的高低取决于所选典型单位是否具有代表性。

（四）抽样调查

抽样调查是指从调查对象中按随机原则抽取一部分单位作为样本进行调查，并根据调查结果来推断总体数量特征的一种非全面调查。

根据抽取样本的方法的不同，抽样调查可分为概率抽样和非概率抽样。概率抽样是以概率论为理论基础，从调研总体中随机抽取样本，并从数量上对总体的特征做出推断。统计人员进行概率抽样可以对推断出现的误差加以控制，对调查结果的准确程度比较有把握。习惯上将概率抽样称为抽样调查。

样本确定后，收集统计数据的基本方法主要有观察法、实验法、访问法、报告法等。各种方法有不同的特点和适用条件，应根据调查目的和任务、调查对象的特点、调查的条件灵活选择。随着移动互联网技术的普及，以移动互联网为平台的调查方法应运而生，且应用日益广泛。

抽样调查的优越性表现在经济性强、灵活性强、时效性强、适用面广和准确度高等方面。抽样调查适用于调查工作量大、没条件或没必要进行的全面调查，以及破坏性实验等情况。

（五）统计报表

统计报表是指按照国家有关法规统一规定的项目、统一的表式、统一的报送时间和程序，自下而上定期逐级提供基本统计数据的一种调查方式。统计报表是经常性的全面调查。

统计报表制度，是建立在企业的各项原始记录基础上的。原始记录是基层单位通过一定的表格形式，对生产和业务管理活动所进行的第一手记录。统计报表中的各项指标是根据企业的原始记录资料填报的，所以原始记录工作的质量直接影响到报表数字资料的真实性和可靠性，我们应充分认识其在企业管理中的地位。

统计报表主要有以下三种分类：

①按调查范围不同，统计报表可分为全面报表和非全面报表。全面报表要求调查对象的每一个单位都填报，而非全面报表要求调查对象中的一部分单位填报。

②按报表内容和实施范围不同，统计报表可分为国家统计报表、部门统计报表和地方统计报表。

③按报送周期长短，统计报表可分为日报、旬报、月报、季报、半年报、年报。

④按报送单位不同，统计报表可分为基层统计报表和综合统计报表。

我国的统计报表制度经过几十年的推广应用，已具备相当稳固扎实的基础。

第二节　统计数据的整理

统计数据的整理是指将所涉及的各种原始数据条理化、系统化，使之符合统计分析和推断要求。统计数据的整理的中心任务就是统计分组和编制频数分布表。

一、统计数据整理的意义

统计调查所收集的原始资料是反映个体特征的、分散的、零碎的资料，这些原始资料反映了各单位的标志特征，整理的目的就是把这些资料条理化、系统化，使之反映总体的数量特征。对原始数据的整理一般分为分类和汇总性整理。对次级资料的整理主要是再分组。

统计数据的整理是统计调查工作的继续，具有承前启后的作用。它把对现象的个体观察过渡到对总体数量特征的认识。它又是统计分析工作的前奏。统计整理的质量，直接影响对现象总体数量描述的准确性和分析结果的正确性。

二、统计分组

（一）统计分组的作用

统计分组是指根据统计研究的目的和要求，将总体中的所有单位按照一定的标志，分为若干部分或组别的方法。统计分组是统计研究的基本方法。

统计分组对总体来说是“分”，对个体来说是“合”。统计分组后，各组性质不同，同一组内各个总体单位的性质相同。统计分组具有如下作用：

（1）可以将现象划分为不同类型，说明它们之间的差异，有利于现象间的比较、分析和综合。如：企业工人按工种可划分为技术工和辅助工等，工业企业按经济性质可划分为国有、集体、股份制、外资、合资等。

（2）反映现象内部结构和比例关系。总体被划分为若干组成部分，各单位分别归入不同的组中，计算各组单位数或指标值占总体单位数或指标值的比重，可以揭示总体的内部构成和它们之间的比例关系。

（3）揭示现象之间的相互依存关系。现象之间总是相互联系、相互依存、相互制约的。在分组基础上，统计人员可以观察这些现象之间的内在联系和数量关系。

（二）统计分组的原则

统计分组的原则如下：

（1）科学性原则，即统计分组首先要根据统计研究的目的，选择最能说明现象本质特征的标志作为分组依据，从而突出反映客观现象在各组之间存在的差异，而各组内单位在该方面具有同质性。

（2）完整性原则，即总体任何一个单位或任何一个原始数据都能归属于某一个组，不能遗漏。例如，统计人员在对职工人数进行分组时，如果只将其分为全民所有制企业和集体所有制企业两组的话，就是不完备的。因为私营企业、合资企业、外资企业等不能归入上述两组之中。但若加上“其他类型企业”这一组，就完备了。

（3）互斥性原则，也称为不相容性原则。它是指任何一个总体单位或任何一个原始数据，只能归属于某一个组，而不能归属于两个或两个以上的组。

（三）统计分组的种类

根据分组标志的特征进行分类，统计分组可分为按品质标志分组与按数量标志分组。

1. 按品质标志分组

按品质标志分组就是按事物的本质属性分组。它将总体划分为若干性质不同的类型。分组标志一经确定，组名和组数也就随之确定，各组间界限清楚。例如，人口按性别分为男、女两组，企业按隶属关系分为中央企业、地方企业两组，等等。

2. 按数量标志分组

按数量标志分组，即按事物的数量特征分组。根据变量的特点及总体单位数的多少又可进一步划分为如下两类：

（1）单项式分组。

单项式分组就是将每一变量值依次作为一组的统计分组。当变量值的变动幅度较小，而且为离散性变量时，则可采用这种分组。其特点是组数等于变量值的项数，组与组之间界限十分明确（如表 2-1 所示）。

表 2-1　某企业某日工人日产量的分组

按日产量分组/件	工人人数/人	比重/%
10	70	8.75
11	100	12.50
12	380	47.50
13	150	18.50
14	100	12.50
合计	800	100.00

（2）组距式分组。

组距式分组是指将全部变量值依次划分为若干区间，并将这一区间的变量值作为一个组。这种分组方法通常只适用于连续变量或为离散变量且变量值较多的情况。组距式分组的关键问题是分组数目的确定和组距的确定。

在组距式分组中，如果各组的组距相等，称为等距分组；如果各组的组距不相等，称为不等距分组。例如，对学生成绩的分组可以分为 60 分以下、60～70 分、70～80 分、80～90 分、90～100 分五组，这就是等距分组。而对人口年龄的分组可以分为 0～6 岁（婴幼儿组）、7～17 岁（少年儿童组）、18～59 岁（中青年组）、60 岁以上（老年组）四组，这就是不等距分组。

一般来说，当变量值的变动比较均匀时，宜采用等距分组，便于进行对比分析；而当变量值的变动很不均匀，且变动幅度较大时，宜采用不等距分组。对于不等距分组的组数和组距的确定，必须符合现象的性质、特点和统计研究的要求。

下面介绍等距分组的基本步骤：

第一，数据排序与全距计算。统计人员将原始数据资料按变量值大小进行升序排序，从而确定最大变量值和最小变量值。二者之差就是全距（R）。全距表明变量值变动的幅度，是确定组数和组距的依据。其公式如下：

$$R = X_{max} - X_{min} \tag{2-1}$$

式（2-1）中，R 为全距，X_{max} 为总体最大变量值，X_{min} 为总体最小变量值。

第二，分组数目的确定。数据分成多少组比较合适，通常与数据本身的特点和数据个数有关。由于分组的目的之一是观察数据分布的特征，因此，组数的确定应以能够清楚显示数据的分布特征和规律为原则。组数太少会使数据的分布过于集中，而组数太多又会使数据的分布过于分散，这样不便于观察数据分布的规律和特征。

具体做法是，首先根据数据个数，大体上确定分组数，最好使每组包含的数据个数平均不少于 4 个。这里向大家介绍一种确定组数的经验公式，仅供大家参考。这一公式是美国学者斯特吉斯（H. A. Sturges）创建的，称为斯特吉斯经验公式，即

$$K = 1 + 3.322\ln N \tag{2-2}$$

式（2-2）中，K 为组数，N 为总体中的个体数，对结果四舍五入取整数后为理论分布数目。

第三，组距的确定。组距（i）是一组变量值的区间长度，即一组的上限与下限之差。组距的大小与组数的多少是相互制约的，二者之间成反比：组距越大，则可分的组就少；组距越小，则可分的组就越多。

组距可根据全部数据的最大值和最小值及组数来确定：

$$i = \frac{R}{K} \tag{2-3}$$

式（2-3）中，i 为组距，R 为全距，K 为组数。

第四，组限的确定。组限即每个组的两个端点，分为上限和下限。上限是各组的最大变量值，下限是各组的最小变量值。组限的选择应做到第一组的下限略低于最小变量值，最后一组的值应高于最大变量值。

离散变量和连续变量组距的划分是不同的。对于离散变量，由于其只能取整数，

相邻组的上下限可以是不同点；对于连续变量，相邻两组的组限重叠，即上一组的上限同时也是下一组的下限，用“上限不在内”原则解决重复问题。

当变量值范围变动较大时，为避免组数过多，可以采取开口组。开口组是指最小值为“……以下”、最大值为“……以上”的组。

第五，组中值的确定。数据分组后，经常用组中值来反映各组数据的一般水平，组中值是上下限之间的中点数值，其计算公式为

组中值=（上限+下限）÷2

在实际工作中，对于开口组的组中值，一般是用相邻组的组距作为开口组的组距。因此，组中值的计算公式近似为“组中值=下线+相邻组距/2（缺上限）”或者“组中值=上限-相邻组距/2（缺下限）”。用组中值来代表各组数据的一般水平有一个假设条件，即各组数据在本组内呈均匀分布。

【例 2-1】某大学 50 位教师某月的工资（单位：元）数据如下：

2 300	2 100	4 640	4 580	3 500	4 080	2 980	4 000	3 560	2 850	3 320
2 470	2 540	3 040	3 680	4 500	3 210	3 400	3 320	4 200	3 780	3 980
3 800	4 800	3 210	2 590	4 400	3 700	2 740	3 840	3 400	4 100	3 350
4 680	2 600	4 320	3 130	4 300	3 890	3 390	3 300	3 600	3 280	4 120
2 240	3 900	4 450	2 790	3 280	3 000					

试对数据进行分组。

解：由于数据较多，因此采用组距式分组

①将原始数据按升序进行排列，结果如下：

2 100	2 240	2 300	2 470	2 540	2 590	2 600	2 740	2 790	2 850	2 980
3 000	3 040	3 130	3 210	3 210	3 280	3 280	3 300	3 320	3 320	3 350
3 390	3 400	3 400	3 500	3 560	3 600	3 680	3 700	3 780	3 800	3 840
3 890	3 900	3 980	4 000	4 080	4 100	4 120	4 200	4 300	4 320	4 400
4 450	4 500	4 580	4 640	4 680	4 800					

②计算极差 R：

$R=4\ 800-2\ 100=2\ 700$

③确定组距和组数：

组数 $K=1+3.322\ln N=1+3.322\ln 50=1+3.322\times 1.699=6.644\approx 7$

组距 $i=R/K=2\ 700\div 7\approx 385.7$

取整数 $i=400$，并进行等距分组。

④确定组限：

取第一组下限 2 050，则该组上限=下限+组距=2 050+400=2 450，由此得到 7 个组的上下限：2 050~2 450，2 450~2 850、2 850~3 250、3 250~3 650、3 650~4 050、4 050~4 450、4 450~4 850。

⑤计算组中值：

根据组中值=（上限+下限）÷2，我们可计算出 7 组的组中值依次为 2 250、2 650、3 050、3 450、3 850、4 250、4 650。

编制组距式数列，在确定组距和组数方面的灵活性较强，即使对于同一研究目的

和同一原始资料，不同统计者也会得出不同的结论。但必须强调，编制的组距式数列，一定要客观反映现象总体的分布特征和规律。

三、频数分布

在统计分组的基础上，将总体中所有的个体，按组进行归类整理，并按一定顺序排列，形成的总体各单位在各组间的分布，称为频数分布或次数分布，简称“分配数列”。各组的总体单位数叫次数或频数。

频数分布是统计整理的一种重要形式，通过对凌乱分散的原始数据资料进行整理，形成一系列反映总体各组之间个体分布状况的数列。

（一）频数分布表

各组及其相应的频数全部列出，并用表格的形式表现出来，就是频数分布表。各组频数与全部频数之和的比值，称为频率或百分比，其计算公式为

$$频率 = \frac{f_i}{\sum f_i} \tag{2-4}$$

频率都是介于0和100%之间的一个数：

$$0 \leqslant \frac{f_i}{\sum f_i} \leqslant 100\% \tag{2-5}$$

各组频率的总和等于1：

$$\sum \frac{f_i}{\sum f_i} = 100\% \tag{2-6}$$

由于统计分组是按照统计标志进行的，因此，频数分布也有品质频数分布和变量频数分布两种。

1. 品质频数分布

品质频数分布是指按照品质标志进行的分组所编制的频数分布。例如，某单位职工按受教育程度分组统计，可以得到如表2-2所示的频数分布表。

表2-2　某单位职工受教育程度的频数分布表

按受教育程度分组	频数/人	频率/%
小学	19	9.5
初中	20	10
高中	50	25
大学	90	45
研究生	21	10.5
合计	200	100

再如，某单位职工按职工性别分组统计，可得到如表2-3所示的频数分布表。

表 2-3　某单位职工性别的频数分布表

按性别分组	频数/人	频率/%
男职工	126	63
女职工	74	27
合计	200	100

2. 变量频数分布

变量频数分布是指按照数量标志进行的分组所编制的频数分布。变量频数分布可以分为单项式频数分布和组距式频数分布。

（1）单项式频数分布。

单项式频数分布是指每一组只有一个值进行分组形成的频数分布。分组后统计出每一组变量出现的次数，即频数；并计算各个变量值出现次数占总次数的比重，即频率；最后按变量值的大小顺序列出单项式变量数列，并形成频数分布表。例如，按某单位工人每日生产零件数分组统计，可以得到如表 2-4 所示的频数分布表。

表 2-4　某单位工人每日生产零件数的频数分布表

按工人每日生产零件数分组/件	频数/人	频率/%
120	7	2.7
121	38	14.9
122	105	41.2
123	54	21.2
124	31	12.2
125	20	7.8
合计	255	100

（2）组距式频数分布。

组距式频数分布是指按组距式分组形成的频数分布。分组后，我们仍然要统计出每组变量出现的次数，即频数；并计算各个变量值出现次数占总次数的比重，即频率。然后，我们须按各组组限的大小顺序列出组距式变量数列，并形成频数分布表。例如，某商场按某种产品的销售额分组统计，可以得到如表 2-5 所示的频数分布表。

表 2-5　某商场某种产品的销售额的频数分布表

按销售额分组/万元	频数/天	频率/%
140～150	4	3.33
150～160	9	7.50
160～170	16	13.33
170～180	27	22.50
180～190	20	16.67

表2-5(续)

按销售额分组/万元	频数/天	频率/%
190~200	17	14.17
200~210	10	8.33
210~220	8	6.67
220~230	4	3.33
230~240	5	4.17
合计	120	100

(二) 累计频数和累计频率

分布数列反映了总体单位在各组的分布情况。在实际操作中，人们有时还关心各有序类别或组在某一个变量值以上或以下的频数或频率。例如，在统计学生成绩时，人们除了统计在各个分数段的学生人数或所占比例之外，还经常关心学生在某一分数以上或以下的人数，如：及格（60 分以上）的人数有多少，及格的人数占总人数的比例有多少；不及格（60 分以下）的人数有多少，不及格的人数占总人数的比例有多少；等等。这些统计内容就是与累计频数和累计频率有关。因此，有必要对频数分布表的内容加以扩展。

1. 累计频数

累计频数就是将各有序类别或组的频数逐级累加起来。其方法分为向上累计和向下累计两种。向上累计，是指从变量值小的一方向变量值大的一方累加频数，此时各组的累计次数或累计频率表示该组上限以下的次数或频率和；向下累计，是指从变量值大的一方向变量值小的一方累加频数，此时各组的累计次数或累计频率表示该组下限以上的次数或频率和。

2. 累计频率

累计频率就是将各有序类别或组的频率逐级累加起来。其方法也分为向上累计和向下累计两种。例如，某车间按半年时间生产零件产量统计分组，可以得到表 2-6 所示的频数分布表。

表 2-6 某车间半年时间生产零件产量的累计频数分布表

频数分布			向上累计		向下累计	
按生产零件产量分组/台	频数/天	频率/%	累计频数/天	累计频率/%	累计频数/天	累计频率/%
140~150	17	9.4	17	9.4	180	100
150~160	25	13.9	42	23.3	163	90.6
160~170	32	17.8	74	41.1	138	76.7
170~180	52	28.9	126	70	106	58.9
180~190	27	15	153	85	54	30

表2-6(续)

频数分布			向上累计		向下累计	
按生产零件产量分组/台	频数/天	频率/%	累计频数/天	累计频率/%	累计频数/天	累计频率/%
190~200	17	9.4	170	94.4	27	15
200~210	10	5.6	180	100	10	5.6
合计	180	100	—	—	—	—

从表2-6中“向上累计”部分可以看出，半年时间内，有42天零件产量在160件以下，占所统计天数（180天）的23.3%；从表2-6中“向下累计”部分可以看出，有138天零件产量在160件以上，占统计天数（180天）的76.7%。

第三节　统计数据的图表显示

统计表和统计图是数据资料整理的两种重要显示工具。它们各有自己的优点：统计表可把杂乱的数据有条理地组织在一张简明的表格内，既便于检查数字的完整性和准确性，又便于计算、比较和分析；统计图可把数据形象直观地显示出来。正确地编制和使用统计图表是做好统计分析的基本技能。

一、统计表

统计人员将统计调查所收集到的数据资料，经过汇总整理后，按一定顺序和结构排列在一定的表格内，就形成了统计表。

（一）统计表的结构

从形式上看，统计表的结构一般由总标题、行标题、列标题和数字资料四部分组成。总标题是统计表的名称，放在表的正上方，它说明的是统计表的主要内容。行标题和列标题通常分别放在统计表的第一列和第一行，它们所表示的是所研究问题的类别名称和变量名称。数字资料列在行标题和列标题的交叉处。此外，为了补充统计表未说明的问题，还可附加一些说明，包括资料来源、指标的注释、指标计算方法、填表日期等内容。

从统计表的内容上看，统计表主要包括主词和宾词两个部分：主词是统计表所要说明的对象由总体、总体各组、总体各单位的名称构成；宾词是说明主词的统计指标的名称及数字资料。统计表的构成示意图如图2-1所示。

2022 年北京冬奥会奖牌榜（前十名） ← 总标题

主词　宾词　← 列标题

排名	国家	金牌 / 枚	银牌 / 枚	铜牌 / 枚
1	挪威	16	8	13
2	德国	12	10	5
3	中国	9	4	2
4	美国	8	10	7
5	瑞典	8	5	5
6	荷兰	8	5	4
7	奥地利	7	7	4
8	瑞士	7	2	5
9	ROC	6	12	14
10	法国	5	7	2
合计		86	69	60

行标题　数字

资料来源：北京冬奥会官方网站。https://www.beijing2022.cn. ← 表外附加

图 2-1　统计表的构成示意图

（二）统计表的设计

在设计统计表时，相关人员应遵循以下几个原则：

（1）统计表的设计要简明、确切地表达其内容。统计表一般应包括表号、总标题、表中数据的单位等。特别是总标题，应明确地概括出统计表的基本内容和表中资料所述的时间、地点。

（2）统计表的结构要合理，比如行标题、列标题、数字资料的位置应安排合理且美观。

（3）统计表表中的上下两条线一般用粗线，列标题之间通常用竖细线分开，而行标题之间通常不用横线分开。这样看起来清楚、醒目。

（4）统计表应注明数字资料的计量单位。如果表中的全部数据都是同一统计单位，可放在表的右上角标明；若各指标的计量单位不同，则应放在每个指标后标明。

（5）统计表中数字应对准位数，有小数点应以小数点对齐，而且小数点的位数要统一，填写整齐。对于没有数字的表格单元，一般用“—”表示。

（三）统计表的分类

1. 简单分组下的统计表

简单分组就是对被研究对象只按一个标志进行分组。例如，大学生可以按年龄、性别、所学专业等标志进行分组。简单分组，只能说明被研究对象某一方面的差别情况。例如，表 2-7 是按一个品质标志（颜色）进行分组的简单统计表，也是横切面数据统计表。

表 2-7　某企业不同颜色鞋的售价　　单位：元

颜色	售价
粉色	980
红色	900
绿色	680
星空色	880
淡黄色	620
黑色	700

表 2-8 是按一个品质标志（时间）进行分组的简单统计表，也是时间序列数据统计表。

表 2-8　2016—2021 年某商场销售收入情况　　单位：亿元

年份	销售收入
2016	70.78
2017	89.23
2018	75.89
2019	100.02
2020	117.28
2021	127.53
合计	580.73

2. 复合分组下的统计表

复合分组就是选择两个或两个以上的标志对同一总体进行的重叠分组。例如，单位职工可先按性别进行分组，在此基础上再按所从事的工种等进行分组。采用复合分组，可以对研究的现象做更深入分析，但如果采用的标志过多，反而难以挖掘事物的本质特征。例如表 2-9 是一个先按性别再按生活费进行分组的复合统计表。

表 2-9　2021 年某高校 300 位学生的月平均生活费用支出统计

性别	月平均生活费用/元						
	600 以下	600~800	800~1 000	1 000~1 200	1 200~1 500	1 500 以上	合计
男生/人	18	50	52	17	8	5	150
女生/人	20	55	57	11	5	2	150
合计	38	105	109	28	13	7	300

二、统计图

统计图就是利用各种几何图形，形象、直观地表现统计资料的形式。在计算机应用广泛普及的今天，统计图的制作可以借助计算机来完成。常用的统计图有柱形图、直方图、饼形图、线形图等。

（一）柱形图

柱形图是用宽度相同、高度或长度不同的条形来表示数据频数分布变化的图形，主要用于比较同类统计指标数值，分析同类指标在不同时期或地区的发展差异。

柱形图一般竖着放，但如果把各类别放在纵轴上，则条形横放着，称为条形图。

柱形图适用于对顺序和分类变量的分析。其纵坐标既可以是频数，也可以是频率。例如表2-2可以用柱形图来表示（见图2-2）。

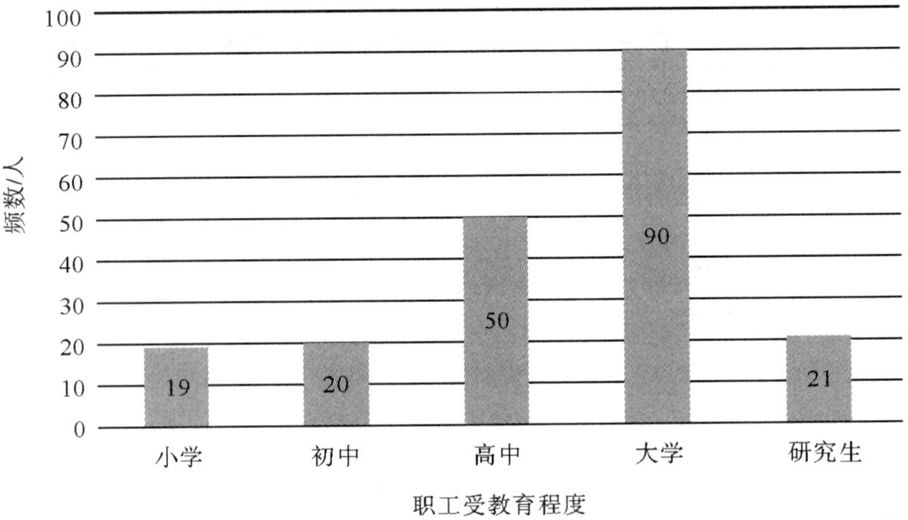

图2-2　某单位职工受教育程度的频数分布柱形图

（二）直方图

直方图是用矩形的面积来表示频数分布变化的图形。绘制直方图时，横轴表示各组组限，纵轴表示频数或频率，然后按分布在各组的频数及频率确定各组纵轴上的坐标，并根据各组组距的宽度和频数的高度绘成直方图。直方图适用于定距型变量的分析。此外，还可以在直方图上附加正态分布曲线，以便于正态分布比较。例如，表2-5可以用直方图来表示（见图2-3）。

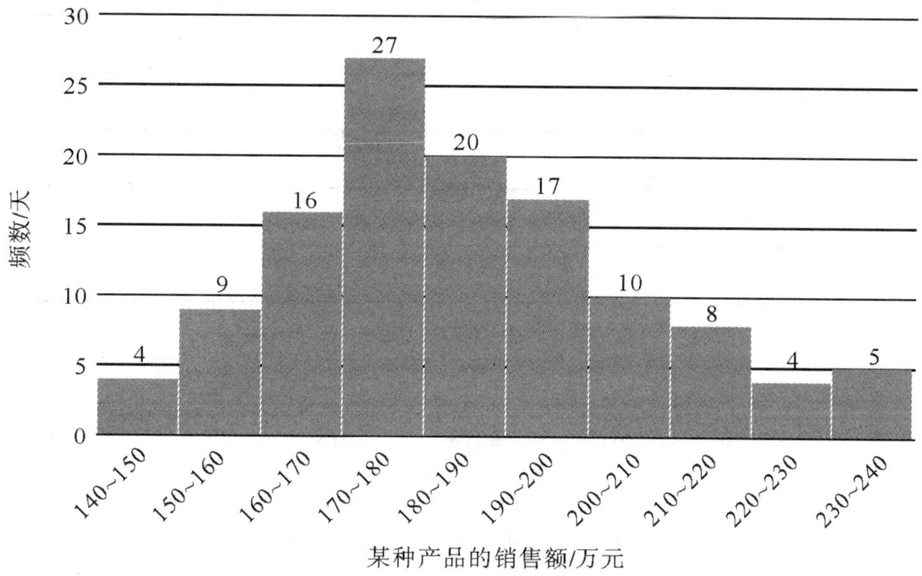

图 2-3　某商场某种产品的销售额的频数分布直方图

（三）饼形图

饼形图是用圆形及圆内扇形的面积来表示频数分布变化的图形。它适用于研究事物内在结构组成等问题。饼形图中圆内的扇形面积可以表示频数，也可以表示频率，而且用饼形图表示总体中各部分所占比例就比条形图要好一些。例如，表 2-2 就可以用饼形图（见图 2-4）来表示，且比图 2-2 看起来更直观。

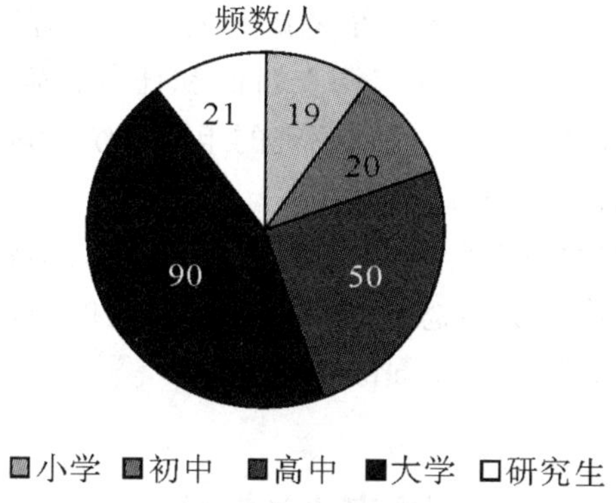

图 2-4　某单位职工受教育程度的频数分布饼形图

（四）线形图

线形图是用线条的上下波动来反映数据变化的一种统计图形。它主要用于描述现象在时间上的变化趋势、现象的分配情况和现象间的依存关系。例如表 2-9 可以用线形图（见图 2-5）来表示。图 2-5 是以时间为横坐标，以销售收入为纵坐标的线形图。

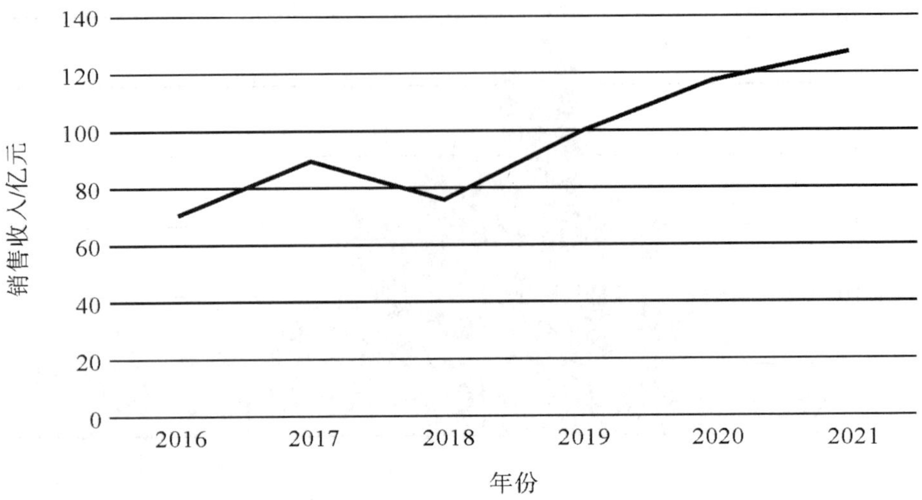

图 2-5　2016—2021 年某商场销售收入情况的线形图

本章小结

一个完整的统计研究过程一般可以分为统计设计、统计调查、统计整理和统计分析四个阶段。

收集数据的前提是进行统计设计。统计设计是根据统计研究对象的性质和研究目的，对统计工作各个方面的各个环节系统考虑和安排，制订统计调查方案的过程。一份完整的统计调查方案主要包括：确定调查目的和任务、确定调查对象和调查单位、设计调查项目和调查表、确定调查时间和调查的组织。统计调查的基本方法包括普查、重点调查、典型调查、抽样调查和统计报表。

通过本章的学习，学生能够运用各种数据收集方法收集数据，掌握统计分组的方法和技巧，理解组距数列中有关概念，掌握频数分布表的编制方法，能利用图表展示数据，对数据分布的形态和特征有全面的了解。

思考与练习

一、单项选择题

1. 为掌握商品销售情况，对占该地区商品销售额 60%的 10 家大型商场进行调查，这种调查方式属于（　　）。

A. 普查　　B. 抽样调查

C. 重点调查　　D. 统计报表

2. 人口普查规定标准时间是为了（　　）。

A. 确定调查对象和调查单位　　B. 避免资料的重复和遗漏

C. 使不同时间的资料具有可比性　　D. 便于登记资料

3. 对一批灯泡的使用寿命进行调查，应该采用（　　）。

A. 普查　　B. 重点调查

C. 典型调查　　D. 抽样调查

4. 分布数列反映了（　　）。

A. 总体单位标志值在各组的分布状况

B. 总体单位在各组的分布状况

C. 总体单位标志值的差异情况

D. 总体单位的差异情况

5. 与直方图比较，茎叶图（　　）。

A. 没有保留原始数据的信息　　B. 保留了原始数据的信息

C. 更适合描述分类数据　　D. 不能很好地反映数据的分布特征

6. 在累计次数分布中，某组的向上累计次数表明（　　）。

A. 大于该组上限的次数是多少　　B. 大于该组下限的次数是多少

C. 小于该组上限的次数是多少　　D. 小于该组下限的次数是多少

7. 对某连续变量编制组距数列，第一组上限为 500，第二组组中值是 750，则第一组组中值为（　　）。

A. 200　　B. 250

C. 500　　D. 300

8. 下列图形中最适合描述一组定量数据分布的是（　　）。

A. 柱形图　　B. 直方图

C. 线形图　　D. 饼形图

9. 下列图形中最适合描述定性变量结构状况的是（　　）。

A. 柱形图　　B. 雷达图

C. 饼形图　　D. 直方图

10. 一位质检员从一批广柑中随机抽取一些广柑称其重量。其汇总整理所得的直方图如图 2-6 所示：

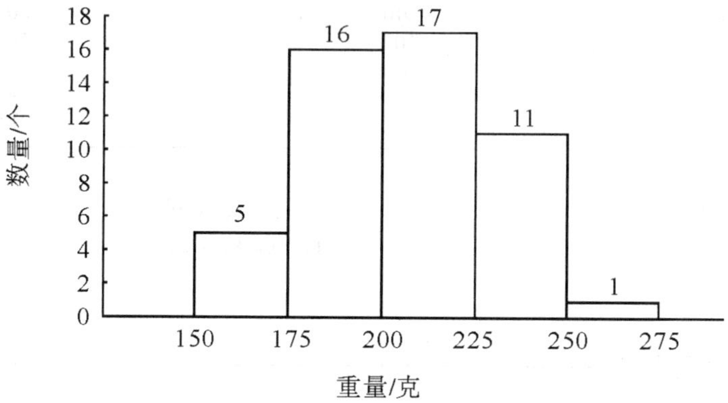

图 2-6　直方图

重量大于225克的广柑所占比例为（　　）。

A. 20%　　B. 24%

C. 12%　　D. 23%

二、多项选择题

1. 抽样调查（　　）。

A. 是一种全面调查　　B. 是一种非全面调查

C. 应用随机原则抽取样本　　D. 有抽样误差

E. 可以消除抽样误差

2. 统计调查方案的内容包括（　　）。

A. 确定调查目的

B. 确定调查对象、调查单位和报告单位

C. 确定调查项目和调查表

D. 确定调查方法和调查时间

E. 确定调查人员、经费等

3. 适合编制组距式变量数列的变量是（　　）。

A. 所有连续变量　　B. 所有离散变量

C. 变异范围大的连续变量　　D. 变异范围大的离散变量

E. 变异范围小的离散变量

4. 重点调查的重点单位是指（　　）。

A. 在国民经济中作用重要的单位

B. 标志值在总体标志总量中所占比重大的单位

C. 是全部单位中的一小部分单位

D. 在国民经济中地位显赫的单位

E. 能反映总体基本情况的单位

5. 表2-10的数列属于（　　）。

表2-10　某公司员工身高情况

身高/厘米	人数/个	比重/%
155~160	40	20
165~170	100	50
175~180	60	30
合计	200	100

A. 变量数列　　B. 品质数列

C. 等距数列　　D. 异距数列

E. 闭口数列

三、判断分析题

1. 由于抽样调查中既有登记性误差，又有抽样误差，因此抽样调查的结果肯定不如普查数据准确。

2. 在组距数列中，组中值是各组的代表值，它等于组内各变量值的平均数。

3. 进行统计分组时，组数并非越多越好。

4. 某市一新闻机构为了解居民对居住环境的满意状况，到几个居民小区随意询问了 500 人。这一调查属于随机抽样调查。

四、简答题

为了了解居民食物消费支出情况，某公司随机抽取了 50 户居民，得到某月食物消费支出如下（单位：元）：

1 200	1 350	1 320	1 500	1 790	1 430	1 560	1 860	2 000	2 100
2 500	2 890	3 100	1 980	3 030	2 500	2 650	2 700	2 580	2 490
2 369	3 200	2 690	2 450	2 370	3 180	3 400	3 100	3 200	2 390
3 000	2 800	2 900	2 980	3 010	2 470	2 580	3 160	2 990	2 570
1 980	2 460	2 990	2 680	3 150	3 200	2 700	2 570	2 800	2 870

根据以上内容，完成：

（1）绘制频数分布表、累计频数分布表。

（2）分别绘制直方图、饼形图，并比较不同图形的特征。

第三章 数据特征的描述

【引导案例】

2022年4月份商品住宅销售价格同比继续走低[①]

2022年4月份，70个大中城市中，商品住宅销售价格下降城市个数增加，一二三线城市商品住宅销售价格环比总体呈降势、同比继续走低。

一线城市商品住宅销售价格环比略涨，二三线城市环比下降

2022年4月份，70个大中城市中，新建商品住宅和二手住宅销售价格环比下降城市分别有47个和50个，比上月分别增加9个和5个。

2022年4月份，一线城市新建商品住宅销售价格环比上涨0.2%，涨幅比上月回落0.1个百分点；二手住宅销售价格环比上涨0.4%，涨幅与上月相同。二线城市新建商品住宅销售价格环比由上月持平转为下降0.1%；二手住宅销售价格环比下降0.3%，降幅比上月扩大0.2个百分点。三线城市新建商品住宅销售价格环比下降0.6%，降幅比上月扩大0.4个百分点；二手住宅销售价格环比下降0.3%，降幅与上月相同。

一二三线城市商品住宅销售价格同比涨幅回落或降幅扩大

2022年4月份，70个大中城市中，新建商品住宅和二手住宅销售价格同比下降城市分别有39个和56个，比上月分别增加10个和9个。

4月份，一线城市新建商品住宅和二手住宅销售价格同比分别上涨3.9%和2.4%，涨幅比上月回落0.4个百分点。二线城市新建商品住宅销售价格同比上涨1.0%，涨幅比上月回落0.6个百分点；二手住宅销售价格同比下降1.0%，降幅比上月扩大0.8个

---

① 注：70个大中城市房地产价格统计一二三线城市划分：一线城市指北京、上海、广州、深圳4个城市；二线城市指天津、石家庄、太原、呼和浩特、沈阳、大连、长春、哈尔滨、南京、杭州、宁波、合肥、福州、厦门、南昌、济南、青岛、郑州、武汉、长沙、南宁、海口、重庆、成都、贵阳、昆明、西安、兰州、西宁、银川、乌鲁木齐31个城市；三线城市指唐山、秦皇岛、包头、丹东、锦州、吉林、牡丹江、无锡、徐州、扬州、温州、金华、蚌埠、安庆、泉州、九江、赣州、烟台、济宁、洛阳、平顶山、宜昌、襄阳、岳阳、常德、韶关、湛江、惠州、桂林、北海、三亚、泸州、南充、遵义、大理35个城市。

百分点。三线城市新建商品住宅和二手住宅销售价格同比分别下降 1.5%和 2.5%，降幅比上月分别扩大 0.9 和 0.6 个百分点。

资料来源：国家统计局. 国家总计局城市司首席统计师绳国庆解读 2022 年 4 月份住宅销售价格变动情况统计数据[EB/OL].(2022-05-18)[2022-06-10].http://www.stats.gov.cn/xxgk/jd/sjjd2020/202205/t20220518_1857570.html

数据分布的规律通过表格和图形直观地显示出来。在此基础上，统计人员需进一步寻找一些能充分度量数据特征的统计指标，对社会经济现象进行分析研究。这些统计指标包括总量指标、相对指标、平均指标、变异指标等。这些统计指标分别反映了客观现象的总体规模、对比关系、平均水平，以及蕴含其中的分布形态。本章将就这些问题进行分析和探讨。

第一节　总量指标和相对指标

一、总量指标

（一）总量指标的概念和作用

总量指标是表明社会经济现象在一定时间、地点、条件下的规模或水平的指标。它的表现形式是绝对数，因此又称为绝对指标或绝对数。例如，一个国家或地区的人口总数、土地面积、粮食总产量、一家公司或企业的职工人数、工资总额等都是总量指标。总量指标是通过汇总相加而得到的指标，其数值与总体范围有关。总量指标还可以表现为两个总量指标之间相比较得到的增加或减少的绝对量。例如，某地区 2021 年社会商品零售额比 2020 年增加了 1 200 万元，这个增加值也是总量指标。

研究总量指标具有重要的作用。首先，总量指标可以反映研究现象总体的基本状况，是认识被研究现象总体的起点。其次，总量指标是制定方针、编制计划和检验计划执行情况，实施社会经济和企业管理的重要依据。最后，总量指标是计算相对指标和平均指标的基础。

（二）总量指标的计量单位

总量指标是客观存在的，表现为一定社会经济现象的具体数值。它的计量单位一般分为实物单位、价值单位。

1. 实物单位

实物单位是指根据事物的自然属性和特点所采用的计量单位，包括自然单位、度量衡单位、标准实物单位和复合单位。

自然单位是离散型数值的计算单位。例如，人口数以“人”为单位、汽车以“辆”为单位、树木以“棵”为单位等。

度量衡单位是连续型数值的计量单位，例如，粮食产量以“吨”为单位、长度以“米”为单位、容量以“升”为单位等。

标准实物单位是按统一的折算标准来计量事物数量的一种实物单位。它主要用于计量存在差异的工业产品和农产品。为了准确地反映其总量，需要把各产品按照一定的标准折合成标准品再相加。例如，把含氮量不同的化肥都折合成含氮 100%的标准化肥。

复合单位是两个单位以乘积形式构成的单位。例如，发电量以“千瓦时”表示。

按实物单位计量的指标称为实物指标。实物单位有明确的使用价值概念，但其综合性能差，不同使用价值的实物量不能加总。实物单位主要用于反映主要物资的生产和消耗情况、主要产品的供需情况，特别是难以估价的土地面积和自然资源数量等。

2. 价值单位

价值单位是指用货币来计量社会财产和劳动成果的单位，所以也称为货币单位，如人民币、美元、欧元等。价值指标具有很强的综合性能，在国民经济管理中起着重要作用。

（三）总量指标的种类

1. 按所反映的总体内容不同划分

按所反映的总体内容不同划分，总量指标可以分为总体单位总量和总体标志总量。

总体单位总量反映总体单位数的多少，通过对总体各单位计数直接得到。

总体标志总量是总体单位某一数量标志值的总和，需要加总计算得到。一个确定的统计总体，其总体单位的总量是确定的，而总体的标志总量不止一个。

2. 按所反映的时间状况不同划分

按所反映的时间状况不同划分，总量指标可以分为时期指标和时点指标。时期指标是指反映社会经济现象在某一段时间内发展过程的总量的指标，如产品产量、社会商品零售额、利润总额等。时期指标具有三个特点：一是可加性，即性质相同的各时期指标数值相加能够得到更长时期的总量指标；二是指标数值的大小与所属时间的长短有直接的关系；三是由连续登记得到。

时点指标是指反映现象在某一时点的数量状态的指标，如年末人口数、设备台数、固定资产价值等。时点指标的数值大小与时间的间隔长短没有直接关系，不同时点上的指标数值不具有可加性。它由一次性登记得到。

在经济上，时期指标常称为流量，时点指标常称为存量。流量和存量之间有着密切关系。存量是以前流量的积累，流量的持续变动体现在存量的增加或减少上。有的流量有对应的存量，如出生人口数和死亡人口数是流量，其对应的存量是人口总数；有的流量没有对应的存量，如出口量是流量，但是它没有对应的存量。但是，无论哪种情况，流量和存量都有相互依存、相互制约的关系，具有如下的平衡关系：

$$期末存量=期初存量+（本期增加的流量-本期减少的流量）$$

如：$$期末资产=期初资产+本期增加的资产-本期减少的资产$$

二、相对指标

（一）相对指标的概念

社会经济现象之间以及现象内部之间总是有着密切联系的。要深刻认识现象间的相互联系，探讨其发展变化的规律，就要对各种社会经济关系进行分析和比较。相对指标就是通过两个有联系的总量指标数值对比得到的指标。它用于反映现象总体内部结构、比例、速度等。它可以使一些不能直接比较的现象，找到共同的比较基础，为经济管理、决策、调控提供重要依据。

相对指标也称相对数，有两种计量形式：无名数和复名数。无名数是一种抽象化的无量纲的数，两个总量指标对比后其计量单位都被抽象掉了。这时相对数就用百分数（%）、千分数（‰）、乘数、倍数、系数等表示。复名数是以分子、分母的计量单位共同构成的计量单位，人口密度用“人/每平方千米”表示，人均工资用“元/人”表示。

需要注意的是，在实际工作中经常用到的百分点、千分点，是指不同时期以百分点（千分点）的形式表示的相对指标（如速度、指数、构成等）的变动幅度，是用以表达不同百分点（千分点）之间的“算术差距”的正确单位。它不是相对数。

（二）相对数的种类

根据计算方法和对比基础的不同，可得到不同类型的相对指标：结构相对数、比例相对数、比较相对数、计划完成相对数、强度相对数、动态相对数六种指标。

1. 结构相对数

结构相对数是指在统计分组的基础上，用总体中的部分数值和总体的全部数值对比得到的比值，也称比重或占比，一般用百分数表示。它用以说明总体内部的结构和分布状况。各组结构相对数之和为100%，其计算公式为

$$\text{结构相对数}=\frac{\text{总体中的部分数值}}{\text{总体的全部数值}}\times 100\% \tag{3-1}$$

实际工作中常用的产品合格率、男性（女性）人口占全部人口比重、城市化程度、增加值率、消费率、投资率、合格率、市场占有率等，都是结构相对数。

2. 比例相对数

比例相对数是指在统计分组的基础上，总体内部各组成部分之间的指标值之比。其计算公式为

$$\text{比例相对数}=\frac{\text{总体中的某一部分数值}}{\text{总体中的另一部分数值}} \tag{3-2}$$

比例相对数能够反映事物内部各部分之间的数量联系和比例关系。社会经济生活中许多重大的比例关系，如人口的性别比例关系、积累与消费的比例关系，都可以通过计算比例相对数来反映。

3. 比较相对数

比较相对数是指同一时间、不同空间的同类指标数值对比的值。其计算公式为

$$\text{比较相对数}=\frac{\text{甲空间的某一指标数值}}{\text{乙空间的同一指标数值}} \tag{3-3}$$

比较相对数可以反映不同国家、不同地区、不同单位等的经济实力、发展水平等。比较相对数可以是两个总量指标的对比，也可以是相对指标或平均指标的对比。由于总量指标受总体范围的影响，因此计算比较相对数多采用相对数或平均数来对比。例如，英国的人均国内生产总值与美国的人均国内生产总值之比，反映两个经济强国的经济发展水平及人们生活水平的差异。

4. 计划完成相对数

计划完成相对数是指某一时期内实际完成数与计划任务数对比的比值，一般用百

分数表示，所以也称计划完成百分数。其计算公式为

$$计划完成相对数=\frac{实际完成数}{计划任务数}\times 100\% \quad (3-4)$$

计划完成相对数可以反映、检察、监督计划任务或目标完成的执行情况。

若计划任务数是按提高率或降低率规定的，则计算计划完成相对数时，分子与分母都应该包含基数（100%或者 1），不能直接用提高率或降低率来计算。此时，其计算公式可表示为

$$计划完成相对数=\frac{100\% \pm 实际增减率}{100\% \pm 计划增减率}\times 100\% \quad (3-5)$$

计划完成相对数是中性的，本身没有好坏之分。计划完成情况则相反，完成计划或没有完成计划是不一样的。利用完成程度相对数进行评价时，对于期望越大越好的指标，如利润、产量、产值等，计划完成相对数大于 100%为超额完成的计划；对于期望越小越好的指标，如成本、支出、废品率等，计划完成相对数低于 100%为超额完成计划。计划完成相对数为 100%表示刚好完成计划。

在分析中长期规划的执行进度时，通常用规划期内截至某时间的实际完成累计数除以全期规划任务数。其计算公式为

$$规划执行进度=\frac{截至某时间的实际完成累计数}{全期规划任务数}\times 100\% \quad (3-6)$$

5. 强度相对数

强度相对数是指同一时期、性质不同，但又有联系的两个指标数值对比的比值。它是表明现象的强度、密度、普遍程度和经济效益的综合指标。其计算公式为

$$强度相对数=\frac{某一现象的指标值}{另一有联系现象的指标值} \quad (3-7)$$

利用强度相对数来说明社会经济现象的强弱程度时，常用“人均”指标。但它们不是平均数，与算术平均数是有区别的。例如，人均国内生产总值可以反映国家的经济实力和人民生活水平；人均拥有的商店数、病床数可以分别反映商店服务程度和医疗保健程度；资金利税率可以反映经济效益等。实际工作中，常用的人口密度、投资效果系数、外资依存度、金融相关度、弹性系数等都属于强度相对数。

由于强度相对数是性质不同的两个现象的数值对比的比值，因而它是唯一可以有单位的相对数。其单位表现为复名数，如人口密度用“人/平方千米”。还有一些强度相对数用百分数或千分数表示，如投资收益率、商品流通率用百分数表示，人口出生率用千分数表示等。

有的强度相对数的分子和分母可以互换，例如一个城市的商业网店密度=零售商店数÷该城市的人口数，即人均拥有的商店数。这个指标值越大，说明人均拥有的商店数越多，商业越发达，生活越方便。这种强度越高越满足人们需要的指标，称为正指标。如果把分子分母反过来，一个城市的商业网店密度=该城市的人口数÷零售商店数，即每个商业网点服务的人数。这个值越大，需要服务的人越多，商业越不发达。这种强度越低越满足人们需要的指标，称为逆指标。

6. 动态相对数

动态相对数是指不同时间、同一现象、同一总体的数值对比的比值，反映现象在时间上发展变化的相对程度，也称发展速度。其计算公式为

$$动态相对数 = \frac{报告期水平}{基期水平} \times 100\% \tag{3-8}$$

所谓报告期就是所要研究的时期，基期是用来作为对比标准的时间。这部分内容将在后面章节专门介绍，在此不再赘述。

（三）计算和应用相对数应注意的问题

计算和应用相对数应注意以下问题：

（1）正确选择对比基础。选择对比基础必须从现象的性质、特点出发，结合研究问题的目的来确定。对比基础选择不当，就不能准确反映现象间的数量对比关系，甚至会扭曲现象间的真实联系。

（2）对比的数据有可比性。可比性主要是指对比的两个指标在含义、内容、时间、空间、计算方法、范围等方面一致、相互适应。

（3）相对数与绝对数结合使用。相对指标是一个抽象的比率，抽象掉了现象之间的绝对数量的差异。有些时候，较小的相对数隐藏着较大的绝对数，或者相反。如世界各国年度军费支出数据，2021 年比 2020 年同比增长了 0.7%，但增加了 1 300 多亿美元，即 2020 年为 1.981 万亿美元，2021 年达到了 2.113 万亿美元。因此，为了正确说明问题，达到深入分析研究的目的，往往需要将相对程度和总量指标结合使用。

（4）多种指标结合应用。各种指标的作用不同，都是从不同的侧面来说明问题。社会经济现象各方面的联系错综复杂，一个现象的变化往往由诸多因素引起，又影响着与之相联系的其他现象的变化。只有将多种相对指标结合起来，分析、比较现象变动中的相互关系，才能更好地阐明现象之间的发展变化情况。

第二节　集中趋势的描述

集中趋势又称数据的中心位置，是一组数据的代表值，表明总体分布的一个重要特征。集中趋势的概念就是平均数的概念。测度集中趋势，就是寻找数据一般水平的代表值或中心值的过程。在实际应用中，测试集中趋势主要是为了表示社会经济现象总体各单位在一定时间、地点和条件下达到的一般水平，并将其作为评价事物和决策的数量标准或参考。集中趋势的测试度归纳起来有两类：一类是数值平均数，它是根据全部数值计算得到的代表值；另一类是位置平均数，是根据数据所处位置直接观察或根据与所处位置有关的部分数据计算确定的代表值。

一、数值平均数

数值平均数就是全部数据的算术平均，它抽象掉了数值间的差异，反映总体单位某一数量标志值在一定时间、地点、条件下的一般水平。

平均数消除了因总体范围不同而带来的数值差异，从而使不同规模的数值具有可

比性。平均数有时有量纲，有时没有量纲。平均数与统计分组应结合应用，可以用于分析现象之间的相互依存关系。平均数还是统计推断的一个重要指标。

（一）算术平均数

算术平均数也称均值，是反映集中趋势最常用的平均数。其基本计算公式为

$$\text{算术平均数}=\frac{\text{总体标志总量}}{\text{总体单位总量}} \tag{3-9}$$

根据所掌握资料的不同，算术平均数有不同的计算方法：

1. 简单算术平均数

简单算术平均数是在统计数据未分组的情况下，将各个数据直接相加除以数据的个数计算平均数的方法。若以 x_1，x_2，…，x_n 表示变量值，$\bar{x}$ 表示平均数，则简单算术平均数的计算公式为

$$\bar{x}=\frac{x_1+x_2+\cdots+x_n}{n}=\frac{\sum x_i}{n} \tag{3-10}$$

2. 加权算术平均数

如果数据已经经过分组整理形成变量数列，计算算术平均数要用加权算术平均数，用加权算术平均数计算的平均数称为加权算术平均数。若用 x_i 表示变量值或组中值，f_i 表示变量值 x_i 出现的次数，k 表示组数，则加权算术平均数的计算公式为

$$\bar{x}=\frac{x_1f_1+x_2f_2+\cdots+x_kf_k}{f_1+f_2+\cdots+f_k}=\frac{\sum xf}{\sum f} \tag{3-11}$$

式（3-11）也常常表示为如下公式，即采用比重权数加权：

$$\bar{x}=x_1\frac{f_1}{\sum f_i}+x_2\frac{f_2}{\sum f_i}+\cdots x_k\frac{f_k}{\sum f_i}=\sum x\frac{f_i}{\sum f_i} \tag{3-12}$$

【例 3-1】某车间 100 名工人某日生产情况如表 3-1 所示，计算工人的平均日产量。

表 3-1　某车间 100 名工人某日生产情况

日产量 x_i/件	工人人数 f_i/人	各组标志总量 x_if_i/件	工人比重 $\frac{f_i}{\sum f_i}$/%
20	10	200	10
21	30	610	30
22	40	880	40
23	20	430	20
合计	100	2 120	100

解：工人的平均日产量=工人日产总量/工人总人数，即

$$\bar{x}=\frac{\sum x_if_i}{\sum f_i}=\frac{20\times10+21\times30+22\times40+23\times20}{100}=21.7\text{（件）}$$

或者

$$\bar{x}=\sum x_i\frac{f_i}{\sum f_i}=20\times10\%+21\times30\%+22\times40\%+23\times20\%=21.7\text{（件）}$$

某车间工人的平均日产量为 21.7 件。

【例 3-2】某车间某日工人生产零件数量如表 3-2 所示，计算工人的平均日产量。

表 3-2　某车间某日工人生产零件数量

日产量/件	组中值 x_i/件	工人人数 f_i/人	$x_i f_i$/件	工人人数比重 $\frac{f_i}{\sum f_i}$/%
120 以下	115	10	1 150	10
120～130	125	18	2 250	18
130～140	135	20	2 700	20
140～150	145	25	3 625	25
150～160	155	23	3 565	23
160 以上	165	4	660	4
合计	—	100	13 950	100

解：工人的平均日产量为 $\bar{x}=\frac{\sum x_i f_i}{\sum f_i}=\frac{13\ 950}{100}=139.5$（件）

或者

$$\bar{x}=\sum x_i\frac{f_i}{\sum f_i}=115\times10\%+125\times18\%+135\times20\%+145\times25\%+155\times23\%+165\times4\%=$$

139.5（件）

工人的平均日产量为 139.5 件。

在组距式数列中，变量值不是以单个数值出现，而是以下限到上限的组距出现，掩盖了原始数据。组距式数列计算加权算术平均数，需要确定各组的组中值并将它作为平均值的代表；各组的组中值乘以相应的单位数即权数，从而求得各组的标志总量；再把各组的标志总量相加，求得各组的总体标志总量；再把各组的总单位数相加，求得总体单位总量；用总体标志总量除以总体单位总数求得平均数。

在用组距式数列计算平均数时，用组中值代表各组的值，其前提是假设各组内的标志值分布均匀。

计算加权算术平均数时，需要用变量值乘以变量值出现的次数。在变量数列中，各个变量值出现的次数不一样，次数出现多的变量值对平均数的影响大，次数出现少的变量值对平均数的影响小。这就是加权，以权衡其轻重。

加权权数既有绝对权数，也有比重权数，二者没有实质区别，可以相互转换。

3. 算术平均数的性质

算术平均数在统计学中具有重要地位，它是进行统计分析和统计推断的基础。首先，从统计思想上看，它是一组数据的中心所在。它把总体单位变量值的差异全部抽象化，反映出事物必然性的数量特征。其次，它具有以下一些重要的数学性质，这些数学性质在实际工作中有着广泛的应用，同时也体现了算术平均数的统计思想：

（1）算术平均数与变量值个数的乘积等于各个变量值的总和，即

$$n\bar{x} = \sum x_i$$

利用这一性质，我们可以用算术平均数来推算相应的总量。

（2）各个变量值与其算术平均数的离差之和为零，即

$$\sum (x_i - \bar{x}) = 0 \text{ 或 } \sum (x_i - \bar{x}) f_i = 0$$

这一性质说明，算术平均数把总体各单位变量值的差异抽象掉了，所以它是一组数据的中心，代表总体的一般水平。

（3）各个变量值与其算术平均数的离差平方之和最小，即

$$\sum (x_i - \bar{x})^2 = \min \text{ 或 } \sum (x_i - \bar{x})^2 f_i = \min$$

这一性质充分反映了算术平均数是集中趋势最好的代表值。以算术平均数以外的任何数为中心，其离差都大于以平均数为中心的离差。

（二）调和平均数

在社会经济统计中，已知各组的变量值 x 和各组标志总量 xf，但若缺乏总体的单位数资料，就不能直接采用算术平均数计算，而需要改变算术平均数的形式。为了符合计算公式，首先需要经过除法运算，然后再计算平均数，这样的计算过程就是调和平均数。其计算公式为

$$\bar{x} = \frac{m_1 + m_2 + \cdots + m_n}{\frac{m_1}{x_1} + \frac{m_2}{x_2} + \cdots + \frac{m_n}{x_n}} = \frac{\sum m_i}{\sum \frac{m_i}{x_i}} \quad (3-13)$$

式（3-13）中，m_i 为各组标志总量，也称权数；x_i 为各组变量值。

调和平均数只是算术平均数的一种变形，它们之间没有实质的区别，对同一问题计算的结果是一致的，只是因为所得资料的不同而采用了不同的计算形式。

【例 3-3】某村的粮食生产情况如表 3-3 所示，计算该村的平均亩产①。

表 3-3　某村的粮食生产情况

按耕地自然条件分组	平均亩产 $\bar{x}$ /千克	粮食产量 m_i /千克
山地	100	25 000
丘陵地	150	150 000
平原地	400	500 000

解：平均亩产 = 粮食总产量/播种面积

$$\bar{x} = \frac{\sum m_i}{\sum \frac{m_i}{x_i}} = \frac{25\,000 + 150\,000 + 500\,000}{\frac{25\,000}{100} + \frac{150\,000}{150} + \frac{500\,000}{400}} = 270 \text{（千克）}$$

① 注：1 亩约等于 666.67 平方米。

某村的粮食平均亩产为 270 千克。

（三）几何平均数

几何平均数也称几何均值，它是 n 个变量值连乘积的 n 次方根，用符号 $\bar{x}_G$ 表示。几何平均数适用于计算平均比率和平均速度。凡是变量值的连乘积等于总速度或总比率的现象，都可以求几何平均数，如平均产品合格率、平均发展速度、平均本利率等。根据统计资料的不同，几何平均数也分为简单几何平均数和加权几何平均数。其常用的计算公式为

$$\bar{x}_G = \sqrt[n]{x_1 x_2 \cdots x_n} = \sqrt[n]{\prod x} \tag{3-14}$$

【例 3-4】某车间生产线有前后衔接的五道工序。某日各工序产品的合格率分别为 95%、96%、92%、93%、99%，求整个车间生产线产品的平均合格率。

整个车间生产线产品的平均合格率为

$\bar{x}_G = \sqrt[5]{95\% \times 96\% \times 92\% \times 93\% \times 99\%} \approx 94.97\%$

与算术平均数一样，当资料中的某些变量值重复出现时，相应的简单几何平均数就变成了加权几何平均数。其计算公式为

$$\bar{x}_G = \sqrt[f_1+f_2+\cdots+f_k]{x_1^{f_1} x_2^{f_2} \cdots x_k^{f_k}} = \sqrt[\sum f]{\prod x^f} \tag{3-15}$$

某银行投资以复利计息，近 10 年的利率分别为：前 5 年的利率为 8%，中间 3 年的利率为 5%，第 9 年的利率为 7%，最后 1 年的利率为 4%。10 年后的本利率（本利和与本金之比）为

10 年后的本利率 $=(1+8\%)^5(1+5\%)^3\times(1+7\%)\times(1+4\%)\approx 1.8975\%$

整个投资期间的平均利率为

$\bar{x}_G = \sqrt[5+3+1+1]{1.08^5\ 1.05^3\ 1.07^1\ 1.04^1} - 1 \approx 6.58\%$

需要注意的是，计算平均几何平均数时应找到满足几何平均数的应用条件，且变量中不得有零或者负数。

二、位置平均数

位置平均数是指根据其在总体中所处的特殊位置上的个别单位或部分单位的标志值的计算来确定代表值，它不受极端值的影响。常用的位置平均数有众数、中位数和分位数。

（一）众数

众数是指总体中出现次数或频数最多的变量值，用 M_0 表示。从分布的角度来看，众数是具有明确集中趋势点的数值，一组数据分布的最高峰点所对应的变量值即众数。

在根据未分组数据或单项式数据确定众数时，只需要找到出现次数最多的数据即可。如在表 3-1 某车间 100 名工人某日生产情况中，日产量 22 件是出现人数最多的变量值，所以 $M_0=22$（件）就是众数。

对于组距分组数列，众数所在的组对应的变量值是一个区间，因此通常用下面的公式来推算：

$$M_0 = L + \frac{\Delta_1}{\Delta_1 + \Delta_2} \times d \tag{3-16}$$

$$M_0 = U - \frac{\Delta_1}{\Delta_1 + \Delta_2} \times d \tag{3-17}$$

在式（3-16）和式（3-17）中，M_0 代表众数，L 代表众数所在组的下限，U 代表众数所在组的上限，Δ_1 代表众数所在组出现次数与变量值小的相邻组出现次数之差；Δ_2 代表众数所在组出现次数与变量值大的相邻组出现次数之差；d 代表众数所在组的组距。

从表 3-2 某车间某日工人生产零件数量的数据可以看出，出现频数最大的是 25，即众数所在组为 140~150 件这一组，根据公式得：

$$M_0 = 140 + \frac{25-20}{(25-20)+(25-23)} \times 10 \approx 147 \text{（件）}$$

或者

$$M_0 = 150 - \frac{25-23}{(25-20)+(25-23)} \times 10 \approx 147 \text{（件）}$$

在总体的单位数较多，各个标志值的分布频数有明显的集中趋势时，才存在众数。众数是一个位置平均数，是由标志值出现次数决定的，而不受分布数列的极端值和开口组数列的影响；当分布数列没有任何一组的频数占多数及分布数列没有明显的集中趋势，或出现两个或以上的集中趋势时，该频数分布数列无众数。若将无众数的分布数列重新分组或各组频数依序合并，又会使分布数列呈现出明显的集中趋势。

（二）中位数

中位数是指将各个变量值按大小顺序进行排序（一般按升序排列）后，处于中间位置的变量值，用 M_e 表示。

1. 确定未分组资料的中位数

对于未分组的原始资料，首先，将标志值按大小排序；其次，根据公式（$n+1$）/2 确定中位数的位置；最后，根据中位数的位置找出对应的标志值。当 n 为奇数时，处于中间位置的变量值为中位数；当 n 为偶数时，处于中间位置的变量值就有两个，计算中间两个变量值的算术平均数就是中位数。具体计算公式如下：

$$M_e = x_{\frac{n+1}{2}}，n \text{ 为奇数}$$

$$M_e = \frac{x_{\frac{n}{2}} + x_{\frac{n}{2}+1}}{2}，n \text{ 为偶数} \tag{3-18}$$

2. 确定单项式分组数列的中位数

需要先计算向上累计（或向下累计）的次数，然后直接用公式（$\sum f_i / 2$）确定中位数的位次，即中位数所在的组。该组的变量值即中位数。

3. 确定组距式数列分组资料的中位数

首先，计算向上累计（或向下累计）的次数，按公式（$\sum f_i$）/2 确定中位数所在的组；其次，按上限公式或下限公式确定中位数：

$$M_e = L + \frac{\frac{\sum f_i}{2} - S_{m-1}}{f_m} \times d \tag{3-19}$$

或者

$$M_e = U - \frac{\frac{\sum f_i}{2} - S_{m+1}}{f_m} \times d \tag{3-20}$$

式（3-19）和式（3-20）中，M_e 代表中位数，L 代表中位数所在组下限，U 代表中位数所在组上限，f_m 代表中位数所在组的频数，$\sum f_i$ 代表总频数，d 代表中位数所在组的组距，S_{m-1} 代表向上累计到中位数所在组前一组的频数，S_{m+1} 代表向下累计到中位数所在组后一组的频数。

【例 3-5】根据表 3-4 计算中位数。

表 3-4　某车间某日工人生产零件数量

日产量/件	组中值 x_i /件	工人人数 f_i /人	人数累计/人	
			向上累计	向下累计
120 以下	115	10	10	100
120～130	125	18	28	90
130～140	135	20	48	72
140～150	145	25	73	52
150～160	155	23	96	27
160 以上	165	4	100	4
合计	—	100	—	—

解：由 $\sum f_i/2=50$ 可知，中位数所在组为 140～150 件，则中位数为

$$M_e = L + \frac{\frac{\sum f_i}{2} - S_{m-1}}{f_m} \times d = 140+ \frac{50-48}{25} \times 10 = 140.8 \text{（件）}$$

或者

$$M_e = U - \frac{\frac{\sum f_i}{2} - S_{m+1}}{f_m} \times d = 150- \frac{50-27}{25} \times 10 = 140.8 \text{（件）}$$

（三）分位数

分位数是衡量数据位置的测定指标，与中位数类似。它可以在一组数据按顺序排列后，将其分割成 4 个、10 个、100 个相等部分。等分后各分位点的值，分别称为四分位数、十分位数和百分位数。分位数 Q_p 的位置的计算公式为

$$Q_p \text{ 位置} = (n+1)\frac{P}{M} \tag{3-21}$$

式（3-21）中，P 为想得到的分位数，n 为数据的项数，M 为多少分位数。

四分位数是指通过 3 个点将全部数据等分为 4 个部分，其中每个部分包含 25%的数据。第一个四分位数 Q_1（下四分位数）是指处在 25%位置上的数值；第三个四分位数 Q_3（上分位数）是指处在 75%位置上的数值；第二个四分位数 Q_2 就是中位数。

分位数主要适用于对顺序数据的研究，也可用于对数值型数据的研究，但不能用于对分类数据的研究。

（四）众数、中位数和均值的比较

众数是一组数据分布的峰值，是一种位置代表值。其优点是易于理解，不受极端值的影响。当数据的分布具有明显的集中趋势时，尤其是对于偏态分布，众数的代表性比均值好。其缺点是具有不唯一性，对于一组数据可能有一个众数，也可能有两个或多个众数，也可能没有众数。

中位数是一组数据中间位置上的代表值。其特点是不受数据极端值的影响。对于具有偏态分布的数据，中位数的代表性要比均值好。

均值是根据全部数据计算的，它具有优良的数学性质，是实际中应用最广泛的集中趋势测度值。其主要缺点是易受数据极端值的影响。对于偏态分布的数据，均值的代表性较差。作为均值变形的调和平均数和几何平均数，是适用于特殊数据的代表值。调和平均数主要用于不能直接计算均值的数据，几何平均数主要用于计算比率数据的平均数，这两个测度值与均值一样易受极端值的影响。

众数、中位数和均值三者之间存在着一定的数量关系，其数量关系的体现取决于资料的频数分布。如图 3-1 所示，在对称的正态分布的情况下，算术平均数等于众数，等于中位数；在非对称的正态分布的情况下，众数、中位数和平均数三者的差别取决于偏斜的程度：偏斜的程度越大，三者之间的差别越大；偏斜的程度越小，三者之间的差别越小。

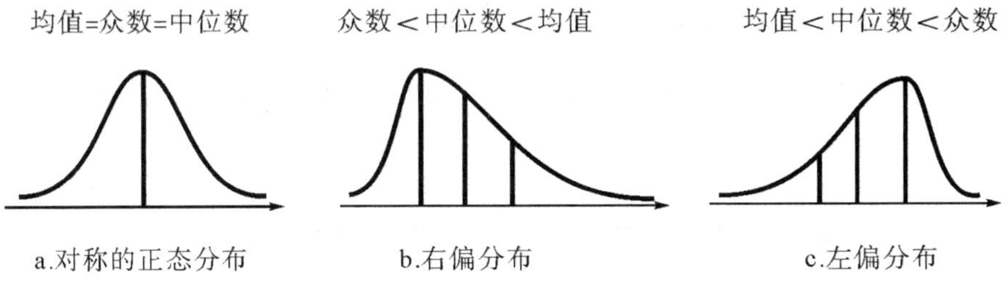

图 3-1 众数、中位数和均值的关系

第三节 离中趋势的描述

在总体内，各总体单位所表现的标志值不同，我们可通过计算平均数了解总体各单位标志值的一般水平和总体分布的集中趋势。集中趋势测试度作为一组数据的代表，掩盖了各标志值的数量差异，因此，我们还需结合该组数据的离散程度进行分析。数据的离散程度越大，集中趋势测试度对该组数据的代表性就越弱；离散程度越小，其代表性就越强。

描述数据的离散程度，常用的测试值主要有极差、四分位差、平均差、标准差、方差、离散系数等。

一、极差和四分位差

（一）极差

极差是指总体中最大标志值与最小标志值之差。由于是两个极端值之差，故称极差，它反映了各标志值的变动范围，又叫全距。它是测定标志变异程度最简单的指标，用符号 R 表示。其计算公式为

$$R = \max(x_i) - \min(x_i) \tag{3-22}$$

对组距数列，极差可近似地表达如下：

$$R = \text{末组上限值} - \text{首组下限值}$$

在计算极差时，只考虑两个极端数值，没有考虑到中间各标志值的变动情况，故极差不能全面反映总体各单位标志值的差异程度。但它的优点是计算简便，易于了解，所以在实际工作中应用十分广泛。例如比赛评分会去掉最高分和最低分等。

（二）四分位差

四分位差也叫内距，是指上四分位数和下四分位数之差，常用 Q_d 表示。它是对全距指标的一种改进，是从变量数列中剔除了一部分极端值之后，重新计算的类似于全距的指标。其计算公式为

$$Q_d = Q_3 - Q_1 \tag{3-23}$$

四分位差反映了中间50%数据的离散程度。其数值越小，说明这部分数据越集中；其数值越大，说明这部分数据越分散。由于中位数处于数据的中间位置，因此，四分位差的大小也说明了中位数对一组数据的代表性的强弱：其数值越小，说明中位数的代表性越强。

二、平均差

平均差（A.D）是指总体各单位标志值与其算术平均数离差绝对值的算术平均数。它反映的是变量值与其平均数的平均差异程度。计算平均差的目的是测量各单位标志值与算术平均数离差的大小，因为离差有正负之分，其和为零，所以，取其绝对值来计算。由于掌握的资料不同，平均差可以分为简单平均差和加权平均差。

（一）简单平均差

在资料未分组的情况下，平均差的计算公式为

$$\text{A.D} = \frac{\sum |x_i - \bar{x}|}{n} \tag{3-24}$$

（二）加权平均差

在资料已分组的情况下，加权平均差的计算公式为

$$\text{A.D} = \frac{\sum |x_i - \bar{x}| f_i}{\sum f_i} \tag{3-25}$$

【例3-6】根据表3-2资料计算工人日产量的平均差的结果如表3-5所示。

表 3-5　某车间某日工人生产零件数量的平均差计算结果

日产量/件	组中值 x_i/件	工人人数 f_i/人	$f_i\lvert x_i-\bar{x}\rvert$
120 以下	115	10	245
120~130	125	18	261
130~140	135	20	90
140~150	145	25	112.5
150~160	155	23	356.5
160 以上	165	4	102
合计	—	100	1 167

解：$\bar{x}=\dfrac{\sum x_i f_i}{\sum f_i}$

$=\dfrac{115\times10+125\times18+135\times20+145\times25+155\times23+165\times4}{100}$

$=139.5$（件）

$$A.D=\frac{\sum\lvert x_i-\bar{x}\rvert f_i}{\sum f_i}=\frac{1\ 167}{100}=116.7\text{（件）}$$

平均差易于理解，由于所有数据都参与了计算，能综合反映全部单位标志值的实际差异程度。平均差越大，表明标志变异程度越高，平均差的代表性就越弱；反之亦然。虽然平均差用绝对值的形式解决了各标志值与算术平均数离差的正、负值问题，但不便于进行数学处理和统计分析运算。这使其应用受到了很大限制，在实际中并不常用。

三、标准差和方差

标准差又称均方差，是指总体各单位变量值与其算术平均数离差平方的平均数的平方根，通常用 δ 表示。标准差的平方就称为方差，通常用 δ^2 表示。方差的量纲不便于从经济意义上进行解释，所以实际工作中都用方差的算术平方根即标准差来测试统计数据的差异程度。所以，标准差是测量标志变异程度最重要、最常用的指标。

对未分组的原始资料，标准差的计算公式为

$$\text{总体数据：}\sigma=\sqrt{\frac{\sum(x-\bar{x})^2}{n}},\ \sigma^2=\frac{\sum(x-\bar{x})^2}{n}\tag{3-26}$$

$$\text{样本数据：}S=\sqrt{\frac{\sum(x-\bar{x})^2}{n-1}},\ S^2=\frac{\sum(x-\bar{x})^2}{n-1}\tag{3-27}$$

对于已分组资料，标准差的计算公式为

$$\text{总体数据：}\sigma=\sqrt{\frac{\sum(x-\bar{x})^2f}{\sum f}},\ \sigma^2=\frac{\sum(x-\bar{x})^2f}{\sum f}\tag{3-28}$$

$$样本数据：S=\sqrt{\frac{\sum(x-\bar{x})^2 f}{\sum f-1}},\ S^2=\frac{\sum(x-\bar{x})^2 f}{\sum f-1} \tag{3-29}$$

【例 3-7】根据表 3-2 资料计算工人日产量的标准差的结果如表 3-6 所示。

表 3-6 某车间某日工人生产零件数量标准差计算结果

日产量/件	组中值 x_i/件	工人人数 f_i/人	$(x_i-\bar{x})^2 f_i$
120 以下	115	10	6 002.5
120～130	125	18	3 784.5
130～140	135	20	405
140～150	145	25	756.25
150～160	155	23	5 525.75
160 以上	165	4	2 601
合计	—	100	19 075

$$解：\sigma^2=\frac{\sum(x_i-\bar{x})^2 f_i}{\sum f_i}=\frac{19\,075}{100}=190.75,\ \sigma=\sqrt{\frac{\sum(x_i-\bar{x})^2 f_i}{\sum 100}}=13.81\ (件)$$

计算结果表明，平均来说，该车间每位工人的日产量与平均日产量相差 13.81 件。

标准差就其统计含义来讲，与平均差基本相同，也是根据总体所有单位的标志值计算出来的，可以全面反映总体各单位标志值的差异程度。由于它避免了对绝对值的计算，在数学处理上比平均差更合理，也更优越，所以在统计分析中应用十分广泛。

四、离散系数

全距、平均差、标准差三种标志变异指标都是绝对指标，其计量单位均与平均数的计量单位相同，它们的大小不仅与各单位标志值的差异程度有关，也与各标志值本身的大小有关。因此，对于具有不同平均水平的总体，就不宜直接通过全距、平均差和标准差这三种标志变异指标来比较其标志变异程度的高低或平均数代表性的强弱，而需要用标准差与相应的平均数对比计算标准差系数，从而消除不同平均水平对标志变异程度的影响，更好地反映不同总体、不同平均水平标志值的差异程度。

离散系数又称标准差系数，它是标准差与其算术平均数对比的相对数，一般用符号 V_σ 表示。其计算公式如下：

$$V_\sigma=\frac{\sigma}{\bar{x}}\times100\% \tag{3-30}$$

离散系数用于对不同组别数据的离散程度进行比较。离散系数大，说明该组数据的离散程度高，反之亦然。

第四节　数据分布形态的描述：偏度与峰度

集中趋势和离中趋势是数据分布的两个重要特征，但要全面了解数据分布的特点，还应把握数据分布的形态。数据分布的形态主要是指数据分布的形状是否对称、偏离的程度以及分布的扁平程度。数据分布形态的测试度主要有偏度和峰度。测度偏度和峰度需要理解“矩”的概念。

一、k 阶矩

在统计学中，矩（moment）又称动差，是对变量分布和形态特点的一组度量。定义变量 x_i 对常数 c 的 k（正整数）阶矩的一般表达式为

$$\mu_k = \frac{\sum (x_i - c)^k}{n} \quad 或 \quad \mu_k = \frac{\sum (x_i - c)^k f_i}{\sum f_i} \tag{3-31}$$

当 $c=0$ 时，变量以原点为中心；当 $k=1$ 时即一阶原点矩，即算术平均数；当 $k=2$ 时即二阶原点矩，即变量值平方的平均数。

当 $c=\bar{x}$ 时，变量以均值为中心，即 $\mu_k = \dfrac{\sum (x_i - \bar{x})^k}{n}$ 或 $\mu_k = \dfrac{\sum (x_i - \bar{x})^k f_i}{\sum f_i}$ 为 k 阶中心矩，一阶中心矩为 0，二阶中心矩为方差。

二、偏度及其测定

偏度（skewness）又称偏态或偏系数，用 SK 表示。它用以测量变量分布偏斜方向和程度。以对称分布为标准，偏态分布通常分为右向偏态或左向偏态。

当分布对称时，变量的所有奇数阶中心距均为零。要判断分布是否对称，可用奇数阶中心矩测定。一阶中心矩恒为零，偶数阶中心矩恒为正。只有奇数阶中心矩才有可能正离差和负离差之和抵消，才能测度分布对称与否。

三阶中心矩最简单，偏度指标就用三阶中心距来测定。由于三阶中心距有计量单位，为消除计量单位的影响，要除以标准差的三次方即 σ^3。

对于未分组资料，偏度计算公式为

$$SK = \frac{\mu_3}{\sigma^3} = \frac{\sum (x_i - \bar{x})^3}{n\sigma^3} \tag{3-32}$$

对于已分组资料，偏度计算公式为

$$SK = \frac{\mu_3}{\sigma^3} = \frac{\sum (x_i - \bar{x})^3 f_i}{\sigma^3 \sum f_i} \tag{3-33}$$

SK 的绝对值越大，表示偏斜的程度越高。$SK>0$ 表示右偏分布，也称正偏；$SK<0$ 表示左偏分布，也称负偏；$SK=0$ 表示对称分布。

三、峰度及其测定

峰度（kurtosis）也称峰态系数。它是指以正态分布曲线为标准，根据变量值的集中与分散程度来衡量分布曲线的尖峭程度。峰度通常可分为尖顶、正态和平顶三种。当频数分布曲线较正态分布曲线更陡峭、更瘦、更高时，称之为尖顶峰度；相反，当频数分布曲线较正态分布曲线更平坦、更胖、更矮时，称之为平顶峰度。

测定峰度一般以四阶中心距 μ_4 为基础，用四阶中心距除以标准差的四次方即 σ^4 得到的相对系数，就是峰度的测度值，用 Ku 表示。

对于未分组资料，峰度的计算公式为

$$\mathrm{Ku}=\frac{\mu_4}{\sigma^4}=\frac{\sum(x_i-\bar{x})^4}{n\sigma^4} \tag{3-34}$$

对于已分组资料，峰度的计算公式为

$$\mathrm{Ku}=\frac{\mu_4}{\sigma^4}=\frac{\sum(x_i-\bar{x})^4 f_i}{\sigma^4\sum f_i} \tag{3-35}$$

当变量值频数分布为正态分布曲线时，Ku = 3。以此为标准，就可比较分析各种频数分布曲线的峰度：当 Ku > 3 时，表明分布曲线呈尖顶分布，说明变量值的频数较为密集地分布在众数的周围，且 Ku 值越大，分布曲线的顶端越尖越陡；当 Ku < 3 时，表明分布曲线呈平顶分布，说明变量值的频数分布比较均匀地分散在众数的两侧，且 Ku 越小，分布曲线的顶端就越平缓。一般当 Ku 接近 1.8 时，分布曲线呈水平矩形分布状况，说明各组变量值的频数相同。当 Ku < 1.8 时，分布曲线趋向 U 形分布。在实际统计分析中，通常将偏度和峰度结合起来使用，以判断频数分布是否接近于正态分布。

本章小结

本章介绍了总量指标和相对指标、集中趋势和离中趋势。

总量指标又称绝对数，它是表明社会经济现象在一定时间、地点、条件下的规模或水平的指标。总量指标按所反映的总体内容不同，分为总体单位总量和总体标志总量。总体单位总量是一个总体中的单位总数，它反映总体本身规模的大小。总体标志总量是总体各单位某一数量标志值的总和，它反映某种总体特征的总数量。

相对指标也称相对数。它是通过两个有联系的总量指标数值对比得到的指标。常用的相对数有结构相对数、比例相对数、比较相对数、计划完成相对数、强度相对数和动态相对数六种。

集中趋势的测试度主要有数值平均数和位置平均数。数值平均数包括算术平均数、调和平均数和几何平均数：算术平均数最常用，调和平均数通常作为加权算术平均数的变形使用，几何平均数主要用于计算平均比率或平均速度。位置平均数主要包括众数和中位数。集中趋势的测试度还可以用分位数表示，常用的分位数有四分位数和百分位数等。众数、中位数与均值各有特点和优点，应结合不同的场景应用。

离散程度的测试度主要通过变异指标来表示。变异指标主要包括：极差、四分位差、平均差、标准差、方差、离散系数。方差和标准差是最常见的变异指标。

偏度是指频数分布曲线的非对称的方向和程度，常用三阶中心距的偏度系数来测定。峰度是指频数分布曲线的尖峭程度，一般用四阶来计算峰度系数。

思考与练习

一、单项选择题

1. 某商场某月商品销售额为1 200万元，月末商品库存额为400万元，这两个总量指标（　　）。

A. 是时期指标　　B. 前者是时期指标，后者是时点指标

C. 是时点指标　　D. 前者是时点指标，后者是时期指标

2. 两个数值对比，分子比分母的数值大得多时，常用的相对数表示方法是（　　）。

A. 系数　　B. 倍数

C. 百分数　　D. 成数

3. 有三批产品，废品率分别为1.5%、2%、1%，相应的废品数量为25件、30件、45件，则这三批产品平均废品率的计算公式应为（　　）。

A. $\frac{1.5\% + 2\% + 1\%}{3}$　　B. $\sqrt{1.5\% + 2\% + 1\%}$

C. $\frac{1.5\% + 2\% + 1\%}{25 + 30 + 45}$　　D. $\frac{25 + 30 + 45}{\frac{25}{1.5\%} + \frac{30}{2\%} + \frac{45}{1\%}}$

4. 下列各项中，超额完成计划的有（　　）。

A. 利润计划完成百分数103.5%

B. 单位成本计划完成百分数103.5%

C. 建筑预算成本计划完成百分数103.5%

D. 流通费用率计划完成百分数103.5%

5. 某厂某种产品生产量在1月刚好完成计划，在2月超额完成2%，在3月超额完成4%，则该厂该年一季度各月平均超额完成计划的计算方法是（　　）。

A. 2%+4% =6%

B.（2%+4%）÷2 =3%

C.（2%+4%）÷3=2%

D.（各月实际数之和÷各月计划数之和）－1

6. 甲、乙两组工人的平均日产量分别为18件和15件。若甲乙两组工人的平均日产量不变，但是甲组工人数占两组工人总数的比重下降，则两组工人总平均日产量

（　　）。

A. 上升　　B. 下降

C. 不变　　D. 可能上升，也可能下降

7. 当各个变量值的频数相等时，该变量的（　　）。

A. 众数不存在　　B. 众数等于均值

C. 众数等于中位数　　D. 众数等于最大的数据值

8. 如果你的业务是提供足球运动鞋的号码，那么，（　　）对你更有用。

A. 算术平均数　　B. 几何平均数

C. 中位数　　D. 众数

9. 某年年末某地区城市和乡村平均每人居住面积分别为 30.3 和 33.5 平方米，标准差分别为 12.8 和 13.1 平方米，则居住面积的差异程度（　　）。

A. 城市大　　B. 乡村大

C. 城市和乡村一样　　D. 二者不能比较

10. 下列数列的平均数都是 50，在平均数附近分散程度最小的数列是（　　）。

A. 0　20　40　50　60　80　100　　B. 0　48　49　50　51　52　100

C. 0　1　2　50　98　99　100　　D. 0　47　49　50　51　53　100

11. 某企业计划单位产品成本与上期相比降低 5%，但实际降低 7%，则单位成本降低计划完成程度为（　　）。

A. 101.9%　　B. 93%

C. 140%　　D. 97.9%

12. 在某年某地区出生婴儿中，男性占 53%，女性占 47%，这是（　　）。

A. 比例相对指标　　B. 强度相对指标

C. 比较相对指标　　D. 结构相对指标

13. 不能全面反映总体各单位标志值变异程度的标志变异指标是（　　）。

A. 全距　　B. 平均差

C. 标准差　　D. 离散系数

14. 某银行最近三年的贷款年利率依次是 9.58%、11.26%、12.28%，这三年贷款的平均年利率的计算表达式为（　　）。

A. $\sqrt[3]{9.58\% \times 11.26\% \times 12.28\%}$

B. $(9.58\% + 11.26\% + 12.28\%) \div 3$

C. $\sqrt[3]{(1 + 9.58\%) \times (1 + 11.26\%) \times (1 + 12.28\%)}$

D. $\sqrt[3]{(1 + 9.58\%) \times (1 + 11.26\%) \times (1 + 12.28\%)} - 1$

二、多项选择题

1. 应该用加权算术平均法计算平均数的有（　　）。

A. 已知各组职工工资水平和各组职工人数，求平均工资

B. 已知各组职工工资水平和各组工资总额，求平均工资

C. 已知各组计划完成百分数和各组计划产值，求平均计划完成百分数

D. 已知各组计划完成百分数和各组实际产值，求平均计划完成百分数

E. 已知各组职工的劳动生产率和各组职工人数，求平均劳动生产率

2. 标志变异指标可以反映（　　）。

A. 平均数的代表性强弱

B. 社会经济活动过程的节奏性和均匀性

C. 一组数据的集中趋势

D. 一组数据的离中趋势

E. 一组数据的分布特征

3. 下列指标中属于时期指标的有（　　）。

A. 全年出生人数　　B. 国民生产总值

C. 粮食总产量　　D. 商品销售额

E. 产品合格率

4. 下列指标中属于时点指标的有（　　）。

A. 年末人口数　　B. 钢材库存量

C. 粮食产量　　D. 工业总产值

E. 经济增长率

5. 相对指标中分子与分母可以互换位置的有（　　）。

A. 计划完成程度　　B. 结构相对指标

C. 比较相对指标　　D. 强度相对指标

E. 动态相对指标

6. 下列指标中属于平均指标的有（　　）。

A. 全员劳动生产率　　B. 工人劳动生产率

C. 人均国民收入　　D. 平均工资

E. 居民家庭收入的中位数

7. 能全面反映总体各单位标志值变异程度的指标有（　　）。

A. 平均数　　B. 全距

C. 平均差　　D. 标准差

E. 标准系数

8. 总量指标与相对指标的关系表现为（　　）。

A. 总量指标是计算相对指标的基础

B. 相对指标能补充总量指标的不足

C. 相对指标可表明总量指标之间的关系

D. 相对指标要与总量指标结合应用

E. 总量指标和相对指标都是综合指标

9. 易受极端值影响的平均指标有（　　）。

A. 算术平均数　　B. 调和平均数

C. 几何平均数　　D. 中位数

E. 众数

10. 众数和中位数（　　）。

A. 都是位置平均数
B. 都不是平均数
C. 都受极端值的影响
D. 都不受极端值的影响
E. 都是代表值

11. 标志变异指标（　　）。
A. 是衡量平均指标代表性的尺度
B. 可用来研究现象发展变化的均衡性与协调性
C. 反映现象的集中趋势
D. 反映现象的离中趋势
E. 既反映集中趋势，又反映离中趋势

12. 相对指标的计量形式可以是（　　）。
A. 系数
B. 倍数
C. 成数
D. 百分数
E. 复名数

13. 相对指标中分子与分母不可以互换位置的有（　　）。
A. 计划完成程度相对指标
B. 结构相对指标
C. 比较相对指标
D. 强度相对指标
E. 动态相对指标

14. 下列指标中属于强度相对指标的是（　　）。
A. 人口密度
B. 人均国民生产总值
C. 人口出生率
D. 人口自然增长率
E. 男女性别比例

三、判断分析题

1. 并非任意一个变量数列都可以计算其算术平均数、中位数和众数。

2. 某企业某年各季度销售额和利润情况如表 3-7 所示。

表 3-7　某企业某年各季度销售额和利润情况

季度	1	2	3	4
销售额/万元	15 000	18 000	20 000	21 000
利润率/%	30	32	35	36

则该年各季度平均利润率为（30%+32%+35%+36%）/ 4 = 33.25%。

3. 某企业计划劳动生产率比上一年提高了 10%，实际只提高了 5%，表明只完成了计划劳动生产率的一半。

4. 一个数列的每一项乘以 2，则方差也为原来的 2 倍。

5. 通过标准差对比，就可以判断不同组变量值的差异程度。

6. 某连续变量数列，其首组为开口组，上限为 80，又知其邻组的组中值为 95，则首组的组中值为 75。

7. 质量指标是反映工作质量等内容的，所以一般不能用数值来表示。

四、计算题

1. 两地粮食生产情况如表 3-8 所示。

表 3-8　两地粮食生产情况

类别	甲地				乙地			
	播种面积/公顷	所占比重/%	总产量/吨	单产/吨	播种面积/公顷	所占比重/%	总产量/吨	单产/吨
山地	1 000		3 000				5 400	
丘陵			6 000		1 190		5 600	
平原	1 000		5 250		510			
合计	3 333				3 400		13 850	

（1）计算填出表中空缺的数据。

（2）哪个地区的粮食生产情况好些？分析其原因。

2. 某一牧场主每年饲养 600 头牛。现在有人向他推荐一种个头较小的改良品种牛，每头牛吃草量较少，这样在原来同样面积的牧场上可以多养 150 头牛。原品种牛和改良品种牛的利润情况如表 3-9 所示。

表 3-9　原品种牛和改良品种牛的利润情况

每头牛净利润/元	原品种牛		改良品种牛
	频数	频率/%	频率/%
-200	36	6.0	1
0	12	2.0	2
200	186	31.0	57
400	366	61.0	40
合计	600	100	100

（1）牧场主应该选择哪一种品种？为什么？

（2）改良品种牛的利润和频率可能与上表的计算值有差异。当改良品种牛的利润有什么变化时，牧场主会改变他在（1）中所做的选择？

3. 表 3-10 显示了三只汽车行业上市公司某周的普通股股票的收盘价。

表 3-10　三只汽车行业上市公司某周的普通股股票的收盘价　　单位：元

时间	甲公司	乙公司	丙公司
周一	17.50	21.71	33.58
周二	16.96	22.62	33.87
周三	17.82	21.35	33.01

表3-10(续)

时间	甲公司	乙公司	丙公司
周四	18.02	21.84	32.96
周五	17.57	21.72	33.28

要求：比较三只股票的风险程度（价格的波动程度）。

4. 某企业职工月工资情况如表 3-11 所示。

表 3-11　某企业职工月工资情况

月工资水平/（元·人）	每组职工工资额占 全部职工工资总额比重/%
5 000 以下	10
5 000~8 000	40
8 000~10 000	35
10 000 以上	15
合计	100

要求：计算该企业职工的平均月工资。

5. 某销售公司下属两个分公司，甲公司有推销员人数 30 人，乙公司有推销员人数 40 人，甲、乙两公司 3 月份推销员的销售情况如表 3-12 所示。

表 3-12　甲、乙两公司 3 月份推销员的销售情况

销售额 /（万元·人）	甲公司		乙公司
	推销员人数/人	推销员人数占比/%	推销员人数占比/%
30 以下	5	17	22
30~40	22	73	70
40 以上	3	10	8
合计	30	100	100

（1）哪一个公司的销售业绩好？为什么？

（2）乙公司的推销员，有一部分是新员工，其销售业绩不稳定。如果 4 月份甲公司的销售业绩不变，乙公司的销售业绩发生什么样的变化后，其销售总额会低于甲公司？

6. 某地甲、乙两个超市三种水果的销售情况如表 3-13 所示。

表 3-13　某地甲、乙两个超市三种水果的销售情况

品种	单价/（元·千克）	甲市场销售额/元	乙市场销售额/元
A	2	2 200	800
B	2.2	1 540	1 320
C	2.6	520	2 600

要求：比较两个市场水果的平均价格，并说明原因。

7. 某手机企业有三条手机组装线。2021 年该企业计划产量增长率和实际产量如表 3-14 所示。

表 3-14　2021 年某手机企业计划产量增长率和实际产量

组装线	计划产量增长率/%	实际产量/台
一号组装线	10	20 500
二号组装线	6	31 500
三号组装线	8	24 600

要求：计算该手机企业三条组装线产量计划的平均完成程度。

8. 某银行发行了三种不同颜色的债券。三种债券的情况如表 3-15 所示。

表 3-15　三种债券的情况

债券种类	面值/元	年利率/%	发行量/张
蓝色	2 000	10	500 000
黑色	5 000	14	1 500 000
绿色	10 000	16	400 000

要求：计算该银行发行的全部债券的年平均利率。

第四章 时间数列分析

【引导案例】

证券市场价格波动有规律可循吗？

在社会经济生活中，人们经常会接触按时间顺序记录的数据，其中广受公众关注的，除了反映经济总量的国内生产总值（GDP）的增长或衰退以外，可能就要属股票市场价格的变动了。受各种经济和非经济因素的影响，证券市场上股票价格总是处于频繁变动之中。不论是股票投资者、证券经营企业，还是政府主管部门，都在密切关注股票市场价格的变动情况，都在分析股票市场价格变动的趋势。股票市场价格在频繁变动之中。如果，从财经网站上收集整理上海证券交易所的上证指数日收盘从1990年12月至2021年12月的统计数据，并绘制上证指数日收盘变动情况曲线图，请思考下列问题：

（1）股票市场价格变动的总体趋势是上升还是下降？

（2）股票市场价格变动的程度究竟有多大？

（3）股票市场价格变动的波动有波峰也有波谷，这种峰谷交错的变动有规律可循吗？

（4）由于受信息披露和资金供求的影响，股票市场价格的变动在一年中的各个时期并不相同，这种差异是否有数量规律性？

（5）股票市场价格变动可能是多种因素综合形成的，能否从数据中将各种因素划分开，分别加以研究？

（6）能否从股票市场价格变动的规律预测其变动的可能趋势？

第一节 时间数列概述

一、时间数列的概念

时间数列是指将某种现象的某一个统计指标在不同时间上的观察值按时间先后顺序排列而成的序列，又称为时间数列。表 4-1 是中国 2000—2020 年社会经济指标的发展变化情况。从表 4-1 可以看出，时间序列由两个基本要素构成：一是现象所属的时间，如表 4-1 中 2000—2020 年的年份数据；二是反映现象在一定时间条件下数量特征的数值，如表 4-1 中各年份对应的国内生产总值、第三产业占 GDP 比重、年末总人口、职工平均工资等。这两部分是任何一个时间数列都应具备的两个基本要素。注意：时间构成要素的时间单位可以有所不同，可以是年、季、月、日，也可以是年初或年末、季初或季末、月初或月末。

表 4-1 中国 2000—2020 年社会经济指标的发展变化情况

年份	国内生产总值/亿元	第三产业占 GDP 比重/%	年末总人口/万人	职工平均工资/元
2000	89 404	33. 5	126 583	9 371
2001	95 933	33. 6	127 627	10 870
2002	102 398	33. 7	128 453	12 422
2003	116 694	32. 3	129 227	14 040
2004	136 515	31. 8	129 988	16 024
2005	182 321	40. 3	130 756	18 364
2006	209 407	39. 5	131 448	21 001
2007	246 619	39. 1	132 129	24 932
2008	300 670	40. 1	132 802	29 229
2009	335 353	42. 6	133 474	32 736
2010	397 983	43. 0	134 100	37 147
2011	471 564	43. 1	134 735	42 452
2012	519 322	44. 6	135 404	47 593
2013	568 845	46. 1	136 072	52 388
2014	636 463	48. 2	136 782	57 361
2015	676 708	50. 5	137 462	63 241
2016	744 127	51. 6	138 271	68 993
2017	827 122	51. 6	139 008	76 121

表4-1(续)

年份	国内生产总值 /亿元	第三产业占 GDP 比重 /%	年末总人口 /万人	职工平均工资 /元
2018	900 309	52.2	139 538	84 744
2019	990 865	53.9	140 005	93 383
2020	1 015 986	54.5	141 177	100 512

资料来源：中国国家统计局网站。

注：年末总人口数据指中国内地（大陆）年末总人口，不含中国香港、澳门、台湾年末人口数据。

二、时间数列的分类

时间数列中，按照排列指标的性质不同，可以分为绝对数时间数列、相对数时间数列和平均数时间数列。绝对数时间数列是基本数列，或称原始数列；相对数时间数列和平均数时间数列则是派生数列，它们是根据绝对数时间数列加工计算得到的。

（一）绝对数时间数列

绝对数时间数列又称为总量指标数列，是指将反映现象总规模、总水平的某一总量指标在不同时间上的观察数值按时间先后顺序排列起来所形成的数列。绝对数时间数列是计算相对指标数列和平均指标数列、进行各种时间数列分析的基础。按绝对数时间数列中指标所反映时间状况的不同，绝对数时间数列又可分为时期数列（见表 4-1第 2 列）和时点数列（见表 4-1 第 4 列）。

1. 时期数列

时期数列中所排列的指标称为时期指标。各时期的数值分别反映现象在这一段时期内所达到的总规模和总水平，是现象在这一段时期内发展过程的累积总量。时期指标的观察值具有可加性及数值大小与所属时期长短有密切联系的特点。如表 4-1 中各年的国内生产总值，实际上是通过把这一年内各个时期的国内生产总值的所有数据累积加总得到的。

2. 时点数列

时点数列中所排列的指标称为时点指标。各时点的数值分别反映现象在该时点上所达到的总规模、总水平，是现象在某一时点上的数量表现。时点指标的观察值具有时间上的不可加性及各时点上观察值大小与相邻两时点间隔长短无密切联系的特点。如表 4-1 中的各年的年末总人口数反映的并不是一年中人口的累计情况，而是这一年某一时点的人口情况。

（二）相对数时间数列和平均数时间数列

相对数时间数列又称相对指标，平均数时间数列又称平均指标数列。它们分别是指将反映现象相对水平、平均水平的某一相对指标或平均指标在不同时间上的观察值按时间先后顺序排列起来所形成的数列（分别见表 4-1 的第 3 列和第 5 列）。无论是相对指标还是平均指标，其共同点都是由总量指标派生而来，反映一种对比或平均的概念；不同时间上的相对数或平均数不能相加，即相加以后没有意义。

相对数时间序列是由绝对数时间序列对比计算产生的。它可以是由两个时期数列对比产生，也可以是由两个时点数列对比产生，还可以是由一个时期数列和一个时点数列对比产生。平均数时间序列也是由绝对数时间序列计算而来的，可以由时期数列、时点数列派生，也可以由时期数列和时点数列的指标对比计算得到。

需要注意的是，编制时间数列的目的，是进行时间数列分析，因而保证数列中各项指标值具有可比性，是编制时间数列的基本原则。比如，数列中要求各指标值所属时间可比，时间长短或时间间隔一致；各项指标值总体范围一致；各项指标说明的经济内容在所考察的各个时间期相同；计算方法、计算价格和计量单位等统一。

三、时间数列常用的分析方法

时间数列分析最常用的方法有两种：一种是指标分析法，另一种是成分分析法。

指标分析法，是指通过计算一系列时间数列分析指标，如发展水平、平均发展水平、增减量、平均增减量、发展速度、平均发展速度、增减速度以及平均增减速度等来揭示现象的发展状况和发展变化程度。

成分分析法，是指将时间数列视为由长期趋势、季节变动、循环变动和不规则变动几种因素构成，通过对这些因素加以分解、分析，揭示现象随时间变化而演变的规律，并在揭示这些规律的基础上，假定事物今后的发展趋势遵循这些规律，从而对事物的未来发展做出预测。

时间数列的这两种基本分析方法，各有不同的特点和作用，各自揭示不同的问题和状况。我们在分析问题时应视研究的目的和任务，分别采用或综合应用。

第二节　时间数列的水平指标分析

在对时间数列有了基本认识之后，我们需要对时间数列做进一步的统计分析。本节主要讨论从时间数列的观察值本身出发，计算一系列的水平分析指标，进行简单的统计水平分析。水平分析指标主要包括发展水平、平均发展水平、增减量和平均增减量。

一、发展水平

发展水平是指时间数列中与其所属时间相对应的某种现象发展变化所达到的规模、程度和水平的指标数值，通常指总量指标，例如国内生产总值、年末人口数等，也可指相对指标和平均指标，例如劳动生产率、计划完成程度等。

按在数列中的次序、地位不同，发展水平又分为最初、中间、最末三种水平。在一个完整的时间数列中，通常将第一项指标数值叫作期初水平或最初水平，用 a_0 表示；将最后一项指标数值叫作期末水平或最末水平，用 a_n 表示；将其余各项指标数值叫作中间水平，用 a_1， a_2， a_3， …， a_{n-1} 表示。在动态分析中，通常将所研究的那个时期（或时点）的发展水平叫作报告期水平，将用来进行比较的那个时期（或时点）的发展水平叫作基期水平。期初水平和期末水平并不是固定不变的，根据研究时间的改变而改变。

二、平均发展水平

平均发展水平是指将不同时期的发展水平加以平均得到的平均数，又称序时平均数或动态平均数。它可以概括性地描述出现象在一段时期内所达到的一般水平。序时平均数作为一种平均数，与静态平均数有相同点，即它们都把数量差异抽象化，概括地反映现象总体的一般水平。但两者又有明显的区别，主要表现在：序时平均数抽象的是现象在不同时间上的数量差异，因而能够从动态方面说明现象在一定时期内发展变化的一般趋势；静态平均数抽象的是总体各单位某数量标志值在同一时间上的差异，因此，是从静态上说明现象总体各单位的一般水平。由于不同时间序列中观察值的表现形式不同，因而序时平均数有不同的计算方法。

（一）绝对数时间数列的序时平均数

绝对数时间数列的序时平均数的计算方法是最基本的，它是计算相对数或平均数时间数列的序时平均数的基础。由于绝对数时间数列有时期数列和时点数列之分，序时平均数的计算方法也有所区别。

1. 时期数列的序时平均数的计算

由于时期数列具有可加性的特点，对时期数列求序时平均数可采用算术平均数的方法，先将各时期的观察值加总，再除以时期项数。其计算公式为

$$\bar{a}=\frac{a_1+a_2+a_3+\cdots+a_{n-1}+a_n}{n}=\frac{\sum_{i=1}^{n}a_i}{n} \qquad (4-1)$$

式（4-1）中，$\bar{a}$ 为序时平均数，a_i 为第 i 个时期的观察值，n 为观察值的个数。

【例 4-1】对表 4-1 中的国内生产总值序列计算年度平均国内生产总值。

解：根据时期数列的序数平均数的计算公式有

$$\bar{a}=\frac{\sum_{i=1}^{n}a_i}{n}=\frac{9\ 564\ 608}{21}\approx 455\ 457.52(\text{亿元})$$

2. 时点数列的序时平均数的计算

时点数列一般是不连续数列，在社会经济统计中一般是将一天视为一个时点，即以“一天”作为最小时间单位。这样可认为时点数列有连续时点和间断时点数列之分；连续时点和间断时点数列又有间隔相等与间隔不等之别。其序时平均数的计算方法略有不同，分述如下。

（1）连续时点数列的序时平均数的计算。

在统计中，对于逐日记录且逐日排列的时点资料视为连续时点资料，称为间隔相等的连续时点数列，其序时平均数的计算公式可按时期数列的序时平均数的公式计算，即

$$\bar{a}=\frac{a_1+a_2+a_3+\cdots+a_{n-1}+a_n}{n}=\frac{\sum_{i=1}^{n}a_i}{n} \qquad (4-2)$$

例如，存款（或贷款）平均余额指标，通常就是在报告期内每日存款（或贷款）

余额之和除以报告期日历数求得的。

另一种情形是，资料登记的时间单位仍然是1天，但实际上只在指标值发生变动时才记录一次，称为间隔不相等的连续时点数列。此时，可将每次变动持续的间隔期长度作为权数，对各时点水平进行加权，采用加权算术平均数的方法计算序时平均数。其计算公式如下：

$$\bar{a}=\frac{\sum a_i f_i}{\sum f} \tag{4-3}$$

式（4-3）中，f_i 为权数，即指标值间隔期长度。

【例4-2】某企业某商品2020年10月份的库存量如表4-2所示，试计算该商品在2020年10月份平均日库存量。

表4-2　某企业某商品2020年10月份的库存量

日期	1日—4日	5日—10日	11日—20日	21日—26日	27日—31日
库存量/台	50	55	40	35	30

解：根据式（4-3），该商品10月份的平均日库存量为

$$\bar{a}=\frac{\sum a_i f_i}{\sum f}=\frac{50\times4+55\times6+40\times10+35\times6+30\times5}{4+6+10+6+5}\approx42(\text{台})$$

（2）间断时点数列的序时平均数的计算。

在实际统计工作中，对于很多现象，我们并不是逐日对其时点数据进行统计，而是隔一段时间（如一月、一季度、一年）对其期末或期初的时点数据进行登记，这样得到的时点数列称为间断时点数列。如果每隔相同的时间登记一次，所得数列称为间隔相等的间断时点数列；如果每两次登记时间的间隔不尽相同，所得数列称为间隔不等的间断时点数列。

当时点资料是以月度、季度或年度为时间间隔单位，我们已不可能像连续时点资料那样求得准确的时点平均数。这种情况下，我们可以根据资料所属时间的间隔特点，选用不同的计算公式：对于间隔相等的资料，可采用“首末折半法”［见式（4-4）］进行计算；对于间隔不等的资料，可采用“间隔加权法”［见式（4-5）］计算序时平均数。

【例4-3】某企业2020年第四季度职工人数如表4-3所示，试求该企业在2020年第四季度月平均人数。

表4-3　某企业2020年第四季度职工人数

日期	9月末	10月末	11月末	12月末
职工人数/人	650	642	646	644

要计算第四季度平均职工人数，应计算出每月平均职工人数，将本月月末人数看作下月月初人数，这样月平均人数$=\dfrac{\text{月初人数}+\text{月末人数}}{2}$，则10月平均职工人数 $\bar{a}=$

$\frac{650+642}{2}=646$(人)，季平均人数是在各月平均人数的基础上再平均。

解：第四季度平均职工人数为

$$\bar{a}=\frac{\frac{650+642}{2}+\frac{642+646}{2}+\frac{646+644}{2}}{3}=\frac{\frac{650}{2}+642+646+\frac{644}{2}}{3}=645(\text{人})$$

根据上述计算过程可推导出计算公式为

$$\bar{a}=\frac{\frac{a_1+a_2}{2}+\frac{a_2+a_3}{2}+\cdots+\frac{a_{n-1}+a_n}{2}}{n-1}=\frac{\frac{a_1}{2}+a_2\cdots a_{n-1}+\frac{a_n}{2}}{n-1} \tag{4-4}$$

式（4-4）在形式上表现为首末两项观察值折半，故称为“首末折半法”。这种方法适用于间隔相等的间断时点数列求序时平均数。对间隔不等的间断时点资料，在计算序时平均数时，则需要把间隔的时期 f_i =（1，2，3，…，n）作为权数，采用“间隔加权法”计算，其计算公式为

$$\bar{a}=\frac{\frac{a_1+a_2}{2}\times f_1+\frac{a_2+a_3}{2}\times f_2+\cdots+\frac{a_{n-1}+a_n}{2}\times f_{n-1}}{f_1+f_2+\cdots+f_{n-1}} \tag{4-5}$$

【例 4-4】中国 2010—2019 年部分年份的年末总人口的资料如表 4-4 所示，试计算我国 2010—2019 年的年平均人口数。

表 4-4　中国 2010—2019 年部分年份年末人口数

年份	2010	2012	2015	2018	2019
年末总人口/万人	134 100	135 404	137 462	139 538	140 005

注：年末总人口数据指中国内地（大陆）年末总人口，不含中国香港、澳门、台湾年末总人口数据。

解：对表 4-4 中的资料进行观察分析，其属于间隔不等的间断时点资料，因此应采用间隔加权法来计算。

$$\bar{a}=\frac{\frac{a_1+a_2}{2}\times f_1+\frac{a_2+a_3}{2}\times f_2+\cdots+\frac{a_{n-1}+a_n}{2}\times f_{n-1}}{f_1+f_2+\cdots f_{n-1}}$$

$$=\frac{\frac{134\,100+135\,404}{2}\times2+\frac{135\,404+137\,462}{2}\times3+\frac{137\,462+139\,538}{2}\times3+\frac{139\,538+140\,005}{2}\times1}{9}$$

$\approx$137 124. 39（万人）

注意，对间隔相等和不等的间断时点数列，分别用“首末折半法”和“间隔加权法”计算序时平均数时，都有一定的假定性，即假定两个相邻时点之间现象数量的变化是均匀的。因此用这两种方法计算得到的序时平均数，只是一个近似值。时点数列的间隔越长，这种假定性越强，其准确性就越差。

（二）相对数时间数列或平均数时间数列的序时平均数

相对数时间数列或平均数时间数列通常是由两个相互联系的总量指标时间数列对比构成的。计算相对数时间数列或平均数时间数列的序时平均数时，应先分别计算出

构成相对数时间数列或平均数时间数列分子数列和分母数列的两个绝对数列的序时平均数，再对比求得。其计算公式为

$$\bar{c} = \frac{\bar{a}}{\bar{b}} \tag{4-6}$$

式（4-6）中，$\bar{c}$ 表示相对数时间序列的序时平均数，$\bar{a}$ 、$\bar{b}$ 表示分子或分母数列的序时平均数。在实际应用中，$\bar{a}$ 、$\bar{b}$ 可能都是时期指标或时点指标，也可能一个为时期指标、另一个为时点指标，但它们的序时平均数都应该根据总量指标的相应公式计算。

【例 4-5】某公司第一季度各月流动资金周转次数如表 4-5 所示，试计算该公司第一季度月平均流动资金周转次数。

表 4-5　某公司第一季度各月流动资金周转次数

月份	1 月	2 月	3 月	4 月
商品销售收入/万元	1 500	1 200	1 800	—
月初流动资金占用额/万元	400	600	600	200
流动资金周转次数/次	3	2	4.5	—

解：商品销售收入是时期数列，而各月月初流动资金占用额是时点数列。在计算分子和分母的序时平均数列时，必须根据资料的特点适当选择平均法，由式（4-6）可得该公司第一季度各月平均流动资金周转次数为

$$\bar{c} = \frac{\bar{a}}{\bar{b}} = \frac{(1\,500 + 1\,200 + 1\,800)/3}{\left(400 \times \frac{1}{2} + 600 + 600 + 200 \times \frac{1}{2}\right)/(4 - 1)} = 3(\text{次})$$

流动资金周转次数是强度相对数。除强度相对数之外，平均指标，如劳动生产率、单位产品成本等时间序列的序时平均数，也需按这种方式计算。

三、增减量

增减量是指报告期水平与基期水平之差，用以反映现象在这段时期内发展水平增减的绝对数量。由于所选择基期的不同，增减量可分为逐期增减量和累积增减量。

逐期增减量是指报告期水平与前一期水平之差，说明本期较上期增减的绝对数量，用公式表示为

$$\text{逐期增减量} = a_i - a_{i-1},\ i = (1,\ 2,\ 3,\ \cdots,\ n) \tag{4-7}$$

累积增减量是指报告期水平与某一固定时期基期水平之差，说明报告期与某一固定时期相比增减的绝对数量，用公式表示为

$$\text{累积增减量} = a_i - a_0,\ i = (1,\ 2,\ 3,\ \cdots,\ n) \tag{4-8}$$

逐期增减量与累积增减量之间存在一定的关系：各逐期增减量之和等于相应时期的累积增减量，相邻两期累积增减量之差等于相应时期的逐期增减量。用公式分别表示为

$$a_i - a_{i-1} = a_n - a_0 \tag{4-9}$$

$$(a_i - a_0) - (a_{i-1} - a_0) = a_i - a_{i-1},\ i = 1,\ 2,\ \cdots,\ n \tag{4-10}$$

四、平均增减量

平均增减量是观察期内各逐期增减量的序时平均数，用于描述现象在观察期内平均每期增减的数量，可以根据逐期增减量求得，也可以根据累积增减量求得。其计算公式为

$$平均增减量=\frac{逐期增减量之和}{逐期增减量个数}=\frac{累积增减量}{时间序列项数-1}$$

或者

$$平均增减量=\frac{\sum_{i=1}^{n}(a_i-a_{i-1})}{n}=\frac{a_n-a_0}{n} \tag{4-11}$$

式（4-11）中，n 为逐期增减量个数。

【例4-6】使用表4-6中数据计算分析某省固定资产投资额在各时期的平均增减情况。

表4-6　某省固定资产投资额增长量计算表　　单位：万元

年份	固定资产投资额	逐期增长量	累计增长量
2017	70 477	—	—
2018	88 774	18 297	18 297
2019	109 998	21 224	39 521
2020	137 324	27 326	66 847
2021	172 291	34 967	101 814
合计	578 864	101 814	—

解：2017—2021年某省固定资产投资额的平均增减量 $=\frac{101\ 814}{5-1}=25\ 453.5$(万元)

第三节　时间数列的速度指标分析

时间数列的速度分析指标是用来描述现象在某一时间上发展变化的快慢，包括发展速度、增减速度、平均发展速度和平均增减速度等指标。

一、发展速度

发展速度是指报告期发展水平与基期发展水平之比，用于反映现象在观察期内相对的发展变化方向和程度。由于采用的基期不同，发展速度可以分为环比发展速度和定基发展速度。环比发展速度是指报告期发展水平与前一时期发展水平之比，说明现象逐期发展变化的程度；定基发展速度是指报告期发展水平与某一固定时期发展水平之比，说明现象在整个观察期内总的发展变化程度。

设时间序列的观察值为 a_i，$i=1$，2，3，…，n，发展速度为 R，环比发展速度的一般形式如下：

$$R_i=\frac{a_i}{a_{i-1}},\ i=1,\ \cdots,\ n \tag{4-12}$$

定基发展速度的一般形式如下：

$$R_i=\frac{a_i}{a_0},\ i=1,\ \cdots,\ n \tag{4-13}$$

环比发展速度与定基发展速度之间存在着一定的数量关系：观察期内各个环比发展速度的连乘积等于相应时期的定基发展速度；两个相邻的定基发展速度，用后者除以前者，等于相应时期的环比发展速度。用公式表示如下：

$$\frac{a_1}{a_0}\times\frac{a_2}{a_1}\times\cdots\times\frac{a_i}{a_{i-1}}=\frac{a_i}{a_0} \tag{4-14}$$

$$\frac{a_i}{a_0}\div\frac{a_{i-1}}{a_0}=\frac{a_i}{a_{i-1}} \tag{4-15}$$

利用上述关系，定基发展速度与环比发展速度之间可以进行相互推算。

二、增减速度

增减速度也称增减率，是增减量与基期发展水平的比值，用于说明报告期发展水平较基期发展水平的相对增减程度。增减速度可以根据增减量求得，也可以根据发展速度求得。其基本计算公式为

$$增减速度=\frac{增减量}{基期发展水平}=\frac{报告期发展水平-基期发展水平}{基期发展水平}=发展速度-1 \tag{4-16}$$

增减速度有正负之分：当发展速度大于 1 时，增减速度为正值，表示增长程度；当发展速度小于 1 时，增减速度为负值，表示降低程度。由于采用的基期不同，增减速度也可分为环比增减速度和定基增减速度。前者是指逐期增减量与前一时期发展水平之比，用于描述现象逐期增减的程度；后者是累积增减量与某一固定时期发展水平之比，用于描述现象在观察期内总的增减程度。

设增减速度为 G，环比增减速度的公式如下：

$$G_i=\frac{a_i-a_{i-1}}{a_{i-1}}=\frac{a_i}{a_{i-1}}-1,\ i=1,\ 2,\ \cdots,\ n \tag{4-17}$$

定基增减速度的公式如下：

$$G_i=\frac{a_i-a_0}{a_0}=\frac{a_i}{a_0}-1,\ i=1,\ 2,\ \cdots,\ n \tag{4-18}$$

必须指出，环比增减速度与定基增减速度之间没有直接的换算关系。在由环比增减速度推算定基增减速度时，可先将各环比增减速度加 1 换算成各期环比发展速度后连乘，得到各期的定基发展速度后再将结果减 1，即得各期定基增减速度。

【例 4-7】以表 4-7 中的我国固定资产投资额为例，计算 2010 年到 2020 年我国固定资产投资额的逐期增长量、累积增长量、环比发展速度、定基发展速度、环比增减

速度和定基增减速度。

解：根据前面的计算公式，2010 年到 2020 年我国固定资产投资额的逐期增长量、累积增长量、环比发展速度、定基发展速度、环比增减速度和定基增减速度的计算结果见表 4-7。

表 4-7　2010 年—2020 年我国固定资产投资额增长速度

年份	固定资产投资额/亿元	增长量/亿元		发展速度/%		增减速度/%	
		逐期	累积	环比	定基	环比	定基
2010	278 140	—	—	—	—	—	—
2011	311 022	32 882	73 581	111. 82	111. 82	11. 82	11. 82
2012	374 676	63 654	137 235	120. 47	134. 71	20. 47	34. 71
2013	447 074	72 398	209 633	119. 32	160. 74	19. 32	60. 74
2014	512 761	65 687	275 320	114. 69	184. 35	14. 69	84. 35
2015	562 000	49 239	324 559	109. 60	202. 06	9. 60	102. 06
2016	606 466	44 466	369 025	107. 91	218. 04	7. 91	118. 04
2017	641 238	34 772	403 797	105. 73	230. 55	5. 73	130. 55
2018	645 675	4 437	408 234	100. 69	232. 14	0. 69	132. 14
2019	560 874	-84 801	323 433	86. 87	201. 65	-13. 13	101. 65
2020	527 270	-33 604	289 829	94. 01	189. 57	-5. 99	89. 57

三、平均发展速度

平均发展速度是指各期环比发展速度的序时平均数，用于说明现象在整个观察期内逐期平均发展变化的程度。由于我们考察事物的侧重点不同，计算平均发展速度的方法有几何平均法和方程法两种，这里我们主要介绍几何平均法。如果现象发展的总速度等于各期环比发展速度的连乘积，求环比发展速度的平均数要用几何平均法，其计算公式为

$$\bar{R}=\sqrt[n]{\frac{a_1}{a_0}\times\frac{a_2}{a_1}\times\cdots\times\frac{a_n}{a_{n-1}}}=\sqrt[n]{\frac{a_n}{a_0}} \tag{4-19}$$

式（4-19）中，$\bar{R}$ 为平均发展速度；n 为环比发展速度的个数，它等于观察数据的个数减 1。

【例 4-10】已知我国 2010—2020 年固定资产投资额的环比发展速度（见表 4-7），试计算这一时期的平均发展速度。

解：根据式（4-19），有

$$\bar{R}=\sqrt[10]{111.82\%\times120.47\%\times\cdots\times94.01\%}\approx\sqrt[10]{189.56\%}\approx106.60\%$$

从公式（4-19）中可以看出，$\bar{R}$ 实际上只与序列的最初观察值 a_0 和最末观察值 a_n 有关，而与其他各观察值无关，这一特点表明，几何平均法旨在考察现象在最后一期所达到的发展水平。因此，如果我们所关心的是现象在最后一期所达到的水平，采用

几何平均法计算平均发展速度比较合适。

四、平均增减速度

平均增减速度说明现象逐期增减的平均程度。平均增减速度 $\bar{G}$ 与平均发展速度 $\bar{R}$ 仅相差一个基数，即

$$\bar{G}=\bar{R}-1 \tag{4-20}$$

若平均增减速度为正值，表明现象在某段时间内逐期平均递增的程度，也称平均递增率；若其为负值，表明现象在某段时间内逐期平均递减的程度，也称平均递减率。

应用速度指标分析实际问题时，应注意以下几方面的问题：

（1）当时间序列中的观察值为 0 或负数时，不宜计算增长速度。比如，某贸易公司五年的净利润分别为-4 万元、0 元、5 万、8 万元、10 万元。如果用增长速度的公式来计算，会出现负数，与实际情况不相符。对这种情况一般不计算增长速度。

（2）在分析增长速度时要注意速度与基期绝对水平的结合分析。比如，有规模基本相同的两家饮料生产企业，它们 2020 年与 2021 年的利润额及增长速度如表 4-8 所示。试比较这两家企业的经营业绩。

表 4-8　甲、乙两家饮料生产企业的利润额及增长速度

年份	甲企业		乙企业	
	利润额/万元	增长速度/%	利润额/万元	增长速度/%
2020	500	—	60	—
2021	600	20	84	40

如果仅就速度对甲、乙两家生产企业进行分析评价，可以看出乙企业的利润增长速度比甲企业高出 1 倍。如果就此得出乙企业的生产经营业绩比甲企业要好得多，这样的结论是不切实际的。因为速度是一个相对值，与对比的基期值有很大关系。高速度背后隐含的增长绝对值可能很小，低速度背后隐含的增长绝对值可能很大。上述例子表明，由于两家企业的生产起点不同，基期的利润额不同，才造成二者速度上有较大差异。从利润的绝对额来看，两家企业的速度每增长 1%所增加的利润绝对额是不同的。在这种情况下，我们需要将速度与绝对水平结合起来进行分析，通常要计算增长 1%的绝对值来弥补速度分析中的局限性。增长 1%绝对值表示速度每增长 1%而增加的绝对数量，其计算公式为

$$\text{增长 1\% 绝对值}=\frac{\text{逐期增长量}}{\text{环比增长速度}\times 100}=\frac{\text{前期水平}}{100}$$

$$=\frac{a_n-a_{n-1}}{\dfrac{a_n-a_{n-1}}{a_{n-1}}\times 100}$$

$$=\frac{a_{n-1}}{100} \tag{4-21}$$

将表 4-8 的数据套入式（4-21）计算，甲企业的利润每增长 1%，增加的利润额

为 5 万元；而乙企业的利润每增长 1%，增加的利润额为 0.6 万元。甲企业远高于乙企业，这说明甲企业的生产经营业绩比乙企业更好。

（3）要注意将总平均速度与时段平均速度结合起来分析。总平均速度是指一个观察期各期的平均速度，掩盖了各期速度和各时段平均速度的实际情况。因此，只有将总平均速度与各期速度的变动情况及各时段平均速度结合起来进行观察分析，才能对现象的发展情况进行全面和深入的分析。

第四节　时间数列的影响因素分析

一、时间数列的构成因素和组合形式

客观现象随着时间推移而呈现出的发展变化，是受到多种因素的共同影响，不同的现象有不同的原因。这些原因有主有次，有强有弱。有些因素是具有长期的、决定性作用，使事物的发展表现出某种趋势和规律性；而有些因素具有暂时的、非决定性作用，使事物的发展表现出不规则性。为了分析时间数列的成因和变动规律，我们需要对其进行分解并分别加以测定，对于一个较长的时间数列，一般将影响因素分解为长期趋势、季节变动、循环变动和不规则变动四个部分。也就是说，任何一个时间数列通常是上述四种变动因素综合作用的结果。

（一）长期趋势

长期趋势变动是时间数列中最基本的规律性变动，用 T 表示。长期趋势是指现象在一个相当长的时期内持续发展变化的总态势，如持续上升、下降和基本持平。长期趋势变动是现象受到各个时期普遍的、持续的、决定性的基本因素影响的结果。例如，一般情况下，由于人口增长、资源开发、科技进步等因素影响，社会生产的总量呈增长变动的趋势。

（二）季节变动

季节变动是指现象在一年内随着季节的变化而发生的有规律的周期性变动，用 S 表示。引起季节变动的原因既可能是气候条件，如一年四季的更替；也可能是社会风俗习惯、法规制度、宗教习俗等。季节变动在许多现象的发展变化中都存在，例如，农产品的生产、销售、储存通常有淡季和旺季之分。

（三）循环变动

循环变动是指在时间数列中出现的周期在一年以上，涨落相间、峰谷交替或以繁荣—衰退—萧条—复苏—繁荣为周期的循环往复变动，用 C 表示。其成因比较复杂，周期通常在一年以上，长短不一。它的波动形态和波幅等不是很规律，因此，对循环变动的识别和分析较困难。循环变动按引起的原因和周期的不同又可分为四种类型，即长期循环变动、中长期循环变动、中期循环变动、短期循环变动。

（四）不规则变动

不规则变动是指除了上述各种变动以外，因临时的、偶然的因素而引起的随机变动，这种变动无规则可循，用 I 表示。不规则变动可细分为随机变动和异常变动两种类型。随机变动是短暂的、不可预期的和不可重复出现的众多因素综合作用的结果，其中每个因素的影响很小，从长期来看，有些偶然因素的个别影响是可以互相抵消一部分的。异常变动则是指一些偶然性、突发性的重大事件（如地震、水灾、战争等）所引起的变动，其单个因素的影响较大，不能相互抵消，在时间数列分析中往往需要对这种变动进行特殊处理。

为了对时间数列进行因素分解，需要分别测定和分析每种类型的构成因素对时间数列变动的影响和作用，提示现象发展变化的规律性，并在此基础上进行预测。为了对时间数列进行具体分析，需要对时间数列各构成因素之间的关系及相互作用做出假设。在统计上，时间数列一般有两种组合模型：乘法模型和加法模型。

乘法模型是假设时间数列各个构成部分对数列的影响均按比例变化。四种因素对事物的影响是相互的，它们之间存在着一定的关系，因而时间数列中各观察值表现为各种因素的乘积。时间数列的乘法模型可表示为

$$Y = T \times S \times C \times I \tag{4-22}$$

式（4-22）中，T 和 Y 是总量指标；而 S、C 和 I 为比率，以百分比表示。

加法模型是假设四种因素对时间数列的影响是可加的，并且是相互独立的。时间序列的加法模型可以表示为

$$Y = T + S + C + I \tag{4-23}$$

式（4-23）中，Y、T、S、C 和 I 都是总量指标。

时间数列分析最常用的是乘法模型。乘法模型的基本假设是，四个因素是由不同原因形成的，但相互之间存在一定的关系，而且对事物的影响是相互的，因此，时间数列中各指标值表现为各种因素的乘积。我们利用乘法模型可以将四个因素很容易地从时间数列中分离出来，因而乘法模型在时间数列分析中广泛应用。本节及以后各节介绍的时间数列成分分析方法，也均以乘法模型为例。

二、长期趋势的分析与测定

长期趋势是时间数列的主要构成要素，是指现象在较长时期内持续发展变化的一种趋向或状态。我们通过对时间数列长期趋势变动进行分析，可以掌握现象活动的规律性，并对其未来的发展趋势做出判断或预测。测定长期趋势的方法有很多，如时距扩大法、半数平均法、部分平均法、移动平均法、指数平滑法以及趋势线拟合法等。由于后三种方法较常使用，故本书主要介绍移动平均法、指数平滑法和趋势线拟合法。

（一）移动平均法

移动平均法是指对原时间数列进行逐项移动并按一定时期分别计算出一系列序时平均数，从而形成一个新的序时平均数时间数列，以削弱或消除原数列中的不规则变动和其他变动，呈现出现象在较长时期内持续发展变动的基本态势。它通过计算移动平均值力图消除时间数列中出现的波动，使时间数列的图像呈现出一条比较平滑的时间数列曲线，这条曲线能较清晰地描绘出长期趋势。要将移动平均法应用于一个时间数列，该数列的数据应该有明显的线性趋势和确定的波动规律模式，比如，每三年重复一次；移动平均要做的就是消除除了长期趋势之外的其他三个因素，修匀数据中的波动，这种修匀是通过移动时间数列的算术平均数实现的，消除了 C、I、S 后，剩下

的就是长期线性趋势了。该方法又可分为简单移动平均法和加权移动平均法两种。

1. 简单移动平均法

简单移动平均法是指直接用简单算术平均数作为移动平均趋势值的方法。

设移动间隔长度为 K，则移动平均数数列可以写为：

$$\bar{Y}_i = \frac{Y_i + Y_{i+1} + \cdots + Y_{i+k-1}}{K} \tag{4-24}$$

式（4-24）中，$\bar{Y}_i$ 为移动平均趋势值，K 为大于 1 小于资料总项数 N 的正整数。

【例 4-8】某商场 2019—2021 年部分月份的销售额见表 4-9 第二列，试分别计算 3 个月、4 个月及 5 个月的移动平均趋势值，并进行比较。

解：根据简单移动平均公式，当 $K=3$ 时，移动平均趋势值 $\bar{Y}_1=506$；当 $K=5$ 时，$\bar{Y}_1=499.3$；当 $K=4$ 时，$\bar{Y}_1=497.39$；其余各期同理。结果分别见表 4-9 中的第三列、第四列和第五列，移正平均见第六列。

表 4-9 某商场 2019—2021 年部分月份的销售额及移动平均趋势的计算结果

单位：万元

月份	某商场月度销售额	趋势值 $K=3$	趋势值 $K=5$	趋势值 $K=4$	移正平均
2019 年 6 月	528.67				
2019 年 7 月	525.14	506.00		497.39	494.68
2019 年 8 月	464.20	486.96	499.30	491.96	488.10
2019 年 9 月	471.54	480.90	492.41	484.23	488.29
2019 年 10 月	506.97	490.91	486.71	492.34	495.77
2019 年 11 月	494.22	499.27	493.67	499.20	502.21
2019 年 12 月	496.63	496.61	505.57	505.22	513.44
2020 年 1 月	498.98	508.89	516.17	521.66	528.49
2020 年 2 月	531.05	530.00	527.58	535.32	568.56
2020 年 3 月	559.98	547.43	581.24	601.80	613.40
2020 年 4 月	551.25	625.38	606.21	625.00	629.70
2020 年 5 月	764.92	646.67	619.52	634.40	635.24
2020 年 6 月	623.83	662.12	619.12	636.08	610.55
2020 年 7 月	597.61	593.14	621.00	585.02	551.77
2020 年 8 月	557.97	572.08	539.58	518.52	520.61
2020 年 9 月	560.66	492.16	537.68	522.70	540.31
2020 年 10 月	357.84	510.94	557.93	557.92	576.49
2020 年 11 月	614.33	557.00	588.19	595.07	642.80
2020 年 12 月	698.83	674.14	624.00	690.54	699.27
2021 年 1 月	709.27	715.94	689.27	708.01	695.96

表4-9(续)

月份	某商场月度销售额	趋势值 $K=3$	趋势值 $K=5$	趋势值 $K=4$	移正平均
2021年2月	739.72	711.07	686.90	683.92	681.50
2021年3月	684.21	675.46	685.12	679.08	660.85
2021年4月	602.46	658.87	662.04	642.63	
2021年5月	689.94	628.76			
2021年6月	593.89				

简单移动平均法在测定线性趋势方面具有良好的效果。当现象呈非线性趋势时，简单移动平均法得到的趋势值很容易出现较大的误差，这时可以用加权移动平均法弥补这一不足。

2. 加权移动平均法

加权移动平均法是指根据同一个移动期内不同时间的数据对趋势值的影响程度，分别给予不同的权数，然后再进行移动平均以计算趋势值的方法。加权移动平均法不像简单移动平均法那样，在计算平均值时对移动期内的数据同等看待，而是根据“越是近期数据，其对趋势值影响越大”这一特点，不同地对待移动期内的各个数据。加权移动平均法对近期数据给予较大的权数，对较远的数据给予较小的权数，以弥补简单移动平均法的不足。对于权数的取值可以采用经验值，比如查看往年的权重分布来定义权数，也可以采用常用值。如在四项移动平均时，用4年的数据，各年的权重为第一年是1/10，第二年是2/10，第三年是3/10，第四年是4/10。其公式为

$$\bar{Y}=\frac{Y_i f_i+Y_{i+1}f_{i+1}+\cdots+Y_{i+k+1}f_{i+k-1}}{f_i+f_{i+1}+\cdots+f_{i+k-1}} \tag{4-25}$$

【例4-9】以表4-9中某商场的销售额数据为例，设 $K=3$，权数分别设定为3、2、1，试计算3个月的移动平均值。

解：根据题意，则

$$\bar{Y}_1=\frac{528.67\times1+525.14\times2+464.20\times3}{6}\approx495.26(\text{万元})$$

其余类推。

3. 使用移动平均法需注意的问题

用移动平均法测定长期趋势简便灵活，是一种被广泛采用的平滑方法。它可以用来直接分析预测销售情况、库存、股价等。比如在证券期货价格趋势分析中，移动平均法是常用的基本分析方法之一。应用移动平均法时，要注意以下几个问题：

（1）移动平均值代表的是平均数据在中间位置上的趋势值。

在利用移动平均法分析趋势变动时，我们要注意把移动平均后的趋势值放在各移动项的中间位置。比如第3项移动平均的趋势值应放在第2项对应的位置上，第5项移动平均的趋势值应放在第3项对应的位置上，其余类推。若移动间隔长度 K 为奇数，一次移动即得趋势值；若 K 为偶数，需将第一次得到的移动平均值再做一次2项移动平均，才能使移动平均值正对某一时期，使各期趋势值与实际值相对应。因此，该趋

势值也可称为移正趋势值。这种方法也称为中心化移动平均法。

例如，在【例 4-8】中，若 $K=4$ 时，则

$$\bar{Y}_1=\frac{528.67+525.14+464.20+471.54}{4}\approx 497.39$$

$$\bar{Y}_2=\frac{525.14+464.20+471.54+506.97}{4}\approx 491.96$$

故：

$$\bar{Y}=\frac{497.39+491.96}{2}\approx 494.68$$

（2）移动间隔的长度应长短适中。

移动平均法对原时间数列具有修匀或平滑的作用，削弱了原时间数列的起伏波动。一般来说，平均时距项数 K 越大，移动平均的修匀作用越强。因此，为更好地消除不规则波动，达到修匀的目的，可以适当增加移动的时距。移动时距越大，所得趋势值越少，个别观察值的影响作用就越弱，移动平均序列所表现的趋势越明显。但移动间隔过长，有时会脱离现象发展的真实趋势。移动间隔越短，个别观察值的影响作用就越大，有时又不能完全消除数列中短期偶然因素的影响，从而看不出现象发展的变动趋势。移动平均数数列相对于原始数列有损失项，损失项的计算分为两种情况：当 K 为奇数时，首尾共损失 $K-1$ 项；当 K 为偶数时，首尾共损失 K 项。移动平均会使原数列首尾的数据缺少对应的趋势值，K 越大，缺失的信息就越多，所以移动平均的项数不宜过大。

（3）如果现象的发展具有一定的周期性，应以周期长度的倍数为移动间隔的长度。

如时间数列是季度资料，可采用 4 项移动平均；如时间数列是月度资料，可采用 12 项移动平均。这样才能在消除不规则变动的同时，也消除周期性变动，使移动平均值只反映长期趋势。

（4）用移动平均法进行预测时，直接用移动平均值作为下一期的预测值。

与用于测定趋势的移动平均法不同的是，每个 K 期的移动平均值不是代表观测值中间一期的趋势值，而是第 $K+1$ 期的趋势预测值。移动平均预测只具有推测未来一期趋势值的功能，而且一般适用于呈水平趋势的时间数列。如果现象的发展变化具有明显的上升（下降）趋势，则移动平均预测的结果就会产生偏低（偏高）的滞后偏差，即预测值的变化滞后于实际趋势值的变化。移动平均的项数 K 越大，滞后偏差就越大。

（二）指数平滑法

指数平滑法是指在加权移动平均法基础上改进而来的统计分析方法，即用过去时间数列值的加权平均数作为趋势值的方法。其实质是通过计算一系列指数平滑值来消除不规则变动，以反映时间数列的长期趋势。每一个平滑值都是根据本期的实际值 X_t 和本期的趋势值 Y_t 分别给以不同权数 a 和 $(1-a)$ 计算加权平均数并将其作为下一期的趋势值。基本指数平滑法的模型如下：

$$Y_{t+1}=aX_t+(1-a)Y_t \tag{4-26}$$

式（4-26）中，Y_{t+1} 表示时间数列 $t+1$ 期的趋势值，X_t 表示时间数列 t 期的实际值，Y_t 表示时间数列 t 期的趋势值，a 为平滑体系数 $(0<a<1)$。若利用指数平滑法模型进行预测，从基本模型中可以看出，只需一个 t 期的实际值 X_t、一个 t 期的趋势值 Y_t 和一

个 a 值，所用数据量和计算量都很少，这是移动平均法所不能及的。将式（4-26）展开，可得

$$
\begin{aligned}
Y_t &= aX_{t-1} + (1-a)Y_{t-1} \\
Y_{t-1} &= aX_{t-2} + (1-a)Y_{t-2} \\
Y_{t-2} &= aX_{t-3} + (1-a)Y_{t-3} \\
&\cdots\cdots
\end{aligned}
\tag{4-27}
$$

$$Y_t = aX_{t-1} + a(1-a)X_{t-2} + a(1-a)^2X_{t-3} + \Lambda + a(1-a)^{i-1}Y_{t-i} + (1-a)^iS_{t-i}$$

式（4-27）中，S_{t-i} 为初始值。如果资料总项数较多，则经过 t 期平滑值的推算，初始值的影响变得很小了。为简便起见，我们可用第一期水平作为初始值。但是如果 n 小到 15 或 20，则初始值的影响较大，可以选用最初几期的平均数作为初始值。应用指数平滑法的关键是平滑系数 a 的选择。a 越大，近期数据的权数越大，权数递减的速度就越快，对现象变化的跟踪反应越灵敏，但修匀作用就越弱；相反，a 越小，对数据的跟踪反应越迟缓，修匀作用就越强。a 的选取要注意以下几个方面：

（1）如果时间数列中随机波动成分较多，为了尽可能消除随机波动的影响，宜选择较小的 a 值；相反，如果时间序列中随机波动成分较少，为了及时跟踪现象的变化，宜选择较大的 a 值。

（2）如果时间数列的变化较平缓，可选择较小的 a 值；如果时间数列的变化比较剧烈，呈现明显且迅速的上升或下降趋势时，应选择较大的 a 值。

（3）选择 a，一个总的原则是使预测值与实际观察值之间的误差最小。在实际预测中，可取几个 a 值进行试算，比较预测误差，选择误差较小的 a 值。

【例 4-10】某企业 2012—2020 年产品销售额资料见表 4-10，试用指数平滑法预测 2021 年的销售额（a 分别取 0.9、0.6 和 0.1）。

（1）确定初始值，因为 $n=9<15$，取时间数列的前三项数据的平均值作为初始值。

（2）选择平滑系数 a，分别取 $a=0.1$、$a=0.6$ 和 $a=0.9$ 计算各年一次指数平滑值（见表 4-10 第三、四、五列）。

表 4-10　某企业 2012—2020 年销售额及趋势值　　单位：万元

年份	销售额/万元	$a=0.9$	$a=0.6$	$a=0.1$
初始值		4 566.667	4 566.667	4 566.667
2012	4 000	4 056.667	4 226.668	4 510.003
2013	4 700	4 635.667	4 510.667	4 529.003
2014	5 000	4 963.567	4 804.267	4 576.102
2015	4 900	4 906.357	4 861.707	4 608.492
2016	5 200	5 170.636	5 064.683	4 667.643
2017	6 600	6 457.064	5 985.873	4 860.879
2018	6 200	6 225.706	6 114.349	4 994.791
2019	5 800	5 842.571	5 925.740	5 075.312
2020	6 000	5 984.257	5 970.296	5 167.781

（3）对不同平滑系数下取得的平滑值进行误差分析，确定 a 的取值。计算各平滑系数下平滑值的平均绝对误差（平均差）：

$$\text{A.D} = \frac{\sum |x_t - S_t^{(1)}|}{n}$$

$a = 0.1$ 的平滑值的平均绝对误差：

$$\text{A.D} = \frac{\sum |X_t - S_t^{(1)}|}{n} = \frac{6\ 430.00}{9} \approx 714.44$$

$a = 0.6$ 的平滑值的平均绝对误差：

$$\text{A.D} = \frac{\sum |X_t - S_t^{(1)}|}{n} = \frac{2\ 139.9}{9} \approx 237.77$$

$a = 0.9$ 的平滑值的平均绝对误差：

$$\text{A.D} = \frac{\sum |X_t - S_t^{(1)}|}{n} = \frac{908.62}{9} \approx 100.96$$

通过比较，$a = 0.9$ 时的平滑值的平均绝对误差最小，因此选用 $a = 0.9$ 为平滑系数。

（4）预测 2021 年的销售额：

$\hat{Y}_{t+1} = S^{(1)}{}_t = aX_t + (1-a)\ S^{(1)}{}_{t-1} = 0.9 \times 6\ 000 + 0.1 \times 5\ 842.57 \approx 5\ 984.26$（万元）

指数平滑法适用于预测长期趋势变动和季节变动。指数平滑法可分为一次指数平滑法和多次指数平滑法。本节介绍的是一次指数平滑法的应用。指数平滑值的计算可利用 Excel 的“数据分析”宏。计算出的指数平滑值的位置是按 t 期的平滑值作为 $t+1$ 期的趋势值处理的。

（三）趋势线拟合法

测定长期趋势的另一种方法是为时间数列拟合一个合适的数学模型。趋势线拟合法就是通过数学方法为时间数列配合使用一个理想的趋势方程，使其与原数列曲线达到最优拟合，然后据此模型预测趋势值来分析长期趋势。时间数列变动的趋势有直线趋势和曲线趋势之分。在建立模型之前，我们先要确定现象变动的形态，再用散点图法或指标判别法来判断。

散点图法就是用直角坐标系做折线图，并观察图形的方法。如果图形大致呈直线，就配合直线趋势方程；如果图形大致呈曲线，就给它拟合一个相应的曲线方程。指标判别法是指根据现象发展变化的特点，观察时间数列指标特征，并判断选择哪一种趋势模型拟合的方法。若时间数列的逐期增减量大致相等，现象的发展趋势近似于一条直线，就配合直线方程；若时间数列的二次逐期增减量大致相等，则现象的发展趋势近似于一条抛物线，就配合抛物线方程；若时间数列的各期环比发展速度大致相等，则现象的发展趋势近似于一条指数曲线，就配合一条指数曲线方程；若时间数列的各期逐期增减量的环比值大致相等，则配合修正指数曲线方程；若时间数列各期观察值对数的一次差的环比值大致相等，则配合龚柏资曲线；若时间数列各期观察值倒数的一次差的环比值大致相等，则是罗吉斯曲线。其他曲线都有相应的判断标准，就不一一列举。这里主要介绍直线趋势模型。

如果时间数列的逐期增长量（一阶差）大致相等，或利用散点图发现现象的变动近似于一条直线时，就可以对现象的变动趋势拟合直线趋势模型，表示为 $Y_t = a + bt$；然后，用最小二乘法求解参数 a 和 b。趋势线拟合法的主要任务就是建立能够近似反映真实时间数列趋势的方程。我们总是希望趋势估计值 $\hat{y}$ 尽可能地接近实际观测值 y。于是，我们用离差平方和作为衡量所有（$y - \hat{y}$）总差异的尺度。最小二乘法就是根据这一思路，将离差平方和作为最小值来估计趋势方程系数的一种方法。

由于所求的趋势线方程为 $Y_t = a + bt$，可求得

$$\sum (y - \hat{y})^2 = \sum (y - a - bt)^2 = \text{最小值} \tag{4-28}$$

式（4-28）中，t 代表时间；a 代表直线趋势方程的起点值；b 代表直线趋势方程的斜率，即 t 每变动一个单位，长期趋势值平均增加（或减少）的数值。

令 $Q = \sum (y - a - bt)^2$，为使其最小，a 和 b 的偏导数应等于 0，整理得

$$\begin{cases} \sum y = na + b\sum t \\ \sum ty = a\sum t + b\sum t^2 \end{cases} \tag{4-29}$$

解得：

$$b = \frac{n\sum ty - \sum t\sum y}{n\sum t^2 - (\sum t)^2}$$

$$a = \bar{y} - b\bar{t} \tag{4-30}$$

式（4-30）中，n 代表时间的项数，$\bar{y} = \sum y/n$，$\bar{t} = \sum t/n$，其他符号所代表的意义不变。

在对时间数列按最小二乘法进行趋势配合的运算时，为使计算更加简便，将各年份（或其他时间单位）简记为 1，2，3，4，…，并用坐标移位方法将原点移到时间数列的中间项，使 $\sum t = 0$。当项数 n 为奇数时，中间项取值为 0，中间相邻的两项分别设为-1，1，这样间隔便为 2，各项依次设成：…，-5，-3，-1；1，3，5，…。这样求解公式便可简化为

$$\begin{cases} \sum y = na \\ \sum ty = b\sum t^2 \end{cases} \quad \begin{cases} a = \sum y/n = \bar{y} \\ b = \sum ty/\sum t^2 \end{cases} \tag{4-31}$$

【例 4-11】2015—2021 年某银行居民储蓄存款余额如表 4-11 第 3 列所示，试用最小二乘法拟合直线趋势方程进行长期趋势分析。

表 4-11　2015—2021 年某银行居民储蓄存款余额及趋势值

年份	时间 t	存款余额 y/万元	t^2	ty/万元	y_t/万元
2015	1	1 000	1	1 000	990.8
2016	2	1 120	4	2 240	1 127.2
2017	3	1 250	9	3 750	1 263.6

表4-11(续)

年份	时间 t	存款余额 y/万元	t^2	ty/万元	y_t/万元
2018	4	1 400	16	5 600	1 400.0
2019	5	1 550	25	7 750	1 536.4
2020	6	1 680	36	10 080	1 672.8
2021	7	1 800	49	12 600	1 809.2
合计	28	9 800	140	43 020	9 800.0

解：由表 4-11 得，$\sum t = 28$，$\sum y = 9\ 800$，$\sum t^2 = 140$，$\sum ty = 43\ 020$，代入式（4-30），得

$$b = \frac{7 \times 43\ 020 - 28 \times 9\ 800}{7 \times 140 - 28 \times 28} = \frac{26\ 740}{196} \approx 136.4$$

$$a = 9\ 800 \div 7 - 136.4 \times 4 = 1\ 400 - 545.6 = 854.4$$

从而求得直线趋势方程 $y_t = 854.4 + 136.4t$

把各 t 值代入上式，便求得相对应的趋势值 y_t，见表 4-11 中的第六列。这里需要指出的是：

对表 4-11 所示的居民历年数用直线趋势配合，是因为各年的逐期增长量大体相当，具备了直线型时间数列的特征。

由于【例 4-11】中的年份数为奇数，因此，可以把中间年份即 2018 年对应的时间项 t 设为 0，得到表 4-12 中的时间 t 序列，这样就可以用式（4-31）进行计算。

表 4-12 为同一资料按简化公式的计算结果。

表 4-12　2015—2021 年某银行居民储蓄存款余额及趋势值

年份	时间 t	存款余额 y/万元	t^2	ty	y_t/万元
2015	3	1 000	9	3 000	990.8
2016	2	1 120	4	2 240	1 127.2
2017	1	1 250	1	1 250	1 263.6
2018	0	1 400	0	0	1 400.0
2019	1	1 550	1	1 550	1 536.4
2020	2	1 680	4	3 360	1 672.8
2021	3	1 800	9	5 400	1 809.2
合计	0	9 800	28	3 820	9 800.0

由简化公式得

$$a = \frac{9\ 800}{7} = 1\ 400$$

$$b = \frac{3\ 820}{28} \approx 136.4$$

即 $y_t = 1\ 400 + 136.4t$，将各 t 值代入上式，便求得各年的趋势值 y_t（见表 4-12）。

最小二乘法在对原数列做长期趋势的测定时，通过趋势值 y_t 来修匀原数列，得到比较接近原值的趋势值。我们利用所求的直线趋势方程还能对近期的数列做出预测，例如，根据表 4-12 求出直线趋势方程，代入 $t=4$，便能预测 2022 年该银行的居民储蓄存款余额，即 $y_t = 1\ 400 + 136.4 \times 4 = 1\ 945.6$（万元）。

除以上两种方法可计算出参数的估计值 a 和 b。我们还可运用 Excel 的回归分析功能进行参数值的计算，在 Excel 的“数据”菜单的“数据分析”中选择“回归”，单击“确定”后，出现一个回归对话框，分别输入相应数据即可得到直线趋势方程的估计结果。具体分析过程如下：

图 4-1　Excel 中 2015—2021 年某银行的居民储蓄存款余额回归分析输出结果

从输出结果的“Cofficients”下可得到截距项为 854.285 71，回归系数 b（图 4-1 中为“X Variable”）的估计值为 136.428 57，表明 2015—2020 年该银行的居民储蓄存款每年增加 136.428 57 万元。据此可得线性趋势方程为

$$y_t = 854.285\ 71 + 136.428\ 57t$$

以上就是计算参数估计值 a 和 b 的三种方法，特别要提醒注意的是，这里的直线方程 $Y_t = a + bt$，不涉及变量 t 与变量 y 之间的任何因果关系，也没有考虑误差的任何性质，因此仅是一个直线拟合公式，并非回归模型。还需要指出的是，作为较长期的一种趋势，利用所拟合的数学方程式进行预测时，必须假定趋势变化的因素到预测年份仍然起作用。注意，由于例题只是为说明分析计算的方法，所以选用的数据比较少。实际应用时，应收集比较丰富的数据，这样才能更好地反映客观现象的长期趋势。

三、季节变动分析与测定

季节变动是指一些现象由于受自然条件或经济条件的影响在一个年度内随着季节的更替而发生比较有规律的变动。例如，农产品的生产量、某些商品的销售量、旅游市场的经营活动等，都会因时间的变化而分为农忙农闲、淡季旺季。季节变动往往会给社会生产和人们的经济生活带来一定的影响。研究季节变动，就是为了认识这些变动的规律性，以便更好地安排、组织社会生产生活。

测定季节变动的方法从是否排除长期趋势的影响看，可分为两种：一是不排除长期趋势的影响，直接根据原始时间数列来测定；二是依据消除长期趋势后的时间数列来测定。前者常用简单平均法，后者常用移动平均趋势剔除法。但是，不管采用哪种方法，都需具备连续多年的各月（季）资料，以保证所求的季节比率具有代表性，从而能比较客观地描述现象的季节变动。现在将这两种测定方法介绍如下。

（一）简单平均法

根据月（季）的时间数列，用简单平均法测定季节变动的计算步骤如下：

（1）分别就每年各月（季）的数值加总后，计算各年的月（季）的平均数；

（2）将各年同月（季）的数值加总，计算若干年内同月（季）的平均数；

（3）根据若干年内每个月的数值总计，计算若干年总的月（季）平均数；

（4）将若干年内同月（季）的平均数与总的月（季）平均数相比，即求得用百分数表示的各月（季）的季节比率，又可以称之为季节指数。

【例 4-12】某商店某种商品 1997—2000 年的月度销售资料如表 4-13 所示。试根据表 4-13 中的数据计算并分析该商店销售的季节变动情况。

表 4-13　某商店某商品 1997—2000 年的月度销售资料　　单位：件

年份	1月	2月	3月	4月	5月	6月	7月	8月	9月	10月	11月	12月
1997	40	34	36	34	35	32	28	34	34	37	38	40
1998	38	32	40	32	32	30	30	33	36	36	36	42
1999	32	36	37	31	31	29	31	33	32	35	37	52
2000	30	26	35	29	30	28	28	33	32	32	35	36
总计	140	128	128	126	128	119	119	133	134	140	146	170

解：根据表 4-13 中的资料计算 1997—2000 年 1 月到 12 月该商品销售的季节比率，结果如表 4-14 所示。由表 4-14 中的资料可知，该商店该商品销售的季节比率以 12 月份的 125. 23%为最高，以 3 月份的 109. 02%为次高；而以 7 月份的 86. 19%为最低，以 6 月份的 87. 66%为次低。

$$\text{一月份的季节比率}=\frac{\text{一月份某商品销售平均量}}{\text{各月平均商品销售平均量}}=\frac{35}{33.9375}\times 100\% \approx 103.13\%$$

其余各月的季节比率的计算依次类推。

表 4-14　1997—2000 年某商店某商品销售的季节比率

月份	1月	2月	3月	4月	5月	6月	7月	8月	9月	10月	11月	12月
月平均销售量/件	35	32	37	31. 5	32	29. 75	29. 75	33. 25	33. 5	35	36. 5	42. 5
季节比率/%	103. 13	94. 29	109. 02	92. 82	94. 29	87. 66	86. 19	97. 97	98. 71	103. 13	107. 55	125. 23

（二）移动平均趋势剔除法

移动平均趋势剔除法是指利用移动平均法消除原时间数列中的长期趋势的影响，然后再来测定它的季节变动的方法。其计算步骤如下：

（1）根据时间数列中各年各月（季）的数值，计算其 12 个月的（若是季资料则为 4 个季的）移动平均数。由于是偶数项移动平均，趋势值 Y_e 要分两步求得。

（2）用时间数列中各月（季）的数值（Y）与其相对的趋势值 Y_e 对比，计算 Y/Y_e 的百分比数值。

（3）把 Y/Y_e 的百分比数值按月（季）排列，计算出各年同月（季）的总平均数，这个平均数就是各月（季）的季节比率。

（4）把各月（季）的季节比率加起来，其总计数应等于 1 200%（若为季资料其总计数应等于 400%），如果不符，还应把 1 200%与实际加总的各月季节比率相比求出校正系数，用校正系数分别乘上各月的季节比率。这样求得的季节比率就是一个剔除了长期趋势影响后的季节比率。

【例 4-13】表 4-15 为某企业 2016—2021 年各季度销售量情况。试计算各季的季节指数并预测 2022 年各季度的销量。

表 4-15　某企业 2016—2021 年各季度销售量情况　　单位：万件

年份	第 1 季度	第 2 季度	第 3 季度	第 4 季度
2016	25	32	37	26
2017	30	38	42	30
2018	29	39	50	35
2019	30	39	51	37
2020	29	42	55	38
2021	31	43	54	41

解：

第一步：按时间数列的先后顺序重新进行排列后计算 4 个季度的移动平均数。由于是偶数项移动平均，趋势值 Y_e 要分两步求得，目的是消除原数列中季节变动 S 和不规则变动 I，把序列中的长期趋势测定出来。计算结果见表 4-16 第 4 列。

第二步：剔除原数列中的趋势成分，用原数列各项数据 Y 除以对应的趋势值 Y_e，得到消除了长期趋势的数列。计算结果见表 4-16 第 5 列。

第三步：用简单平均法消除不规则变动 I，求出季节指数 S。计算结果见表 4-16 第 6 列。

第四步：分离季节因素，将季节因素从时间数列中分离出去，以便观察和分析时间数列的其他特征。方法是将原时间数列除以相应的季节指数：

$$\frac{Y}{S}=\frac{T\times S\times C\times I}{S}=T\times C\times I$$

$$\frac{Y}{S}=\frac{T\times S\times I}{S}=T\times I$$

计算结果即季节因素分离后的数列，它反映了在没有季节因素影响的情况下时间数列的变化形态。计算结果见表 4-16 第 7 列。

第五步：根据季节因素分离后的数列，用回归方程可以预测出长期趋势值 $\bar{Y}$（见表 4-16 第 8 列），但这个趋势值是剔除了季节因素后的，必须乘以相应的季节指数才是最终的预测值 $\bar{Y}\times S$（见表 4-16 第 9 列）。回归方程为 $\bar{Y}=30.606\ 7+0.559\ 2t$。

表 4-16　某企业 2016—2021 年各季度销售量剔除长期趋势的季节指数及预测计算结果

季度	时间 t	销售量 Y /万件	中心化移动平均值 Y_e	比值 Y/Y_e	季节指数 S	季节分离后序列 Y/S	回归预测值 $\bar{Y}$/万元	最终预测值 $\bar{Y}\times S$/万元
2016 年第 1 季度	1	25	—	—	0.792 2	31.56	31.17	24.69
2016 年第 2 季度	2	32	—	—	1.042 4	30.70	31.73	33.07
2016 年第 3 季度	3	37	30.625	1.208 2	1.275 2	29.01	32.28	41.17
2016 年第 4 季度	4	26	32.000	0.812 5	0.890 2	29.21	32.84	29.24
2017 年第 1 季度	5	30	33.375	0.898 9	0.792 2	37.87	33.40	26.46
2017 年第 2 季度	6	38	34.500	1.101 4	1.042 4	36.46	33.96	35.40
2017 年第 3 季度	7	42	34.875	1.204 3	1.275 2	32.94	34.52	44.02
2017 年第 4 季度	8	30	34.875	0.860 2	0.890 2	33.70	35.08	31.23
2018 年第 1 季度	9	29	36.000	0.805 6	0.792 2	36.61	35.64	28.24
2018 年第 2 季度	10	39	37.625	1.036 5	1.042 4	37.42	36.20	37.73
2018 年第 3 季度	11	50	38.375	1.302 9	1.275 2	39.21	36.76	46.87
2018 年第 4 季度	12	35	38.500	0.909 1	0.890 2	39.32	37.32	33.22
2019 年第 1 季度	13	30	38.625	0.776 7	0.792 2	37.87	37.88	30.01
2019 年第 2 季度	14	39	39.000	1.000 0	1.042 4	37.42	38.44	40.06
2019 年第 3 季度	15	51	39.125	1.303 5	1.275 2	39.99	38.99	49.73
2019 年第 4 季度	16	37	39.375	0.939 7	0.890 2	41.56	39.55	35.21
2020 年第 1 季度	17	29	40.250	0.720 5	0.792 2	36.61	40.11	31.78
2020 年第 2 季度	18	42	40.875	1.027 5	1.042 4	40.29	40.67	42.39
2020 年第 3 季度	19	55	41.250	1.333 3	1.275 2	43.13	41.23	52.58
2020 年第 4 季度	20	38	41.625	0.912 9	0.890 2	42.69	41.79	37.20
2021 年第 1 季度	21	31	41.625	0.744 7	0.792 2	39.13	42.35	33.55
2021 年第 2 季度	22	43	41.875	1.026 9	1.042 4	41.25	42.91	44.73
2021 年第 3 季度	23	54	—	—	1.275 2	42.35	43.47	55.43
2021 年第 4 季度	24	41	—	—	0.890 2	46.06	44.03	39.19

四、循环变动与不规则变动的分析与测定

各个时期的循环变动有不同的原因，变动的程度也有自己的特点。通常用剩余法测定循环变动的程度。其基本思想是：对各期时间数列资料用长期趋势和季节比率消除趋势变动和季节变动，而得到反映循环变动与不规则变动的数列，然后再采用移动平均法消除不规则变动，便可得出反映循环变动程度的各期循环变动系数：

$$Y = T \times S \times C \times I \tag{4-32}$$

$$\frac{Y}{T \times S} = \frac{T \times S \times C \times I}{T \times S} = C \times I \tag{4-33}$$

对 $C \times I$ 数列进行移动平均修匀，则修匀后的数列即各期循环变动的系数。

测定循环变动的程度，可以用以认识经济波动的某些规律，预测下一个循环变动可能产生的各种影响，以便充分利用有利因素、避免不利因素，对保持国民经济持续稳定的发展有重要意义。但是循环变动预测和长期趋势预测不同，循环变动主要属于景气预测，在很大程度上依靠经济分析，仅对历史资料进行统计处理是不够的。

本章小结

时间数列是指将某种现象的某一个统计指标在不同时间上的观察值按时间先后顺序排列而成的数列，它是动态数列的分析的基础。时间数列可以分为绝对数时间数列、相对数时间数列和平均数时间数列。

时间数列的动态分析指标包括两大类：一类为水平指标，包括发展水平、平均发展水平、增减量、平均增减量；另一类为速度指标，包括发展速度、增减速度、平均发展速度、平均增减速度。

构成时间数列的因素包括长期趋势、季节变动、循环变动和不规则变动。这四种变动综合构成了时间数列的总变动。时间数列的统计分析测定模型有加法模型和乘法模型。

常用的测定和预测长期趋势的方法有移动平均法、指数平滑法和趋势线拟合法。移动平均法的关键在于选择平均项数，消除数列中的季节影响（平均项数与季节周期长度必须一致）；指数平滑法的关键在于确定平滑系数的大小；趋势线拟合法通常采用最小二乘法来估计趋势方程中的参数。

季节比率的测定方法根据时间数列的具体情况可采用简单平均法和趋势剔除法。简单平均法是用时间数列各年同一时期的平均数与各年总平均数对比来求季节比率。趋势剔除法适用于有明显上升或下降趋势的季节数列，先将时间数列的长期趋势消除之后再计算季节比率。

思考与练习

一、单项选择题

1. 下列指标中，不属于序时平均数的是（　　）。

A. 某地区最近五年年均人口递增率　　B. 某地区最近五年人口自然增长率

C. 某地区最近五年年均人口增长量　　D. 某地区最近五年年均人口死亡率

2. 某银行平均存款余额 1 月 1 日至 1 月 8 日为 102 万元，1 月 9 日至 1 月 21 日为 108 万元，1 月 22 日至 1 月 31 日平均为 119 万元，则 1 月份平均存款余额的计算公式为（　　）。

A.（102/2+108+119/2）÷2　　B.（102/2+108+119/2）÷3

C.（102+108+119）÷3　　D.（102×8+108×13+119×10）÷31

3. 某产品单位成本从基年到报告年的平均发展速度为 101.5%，说明该产品单位成本（　　）。

A. 平均每年降低 1.5%　　B. 报告年比基年降低 1.5%

C. 平均每年增长 1.5%　　D. 报告年比增长 1.5%

4. 某地区基年生产总值为 60 亿元，至报告年达到 240 亿元，则报告年的生产总值在基年的基础上（　　）。

A. 翻了四番　　B. 增长了四倍

C. 增长了三倍　　D. 翻了三番

5. 求固定资产投资额的平均发展速度宜采用（　　）。

A. 方程式法　　B. 几何平均法

C. 水平法　　D. 以上方法均可

6. 已知某地粮食产量的环比发展速度 2009 年为 103.5%，2010 年为 104%，2012 年为 105%，2012 年对 2008 年的定基发展速度为 116.4%，则 2011 年的环比发展速度为（　　）。

A. 113%　　B. 102.99%

C. 101%　　D. 104.5%

7. 某企业利税总额 2012 年比 2007 年增长 1.5 倍，2007 年又比 2004 年增长了 1.1 倍，则该企业利税总额这几年共增长了（　　）。

A.（1.5+1.1）−1　　B. $\sqrt[5]{2.5} \times \sqrt[3]{2.1} - 1$

C.（1.5×1.1）−1　　D. 2.5×2.1−1

8. 用最小平方法拟合直线趋势方程 $\hat{y}_t = a + bt$，若 b 为负数，则该现象趋势为（　　）。

A. 上升趋势　　B. 水平趋势

C. 下降趋势　　D. 不定

9. 在年度时间数列中，不可能存在（　　）。

A. 趋势因素　　B. 循环因素

C. 不规则因素　　D. 季节因素

10. 某市近五年各年T恤衫销售量大体持平，年平均为1 200万件，7月份的季节比率为220%，9月份月平均销售量比7月份低45%，那么，正常情况下9月份的销售量应该是（　　）。

A. 100万件　　B. 220万件

C. 99万件　　D. 121万件

二、多项选择题

1. 平均增减量是（　　）。

A. 各期累计增减量的平均

B. 累计增减量÷逐期增减量个数

C. 各期累计增减量之和÷逐期增减量个数

D. 累计增减量÷（时间数列项数-1）

E. 各期逐期增减量的平均

2. 研究长期趋势的目的在于（　　）。

A. 分析趋势产生的原因

B. 为趋势预测提供必要条件

C. 认识现象随时间演变的趋势和规律

D. 剔除趋势影响以分析数列中的其他因素

E. 研究趋势变动的经济效果

3. 根据相对数数列或平均数数列计算平均发展水平（　　）。

A. 如果权数相同，可以用简单平均的方法

B. 应当直接将这些相对数或平均数加起来除以其项数

C. 即便权数相同，也不能用简单平均的方法

D. 只能用加权算术平均方法

E. 应当依据该相对数或平均数本身的计算公式，分子分母分别平均再对比

4. 指数平滑法的特点是（　　）

A. 包含最近k个时期的数据信息

B. 包含全部数据信息

C. 对近期数据给予较大权数

D. 对所有数据给予同样权数

E. 对远期数据给予较大权数

5. 对于季度时间数列资料，季节指数必须满足的条件是（　　）。

A. 各季节指数之和为4　　B. 各季节指数之和为1

C. 各季节指数之和为12　　D. 各季节指数平均为1

E. 各季节指数平均为0

三、判断分析题

1. 移动平均不仅能消除季节变动，还能消除循环变动。

2. 某企业要求在未来五年时间内劳动生产率提高35%。若第1年能保证提高8%，则余下的4年平均每年应提高（35%-8%）÷4=6.75%，方能完成预定目标。

3. 季节比率大于1时，表明由于季节因素影响实际值高于趋势值。

4. 某企业1月份实际产值为500万元，刚好完成计划；2月份实际产值为612万元，超额完成计划2%；3月份实际产值为832万元，超额完成计划4%，则第一季度超额完成计划（0+2%+4%）/3=2%。

四、简答题

1. 时期数列和时点数列有什么区别?

2. 简述时间数列分析方法的作用。

3. 试说明时间数列分析指标的下列关系：

（1）发展速度和增长速度；

（2）平均发展速度和环比发展速度；

（3）定基发展速度和环比发展速度；

（4）增长1%的绝对值和前期水平；

（5）逐期增长量和累计增长量；

（6）平均发展速度和平均增长速度。

（7）增长量、增长速度和增长1%的绝对值；

4. 简述季节变动测定的意义。

五、计算题

1. 某企业报告年利润净值的有关数据如表4-17所示。

表4-17 某企业报告年利润净值

时 间	1月1日	3月1日	5月31日	10月1日	12月31日
年利润净值/万元	590	580	700	730	640

试计算该公司报告年利润净值的平均水平。

2. 某大型商超某年第一季度的销售额、库存额及流通费用如表4-18所示。

表4-18 某大型商超某年第一季度的销售额、月初库存额及流通费用

类别	1月	2月	3月	4月
销售额/万元	2 820	2 110	2 280	2 320
月初库存额/万元	1 920	1 250	1 450	1 500
流通费用/万元	220	185	192	200

试计算第一季度的月平均商品流转次数和商品流通费用率（提示：商品流转次数=

销售额÷平均库存额，商品流通费用率=流通费用额÷销售额）。

3. 某工厂五年产出增长速度如表 4-19 所示

表 4-19　某工厂五年产出增长速度

类别	第 1 年	第 2 年	第 3 年	第 4 年	第 5 年	第 6 年
定基增长速度/%	—	5		19.09		
环比增长速度/%	—	5	6		8	5.04

问：五年间平均每年的增长速度是多少？超过平均增长速度的年份有哪些？

4. 某石材采销公司的年销售额第 2 年比第 1 年增加 4%；第 3 年比第 2 年下降 6%；第 4 年是第 1 年的 2 倍；第 5 年产量为 50 万吨，比第 4 年多 8%；第 6 年产量为 40 万吨；第 7 年预计达到 42 万吨。试计算：

（1）各年环比发展速度；

（2）以第 1 年为基期的定基发展速度；

（3）各年产量；

（4）这段时间的年平均发展速度。

5. 填齐表 4-20 中空栏数据并计算平均发展水平、平均增减量及平均发展速度。

表 4-20　某公司的产值及其增长情况

年份	产值/万元	与上年比较			
		增长量/万元	发展速度/%	增长速度/%	增长 1%绝对值/万元
第 1 年	88.2	—	—	—	—
第 2 年		4.2			
第 3 年			105.6		
第 4 年				8.10	
第 5 年					
第 6 年		6.8			1.35

6. 表 4-21 是某企业三年销售额的季度数据。

表 4-21　某企业三年销售额季度数据　　单位：万元

年序号	第 1 季度	第 2 季度	第 3 季度	第 4 季度
第 1 年	432.15	301.28	326.41	524.32
第 2 年	433.23	278.45	365.22	567.25
第 3 年	451.27	309.76	315.58	589.64

另：该企业的年销售额可拟合直线方程 $y = 1\ 549.42 + 41.05x$。其中，y 为年销售额，x 为年序号。

要求：用同期水平平均法计算每个季度的季节指数，并预测第 4 年每个季度的销售额。

第五章 统计指数

【引导案例】

国家统计局四川调查总队公布2021年12月份四川省居民消费价格下跌情况

国家统计局四川调查总队发布数据显示，2021年12月份，四川居民消费价格同比上涨1.0%，涨幅较上月降低1.0个百分点。从环比看，12月份四川居民消费价格下跌0.4%，较上月低1.2个百分点。

各类商品及服务价格同比变动情况

12月份，食品烟酒类价格同比下跌1.9%，影响CPI（居民消费价格指数）下跌约0.59个百分点。食品中，猪肉价格下跌36.3%，影响CPI下跌约1.08个百分点；其他畜肉及副产品价格下跌24.7%，影响CPI下跌约0.2个百分点；食用动物油价格下跌43.7%，影响CPI下跌约0.05个百分点；鲜菜价格上涨6.9%，影响CPI上涨约0.17个百分点；鲜果价格上涨5.4%，影响CPI上涨约0.09个百分点；白酒价格上涨7.4%，影响CPI上涨约0.07个百分点；淡水鱼价格上涨13.8%，影响CPI上涨约0.07个百分点；粮食价格上涨3.4%，影响CPI上涨约0.06个百分点；蛋类价格上涨5.5%，影响CPI上涨约0.03个百分点。

其他七大类均呈不同程度的上涨态势。按照涨幅排序分别为，交通和通信上涨4.9%、教育文化和娱乐上涨3.3%、医疗保健上涨2.2%、居住上涨1.4%、衣着上涨1.3%、生活用品及服务上涨1.1%、其他用品和服务上涨0.3%。

1—12月份累计，居民消费价格总水平同比上涨0.3%。

各类商品及服务价格环比变动情况

12月份，食品烟酒类价格环比下跌0.9%，影响CPI下跌约0.28个百分点。食品中，鲜菜价格下跌10.3%，影响CPI下跌约0.3个百分点；猪肉价格下跌2.0%，影响CPI下跌约0.04个百分点；淡水鱼价格下跌2.0%，影响CPI下跌约0.01个百分点；鲜果类价格上涨2.4%，影响CPI上涨约0.04个百分点；粮食价格上涨1.5%，影响

CPI 上涨约 0.03 个百分点。

其他七大类价格环比四涨一跌二平。其中，衣着、生活用品及服务、教育文化和娱乐、医疗保健价格分别上涨 1.2%、0.2%、0.2%、0.1%；交通和通信价格下跌 1.8%；其他用品和服务、居住价格环比持平。

请思考下列问题：

1. 到底什么是指数？
2. 价格指数与价格涨跌百分比有什么关系？
3. 指数是如何计算的？
4. 指数到底有什么作用？

资料来源：张彧希. 2021 年 12 月四川 CPI 同比上涨 1.0% [N]. 四川日报，2022-01-14 (1).

第一节　统计指数的概念与分类

一、统计指数的概念和性质

（一）统计指数的概念

统计指数，简称“指数”，是分析社会经济现象数量变化的一种重要的统计方法。指数的编制是从物价的变动产生的。18 世纪中叶，美洲新大陆开采的金银大量流入欧洲，导致欧洲的物价飞涨，引起社会普遍关注，于是产生了测定物价变动的需求，这就是物价指数产生的根源。此后 200 多年，指数理论不断发展，指数的应用逐步扩展到工业生产、进出口贸易、铁路运输、股票证券等各个方面，产生了与人们的日常生活休戚相关的消费品价格指数、生活费用价格指数等。有些指数，如生产资料价格指数、股票价格指数等，直接影响着人们的投资活动，成为社会经济的晴雨表。

指数作为一种对比性的统计指标具有相对数的形式，通常表现为百分数。它表明，若把对比基数作为 100，则所要考察的现象水平相当于基数的一定比例。统计指数的概念有广义和狭义两种理解形式。广义指数是泛指社会经济现象数量变动的比较指标，即用来表明同类现象在不同空间、不同时间、实际与计划对比变动情况的相对数。狭义指数仅指反映不能直接相加的复杂总体在某一方面数量上综合变动情况的相对数。例如，我们研究零售商品价格水平综合变动情况，并不是针对一种商品，而是针对所有范围内的商品，即商品零售价格指数是反映所有范围内商品的价格综合变动方向和程度的指标。由于各种商品的经济用途、规格、型号和计量单位等不同，因此不能直接将各种商品的价格简单加以对比，而是解决这种复杂经济总体各要素相加的问题，从而编制统计指数综合反映它们的变动情况。本章主要基于统计指数的狭义概念探讨指数的作用、编制方法及其在统计分析中的运用。

（二）统计指数的性质

为了更好地理解统计指数的含义，正确应用指数的统计方法，我们还应明确指数的性质。概括地讲，指数具有以下性质：

1. 综合性

统计指数主要是反映和研究多种因素构成的复杂总体在不同场合下的综合变动水平，这是就狭义的指数而言的，也是指数理论和方法的核心问题。实际中所计算的主要也是这种指数。没有综合性，指数就不可能发展成一种独立的理论和方法论体系。综合性说明指数是一种特殊的相对数，是由一组变量或项目综合对比形成的。比如，由若干种商品和服务构成的一组消费项目，通过综合后计算价格指数，以反映消费价格的综合变动水平。

2. 相对性

统计指数是总体各变量在不同场合下对比形成的相对数，可用于度量一个变量在不同时间或不同空间的相对变化，如一种商品的价格指数或数量指数，这种指数被称为个体指数；也可用于反映一组变量的综合变动，如消费价格指数反映一组指定商品和服务的价格变动水平，这种指数被称为综合指数。总体变量在不同时间上对比形成的指数被称为时间性指数，在不同空间上对比形成的指数被称为区域性指数。

3. 平均性

统计指数是总体水平的一个代表性数值，所表示的变动是多种事物的平均变动。平均性有两个含义：一是进行比较的综合量是作为个别量的一个代表，这本身就具有平均的性质；二是两个综合量对比形成的指数反映了个别量的平均变动水平，比如物价指数反映了多种商品和服务项目价格的平均变动水平。

二、统计指数的作用

统计指数在社会经济活动中作用广泛，主要表现为以下几点：

（一）综合反映社会经济现象的总变动方向及变动幅度

这是最基本的作用。在统计实践中，我们经常要研究复杂社会经济现象总体（多种产品的产量、多种商品的销售量、多种产品的成本、多种股票的价格）的综合变动情况。在对这类问题的研究中，由于各种商品或产品的使用价值不同，各种股票价格的涨跌幅度和成交量不同，因此所研究总体中的个体不能直接加。指数法的首要任务，就是把不能直接加总的现象过渡到可以加总对比，从而反映复杂社会经济现象的总变动方向及变动幅度。

（二）分析社会经济现象总变动中各因素变动的影响程度

任何一个复杂现象都是多个因素构成的。我们利用指数体系理论可以测定复杂社会经济现象总变动中，各因素的变动对现象总变动的影响情况，并对社会经济现象变化做综合评价。比如：销售额=销售价格×销售量。影响销售额的因素有销售量和销售价格两个因素。那么运用指数法编制商品价格指数和销售量指数，可分析它们的变动对商品零售总额变动的影响。

（三）反映同类现象的变动趋势

编制一系列反映同类现象变动情况的指数，形成指数数列，可以反映被研究现象的变动趋势。例如，根据2000—2020年共21年的零售商品价格资料，编制20个环比价格指数，从而构成价格指数数列。这样，就可以揭示价格的变动趋势，研究物价变动对日常人民生活水平和社会经济建设的影响程度。

此外，利用统计指数还可以进行不同地区之间的经济综合评价和对比，研究计划执行情况等。

三、统计指数的分类

根据研究的目的和作用不同，统计指数可以从不同角度进行分类。

（一）按考察对象的范围不同，统计指数可分为个体指数与总指数

1. 个体指数

个体指数是说明个别现象数量变动情况的动态相对数，个体指数通常记为 K，例如，个体产品指数 K_q、个体产品成本指数 K_z 和个体物价指数 K_p，它们可分别表示如下：

$$K_q = \frac{q_1}{q_0},\ K_z = \frac{z_1}{z_0},\ K_q = \frac{p_1}{p_0} \tag{5-1}$$

式（5-1）中，q 代表产量，z 代表单位产品成本，p 代表商品或产品的单价；下标 1 代表报告期，下标 0 代表基期。可见，个体指数就是同种现象的报告期指标数值与基期指标数值对比而得到的发展速度指标。

2. 总指数

总指数是综合反映多种事物数量综合变动的相对指数。例如，工业总产量指数、零售物价总指数等。由于多种事物的使用价值不同，其数量不具有可直接综合的性质，因此总指数的计算不能使用个体指数直接对比的方法，而要使用专门的编制方法。

总指数与个体指数的区别在于考察范围和计算方法不同。两者之间也有一定的联系，可以用个体指数计算相应的总指数。用个体指数简单平均求得的总指数，称为简单指数；用个体指数加权平均求得的总指数，被称为加权指数。

（二）按照所反映指标的性质不同，统计指数可分为数量指标指数和质量指标指数

1. 数量指标指数

数量指标指数简称“数量指数”，根据数量指标计算而来，是指反映社会经济现象总体数量、规模和水平等数量指标变化的相对数，例如商品销售量指数、工业产品产量指数等。

2. 质量指标指数

质量指标指数简称“质量指数”，根据质量指标计算而来，是指综合反映社会经济现象总体单位水平、质量、内涵等质量指标变动情况的指数，例如物价指数、产品成本指数等。

（三）按指数的编制形式不同，统计指数可分为综合指数和平均指数

1. 综合指数

综合指数是通过两个有联系的综合总量指标的对比计算而得到的指数。

2. 平均指数

平均指数是以个体指数为基础，采用加权平均的方法计算出来的指数。

（四）按指数对比内容的不同，统计指数可分为动态指数和静态指数

1. 动态指数

动态指数是由两个不同时期的同类经济指标值对比形成的指数，说明现象在不同时间发展变化的程度。

2. 静态指数

静态指数包括空间指数和计划完成情况指数两种。空间指数（或称地域指数）是将不同空间（如不同国家、地区、部门和企业等）的同类现象进行比较的结果，反映现象在不同空间的差异程度。计划完成情况指数是由同一地区、单位的实际指标值与计划指标值对比而形成的指数，反映计划的执行情况或完成与未完成的程度。

除上述分类方法外，按研究对象所说明的因素多少，统计指数还可分为两因素指数和多因素指数；按指数编制时所采用基期不同，统计指数还可以分为定基指数和环节指数；等等。

第二节　综合指数的编制

总指数的编制方法主要有两种：综合指数法和平均数指数法。其中，综合指数法是编制总指数的基本形式，平均数指数法是在综合指数的基础上变形得到的。这一章我们要讨论综合指数的编制方法。

综合指数是总指数的表现形式之一，反映复杂现象总体的综合变动情况。它是通过两个具有经济意义并且紧密联系的总量指标对比求得的指数。凡是一个总量指标可以分解为两个或两个以上因素指标的乘积时，为了解某个因素指标的变动情况，我们可以将其他因素指标固定，仅观察被研究因素指标变化的相对程度。这样的总量指标对比形成的总指数称为综合指数，如商品价格综合指数、商品销售量综合指数、生产成本综合指数等。

综合指数编制的基本方法是“先综合、再对比、后分析”。所谓先综合，就是要先通过同度量因素，把总体中不能直接相加的各事物或各项目的指数化因素综合成能直接相加的总量指标，解决复杂现象总体内各事物或各项目的数量不能直接相加或相加后不可比的问题。例如，在编制商品价格综合指数反映市场商品价格变动时，由于不同的商品的单价不同，不能直接相加，因此不能直接进行对比。我们应先借助同度量因素将商品价格转化为能够直接相加的销售额后，将各种商品的销售额指标加以综合，然后进行对比，观察其比值，最后分析价格变动结果。

在两因素的综合指数中，人们习惯上以 q 表示数量化因素，以 p 表示质量化因素，以 1 表示报告期，以 0 表示基期，以 K 表示指数，以 K_q 表示数量指标指数，以 K_p 表示质量指标指数。

由于如何固定同度量因素的时间有很多不同的意见，因此综合指数也有很多不同的形式或编制方法，其中最主要的有拉氏指数、派氏指数、费希尔指数、马一艾指数和杨格指数这五种形式，尤其是拉氏指数、派氏指数最为常用。下面分别介绍如何编制这两种指数。

一、拉氏指数的编制

早在 1864 年，德国学者拉斯贝尔斯（Laspeyres）就已经提出用基期消费量加权来计算价格指数，这一指数称为拉氏指数，即将同度量因素的时间固定在基期进行指数计算。拉氏质量指数和数量指数的一般计算公式分别如下：

$$K_p = \frac{\sum p_1q_0}{\sum p_0q_0} \tag{5-2}$$

$$K_q = \frac{\sum p_0q_1}{\sum p_0q_0} \tag{5-3}$$

在式（5-2）和式（5-3）中，K_p 为质量指标指数，K_q 为数量指标指数，p_0 和 p_1 分别为某组项目基期和报告期的质量数值，q_0 和 q_1 分别为某组项目基期和报告期物量数值。不难发现，在上述公式中，$\sum p_0q_0$ 是基期真实的总量，而 $\sum p_0q_1$ 和 $\sum p_1q_0$ 都是假设的总量。可见，指数的计算具有一定的假设性。

【例 5-1】某连锁商店三种商品 2018 年和 2019 年的单价和销售量如表 5-1 所示。试分别以基期销售量和零售价格为权数，计算三种商品的价格综合指数和销售量综合指数。

表 5-1　某连锁商店三种商品 2018 年和 2019 年的单价和销售量

商品名称	计量单位	销售量		单价/元	
		2018 年	2019 年	2018 年	2019 年
甲	吨	1 200	1 500	2. 5	2. 3
乙	米	1 500	1 200	1. 0	1. 1
丙	个	500	600	4. 3	4. 2

解：设销售量为 q，商品单价为 p，拉氏综合指数计算结果见表 5-2。

表 5-2　拉氏综合指数计算结果

商品名称	计量单位	销售量		单价/元		销售额/元			
		2018 年 q_0	2019 年 q_1	2018 年 p_0	2019 年 p_1	p_0q_0	p_1q_1	p_0q_1	p_1q_0
甲	吨	1 200	1 500	2. 5	2. 3	3 000	3 450	3 750	2 760
乙	米	1 500	1 200	1. 0	1. 1	1 500	1 320	1 200	1 650
丙	个	500	600	4. 3	4. 2	2 150	2 520	2 580	2 100
合计	—	—	—	—	—	6 650	7 290	7 530	6 510

根据式（5-2），得商品价格综合指数为

$$K_p = \frac{\sum p_1q_0}{\sum p_0q_0} = \frac{6\ 510}{6\ 650} \approx 97.89\%$$

根据式（5-3），得商品销售量综合指数为

$$K_q = \frac{\sum p_0q_1}{\sum p_0q_0} = \frac{7\ 530}{6\ 650} \approx 113.23\%$$

结果表明，虽然该连锁商店三种商品的销售价格有升有降，但按照拉氏指数形式，

报告期三种商品的综合价格水平比基期下降了 2.11%；同样，虽然三种商品的销售量有升有降，但总的来讲报告期比基期增加了 13.23%。可见，无论是商品价格指数 97.89%还是商品销售量指数 113.23%，都是三种不同商品的价格或销售量变动的综合结果。

二、派氏指数的编制

1874 年，德国经济学家派许（H. Paasche）提出把同度量因素的时间固定在报告期来计算指数。派氏质量指数和数量指数的一般计算公式为

$$K_p = \frac{\sum p_1 q_1}{\sum p_0 q_1} \tag{5-4}$$

$$K_q = \frac{\sum p_1 q_1}{\sum p_1 q_0} \tag{5-5}$$

同样不难发现，在上述公式中，$\sum p_1 q_1$ 是报告期真实的总量，而 $\sum p_0 q_1$ 和 $\sum p_1 q_0$ 都是假设总量，指数的计算同样具有一定的假设性。

【例 5-2】根据表 5-1、5-2 所示数据，用派氏指数形式编制商品价格指数和商品销售量指数。

根据式（5-4），得商品价格综合指数为

$$K_{p=} \frac{\sum q_1 p_1}{\sum q_1 p_0} = \frac{7\ 290}{7\ 530} \approx 96.81\%$$

根据式（5-5），得商品销售量综合指数为

$$K_q = \frac{\sum q_1 p_1}{\sum q_0 p_1} = \frac{7\ 290}{6\ 510} \approx 111.98\%$$

结果表明，按派氏指数形式，该企业三种商品的价格水平降低了 3.19%，销售量增加了 11.98%。

拉氏指数的特点是，由于同度量因素的时间固定在基期，因而能单纯反映指数化因素的变动情况。而派氏指数的特点是由于同度量因素的时间固定在报告期，已经隐含了包括由基期到报告期的实际变动，因而所计算的综合指数并不能单纯反映指数化因素的总变动。

在上述案例计算中，在编制商品销售量指数时，目的是研究各种商品销售量的综合变动方向和程度。因此，在计算商品销售量指数时，用拉氏指数公式把同度量因素商品的单价固定在基期，尽可能地排除商品价格变动的影响，得到的销售额指标的变动中仅包含了商品销售量因素的变动。这与我们的编制目的相吻合。如果用派氏指数公式把同度量因素销售单价固定在报告期，这时虽然商品单价固定不变，但是商品销售额指标是按报告期价格计算的，这在销售额中实际已经包含了商品价格的结构变动。这也就意味着派氏数量指数公式所计算的商品销售量综合指数不仅包含了商品销售量的综合变动，也包含了商品价格的结构变动，与编制商品销售量综合指数的目的不一致。

在编制商品价格综合指数时，如果用拉氏质量指数公式计算，将同度量因素商品销售量固定在基期，其计算结果表明，在基期商品销售量及商品结构条件下商品价格水平的变动方向和程度。分子分母相减所得的差额说明由于商品价格水平变动，居民按照基期商品销售量和商品结构购买这三种商品所支出的金额变动情况，这显然是没有经济意义的。若按照派氏质量指数公式来计算商品价格综合指数，即将同度量因素商品销售量固定在报告期，其计算结果则说明，在报告期商品销售量和商品结构条件下商品价格水平的变动方向和程度。分子分母相减所得的差额说明由于商品价格水平变动，居民按照报告期销售量和商品结构购买这三种商品所支出的金额变动情况，这虽然包含了商品销售量的结构变动，但是更符合编制商品价格综合指数的意义。

通过上述综合指数的编制方法、过程和结果，我们可以得出两个重要结论：

第一，综合指数编制中同度量因素选择的一般原则为：编制数量指标综合指数时，将质量指标作为同度量因素，并将其固定在基期，即采用拉氏指数公式；编制质量指标综合指数时，将数量指标作为同度量因素，并将其固定在报告期，即采用派氏指数公式。

第二，引入同度量因素的作用主要是使复杂现象总体中性质不同的个体指标值能够相加，然后再对比，计算出总体指数；除此之外，同度量因素还能体现指数化指标在社会经济现象或过程中的份额和比重。从这点看，同度量因素又称为权数，综合计算过程也可以称为加权。

第三节　平均数指数的编制

运用综合指数公式求总指数，无论选择哪种同度量因素，当把不可度量的变量转化为可相加的价值总量时，在指数公式中，或是分子，或是分母，都存在一种假定，即 $\sum p_0q_1$ 或 $\sum p_1q_0$。如果研究的范围很大，包括的产品种类很多时，要取得两个时期相互对应的产量 q 和价格 p 的工作量是非常巨大的，在实际运用中带来了困难。因此编制总指数往往采用另一种形式——平均数指数。平均指数法是在综合指数的基础上推导得出的另一种计算和编制总指数的方法，其基本方法是“先对比，再平均，后分析”，因此也可以认为是综合指数的变形。它不仅反映了复杂现象的综合变动情况，还反映了个体指数对总指数的影响。

平均数指数是以某一时期的总量 $\sum p_0q_0$ 或 $\sum p_1q_1$ 为权数对个体指数加权平均计算出来的。其中作为权数的总量通常是两个变量的乘积，既可以是价值总量，如商品销售额（销售价格与销售量的乘积）、工业总产值（出厂价格与生产量的乘积），也可以是其他总量，如农产品总产量（单位面积产量与收获面积的乘积）等。而其中的个体指数可以是个体数量指数 $k_q=\frac{q_1}{q_0}$，也可以是个体质量指数 $k_p=\frac{p_1}{p_0}$。加权平均指数因权数所属时期的不同，所采用的加权平均方法可分为加权算术平均与加权调和平均两种，因而平均数指数的基本形式也分为加权算术平均数指数和加权调和平均数指数。

一、加权算术平均数指数

加权算术平均数指数，是以复杂现象中各个项目的个体指数为变量，以各个项目基期的总量指标（质量指标与数量指标之积 p_0q_0）为权数，对个体指数加权算术平均计算和编制的总指数。如果获得了各个项目的基期总量指标 p_0q_0，就可以通过拉氏综合指数变形，以基期总量指标 p_0q_0 为权数，运用加权算术平均的方式来编制总指数了。编制过程如下：

$$\bar{K}_q = \frac{\sum (k_q \cdot p_0 q_0)}{\sum p_0 q_0} = \frac{\sum \left(\frac{q_1}{q_0} \cdot p_0 q_0\right)}{\sum p_0 q_0} = \frac{\sum q_1 p_0}{\sum p_0 q_0} \tag{5-6}$$

$$\bar{K}_p = \frac{\sum (k_p \cdot p_0 q_0)}{\sum p_0 q_0} = \frac{\sum \left(\frac{p_1}{p_0} \cdot p_0 q_0\right)}{\sum p_0 q_0} = \frac{\sum p_1 q_0}{\sum p_0 q_0} \tag{5-7}$$

根据上节内容“综合指数编制中同度量因素选择的一般原则”可知，通常情况下，加权算术平均数指数主要用于编制数量指标综合指数。一般用 $\bar{K}_q$ 表示加权算术平均指数，则利用加权算术平均数计算编制的数量指标的公式可以表示为

$$\bar{K}_q = \frac{\sum (K_q p_0 q_0)}{\sum q_0 p_0} = \frac{\sum q_1 p_0}{\sum q_0 p_0} \tag{5-8}$$

通过公式（5-8）可以看出，将拉氏数量指数变换成加权算术平均数指数形式来编制总指数，是因为在编制数量指标综合指数时，必须掌握以基期质量指标（价格）计算的假定报告期总量指标（销售额）（ $\sum q_1 p_0$ ），而这一资料的计算在实际工作中往往是比较困难的，即使可以计算，工作量也很大。但是基期实际总量指标（销售额）（ $\sum q_0 p_0$ ）和数量指标（销售量）的个体指数（ K_q ）较为容易取得，因此采用加权算术平均数指数来编制数量总指数是比较合理和现实的。

【例 5-3】现以表 5-3 的资料，利用公式（5-8），说明商品销售量的加权算术平均数指数的编制过程。

表 5-3　商品销售量的加权算术平均数指数计算表

商品名称	计量单位	销售量		个体指数/%	基期销售额 $p_0 q_0$/元	个体指数与基期销售额乘积 $K_q p_0 q_0$/元
		基期	报告期			
面粉	千克	12 000	14 600	122	42 000	51 240
矿泉水	瓶	13 600	14 520	107	20 400	21 828
电脑	台	4 800	4 610	96.04	19 195 200	18 435 202
合计	—	—	—	—	19 257 600	18 508 270

解：

$$\bar{K}_q = \frac{\sum K_q q_0 p_0}{\sum p_0 q_0} = \frac{18\ 508\ 270}{19\ 257\ 600} \approx 96.11\%$$

$$\sum (K_q p_0 q_0) - \sum p_0 q_0 = 18\ 508\ 270 - 19\ 257\ 600 = -749\ 330(\text{元})$$

计算结果表明，三种商品销售量报告期比基期平均下降了 3.89%，使报告期商品销售额比基期减少了 749 330 元。这一计算结果与拉氏数量指数公式计算结果是一致的。

二、加权调和平均数指数

加权调和平均数指数，是以复杂现象中各个项目的个体指数为变量，以各个项目报告期的总量指标（质量指标与数量指标之积 p_1q_1）为权数，对个体指数进行调和平均而计算和编制的总指数。

如果获得了各个项目的报告期总量指标 p_1q_1，就可以通过对派氏综合指数变形，以报告期总量指标 p_1q_1 为权数，运用加权调和平均的方式来编制总指数了。

$$K_q = \frac{\sum q_1 p_1}{\sum (\frac{1}{k_q} \cdot q_1 p_1)} = \frac{\sum q_1 p_1}{\sum (\frac{q_0}{q_1} \cdot q_1 p_1)} = \frac{\sum q_1 p_1}{\sum q_0 p_1} \tag{5-9}$$

$$K_p = \frac{\sum p_1 q_1}{\sum (\frac{1}{k_p} \cdot p_1 q_1)} = \frac{\sum p_1 q_1}{\sum (\frac{p_0}{p_1} \cdot p_1 q_1)} = \frac{\sum p_1 q_1}{\sum p_0 q_1} \tag{5-10}$$

根据上节内容“综合指数编制中同度量因素选择的一般原则”可知，通常情况下，加权调和平均数指数主要用于编制质量指标综合指数。一般用 K 表示加权调和平均指数，则利用加权调和平均指数计算编制的质量指标公式可以表示为

$$\bar{K}_p = \frac{\sum p_1 q_1}{\sum (\frac{1}{K_p} \cdot p_1 q_1)} = \frac{\sum p_1 q_1}{\sum p_0 q_1} \tag{5-11}$$

通过公式（5-11）可以看出，将派氏质量指数变换成加权调和平均数指数形式来编制总指数，是因为在编制质量指标综合指数时，必须掌握以报告期销售量指标计算的假定基期总值指标（销售额 $\sum q_1 p_0$），而这一资料的计算在实际工作中往往是比较困难的，即使可以计算，工作量也很大。但报告期实际总量指标（销售额 $\sum p_1 q_1$）和销售价格个体指数（K_p）却较为容易取得，因此采用加权调和平均数指数来编制质量总指数是比较合理和现实的。

【例 5-4】某工厂生产三种产品的有关数据如表 5-4 所示。试计算这三种产品的单位成本总指数。

表 5-4　某工厂生产三种产品的有关数据

商品名称	计量单位	总成本/万元		个体成本指数 p_1/p_0	个体产量指数 q_1/q_0
		基期 p_0q_0	报告期 p_1q_1		
a	千克	180	170	1.16	1.13
b	吨	40	50	1.02	0.97
c	件	110	150	1.20	1.40

解：根据题意，把三种产品的个体成本指数数据和报告期总成本数据代入式（5-11），得这三种产品的单位成本总指数为

$$\bar{K}_p = \frac{\sum p_1q_1}{\sum(\frac{1}{K_p}\cdot p_1q_1)} = \frac{170+50+150}{\frac{1}{1.16}\times 170+\frac{1}{1.02}\times 50+\frac{1}{1.20}\times 150} \approx 115.42\%$$

$$\sum p_1q_1 - \sum(\frac{1}{K_p}\cdot p_1q_1) = 370 - 320.57 = 49.43(\text{万元})$$

计算结果表明，三种产品的单位成本总指数为 115.42%。报告期与基期相比，该企业三种产品的单位成本平均提高了 15.42%，增加了 49.43 万元。

三、固定权数形式的平均数指数

通过以上学习我们知道，编制平均数指数时，根据选用的权数不同，平均数指数的基本形式有两种：加权算术平均数指数和加权调和平均数指数。除此之外，我们还可以选择固定权数形式的平均数指数。这种加权平均数指数的权数可以在一定的时期内固定下来，连续使用几年，例如，我国的商品零售价格指数就是采用固定权数加权的算术平均数形式计算的，其权数每年根据居民的调查资料做相应调整。其计算公式如下：

$$\bar{K} = \frac{\sum Kw}{\sum w} \tag{5-12}$$

式（5-12）中，$\bar{K}$ 表示总指数，K 表示个体指数，w 表示用相对数表现的固定权数。下面以表 5-4 说明总指数的计算过程。

表 5-4　某地区零售商品价格的类指数及固定权数

商品类别	类指数 K_p /%	固定权数 w/%	K_pw/%
一、食品类	106	26	2 756
二、衣着类	132.4	32	4 236.8
三、日用品类	115	12	1 380
四、医药类	147.2	7	1 030.4
五、文化用品类	119	15	1 785
六、燃料类	128	8	1 024
合计	—	100	12 212.2

表 5-4 资料表明某地区零售商品价格的类指数及固定权数，我们将这些资料代入式（5-12），即计算该地区零售商品价格的总指数：

$$\bar{K} = \frac{\sum Kw}{\sum w} = \frac{12\ 212.2}{100\%} = 122.12\%$$

第四节 指数体系与因素分析

一、指数体系的含义和作用

（一）指数体系的含义

社会经济现象之间是相互联系、彼此制约的。一种现象的变动，往往会受到两个或更多因素共同变动的影响，这种变动与影响是可以通过数量表现出来的。因此反映现象总体总变动的指数和反映各因素变动的指数之间就具有一定的联系。这种联系常可表现为一定的指数体系，个体指数之间存在这种联系，总指数之间也存在这种联系。这种联系可以用经济方程式表现出来，如：

商品销售额=商品销售量×商品销售价格

产品总成本=产品生产量×单位产品成本

等式左边是受多因素影响的现象，等式右边是影响它的两个因素。这种联系在动态上同样存在，商品销售额的变动一定是由商品销售量和商品价格这两个因素的变动引起的，产品总成本的变动一定是由产品生产量和单位产品成本这两个因素的变动引起的。由于现象的总变动和因素的变动都可以通过统计指数的形式来反映，因此，现象与影响因素之间的动态数量关系也可以通过统计指数的关系表现出来，即

商品销售额指数=商品销售量指数×商品销售价格指数

产品总成本指数=产品生产量指数×单位产品成本指数

现象与影响因素之间不仅具有这种相对数上的数量联系，而且也具有绝对数上的数量联系，即商品销售额的实际增减额是商品销售量变动影响额与商品销售价格变动影响额之和，产品总成本的实际增减额是产品生产量变动影响额与单位产品成本变动影响额之和。所以，指数体系就是由三个或三个以上具有内在本质联系的统计指数组成的有机整体。

（二）指数体系的作用

指数体系具有以下作用：

第一，统计人员利用指数体系可以对复杂现象的数量变化，从相对数量方面进行因素分析，从而说明现象总变动中各个影响因素的变动方向和影响程度。

第二，统计人员利用指数体系中各个指数的数量关系可以进行有关指数之间的推算。如：在三个指数形成的指数体系中，若已知其中任意两个指数，便可推算出未知的第三个指数。

【例 5-5】2021 年某省全年社会消费品零售总额为 20 598 亿元，比 2020 年增长了

28.3%，扣除物价因素实际增长 9.6%。试据此推算该省 2021 年的社会消费品零售物价指数与按 2020 年价格计算的社会消费品零售总额。

解：（1）该省 2021 年的社会消费品零售物价指数 $=\dfrac{\sum q_1p_1}{\sum q_1p_0}$。

已知 $\dfrac{\sum q_1p_1}{\sum q_0p_0}=\dfrac{\sum q_1p_0}{\sum q_0p_0}\times\dfrac{\sum q_1p_1}{\sum q_1p_0}$，代入已知数据 $109.6\%\times\dfrac{\sum q_1p_1}{\sum q_1p_0}=128.3\%$，得出 $\dfrac{\sum q_1p_1}{\sum q_1p_0}=117.1\%$。该省 2021 年的社会消费品零售物价指数为 117.1%。

（2）按上一年价格计算的社会消费品零售总额 $=\sum q_1p_0$。

已知，$\sum q_1p_1=20\,598$(亿元)，$\dfrac{\sum q_1p_1}{\sum q_0p_0}-100\%=28.3\%$，$\dfrac{\sum q_1p_0}{\sum q_0p_0}-100\%=9.6\%$，$\sum q_1p_0=109.6\%\times\sum q_0p_0=109.6\%\times\dfrac{20\,598}{128.3\%}\approx17\,595.8$(亿元)。

按上年价格计算的社会消费品零售总额为 17 595.8 亿元。

（三）构建指数体系的基本原则

指数体系是因素分析的基本依据，因此在构建指数体系是应遵循下列基本原则：

第一，指数体系中各个指数之间必须保持等式关系，以便从相对数和绝对数两个方面进行因素分析。一般地，相对数之间是乘除关系，绝对数之间是加减关系。

第二，在利用指数体系进行多因素分析时，有关人员必须分清各个因素的性质，即科学区分数量指标和质量指标，以便选择合适的方法来编制各相关的指数。

第三，为了保持与指数一般编制原则的一致性，在一个统计指数体系中，对质量指标指数采用派氏形式，对数量指标数采用拉氏形式。

二、指数因素分析法

指数因素分析法是指利用指数体系中各个指数之间的数量关系，对现象总体总变动的各个影响因素进行分解，从而分析各因素变动对现象总体总变动的影响程度和绝对效果的方法。

（一）指数因素分析法的种类

指数因素分析法可以从不同角度进行分类：①按影响因素的数量不同，可分为两因素分析法和多因素分析法；②按分析指标的表现形式不同，可分为综合指数因素分析法和平均数指数因素分析法；③按分析对象的特点不同，可分为简单现象因素分析和复杂现象因素分析法。简单现象因素分析法的基础是：个体指数及其指数体系。如某种产品产量变动中，对投入劳动量及劳动生产率变动影响的分析。复杂现象因素分析法的基础是综合指数和相应的指数体系。如多种商品销售额变动中，对价格变动及销售量变动影响的分析。

（二）指数因素分析法的步骤

指数因素分析法的步骤如下：

第一步，明确分析研究目的和要求，确定要分析的对象及影响因素，确定各影响因素之间的相互关系，构造合适的指数体系。

第二步，选用合适的指数形式计算出反映现象总体总变动和各影响因素变动的指数。

第三步，从相对数分析总变动及其影响因素变动的方向，从绝对数分析因素指标对对象指标影响的绝对数量。

分析对象的指标必须等于各因素指标的连乘积。因素指标的个数可以是两个也可以是多个，依据分析目的和要求确定。因素指标的排列应按照先数量指标、后质量指标的顺序。

三、总量指标变动的因素分析

（一）总量指标变动的两因素分析

如果现象总体的某种总量指标的变动只受到两个相关因素变动的影响，或只需要分解成两个影响因素，那么就可以通过编制指数对其进行两因素分析。对于复杂现象总体，由于存在不可同度量问题，因而在进行复杂总体的因素分析时，必须严格遵循综合指数计算的一般原则和方法。复杂总体总量指标的变动（总指数），可用如下公式表达：

$$\frac{\sum q_1p_1}{\sum q_0p_0} \tag{5-13}$$

总指数可分解为数量指标综合指数和质量指标综合指数两因素的乘积。综合指数因素分析的相对数体系和绝对数体系分别如式（5-14）和式（5-15）所示：

$$\frac{\sum q_1p_1}{\sum q_0p_0}=\frac{\sum q_1p_0}{\sum q_0p_0}\times\frac{\sum p_1q_1}{\sum p_0q_1} \tag{5-14}$$

$$\sum q_1p_1-\sum q_0p_0=\left(\sum q_1p_0-\sum q_0p_0\right)+\left(\sum p_1q_1-\sum p_0q_1\right) \tag{5-15}$$

【例 5-6】某家电企业生产三种使用价值和计量单位都不同的产品，它们的报告期和基期的产品产量、出厂价格等资料见表 5-5。试对该企业的总产值变动情况进行因素分析（注：表 5-5 已给出计算结果。）。

表 5-5　某家电企业生产三种产品的基期和报告期产量价格资料

产品名称	计量单位	产品产量		出厂价格/元		基期总产值 q_0p_0/万元	报告期总产值 q_1p_1/万元	假设总产值 q_1p_0/万元
		基期 q_0	报告期 q_1	基期 p_0	报告期 p_1			
冰箱	台	4 000	6 000	1 000	1 100	440	660	600
空气炸锅	口	8 000	10 000	400	350	280	350	400
按摩椅	张	900	800	5 000	4 500	405	360	400
合计	—	—	—	—	—	1 125	1 370	1 400

解：根据前面介绍的总指数编制方法，结合表 5-5 中的资料，首先要计算出基期总产值、报告期总产值和假设期总产值三个总值数据，计算结果见表 5-5 中的右三栏。

计算过程如下：

1. 写出指数体系公式

产品总产值指数=产品产量指数×产品价格指数

$$\frac{\sum q_1p_1}{\sum q_0p_0}=\frac{\sum q_1p_0}{\sum q_0p_0}\times\frac{\sum p_1q_1}{\sum p_0q_1}$$

$$\sum q_1p_1-\sum q_0p_0=(\sum q_1p_0-\sum q_0p_0)+(\sum p_1q_1-\sum p_0q_1)$$

2. 将有关数据代入公式

该企业产品总产值指数为 $\frac{\sum q_1p_1}{\sum q_0p_0}=\frac{1\ 370}{1\ 125}\approx 121.78\%$。

报告期总产值比基期增加 $\sum q_1p_1$ 要 $-\sum q_0p_0=1\ 370-1\ 125=245$(万元)。

产品产量指数为 $\frac{\sum q_1p_0}{\sum q_0p_0}=\frac{1\ 400}{1\ 125}\approx 124.44\%$。

产量变动使总产值增加的绝对额为 $\sum q_1p_0-\sum q_0p_0=1\ 400-1\ 125=275$(万元)。

产品价格指数为 $\frac{\sum p_1q_1}{\sum p_0q_1}=\frac{1\ 370}{1\ 400}\approx 97.86\%$。

价格变动使总产值增加的绝对额为 $\sum p_1q_1-\sum p_0q_1=1\ 370-1\ 400=-30$(万元)。

该企业产品总产值指数因素分析的相对数体系为 121.78% = 124.44% × 97.86%。

绝对数体系为 245(万元) = 275(万元) + (− 30)(万元)。

3. 结果分析

综上所述，该家电企业报告期的总产值比基期增长了 21.78%，增加额为 245 万元，这是由产品产量和出厂价格两个因素发生变动而共同引起的。其中，产品产量增长了 24.44%，使总产值增加了 275 万元；出厂价格降低了 2.14%，使总产值减少了 30 万元。

需要指出的是，上述指数体系中的数量指标是以基期的质量指标作为同度量因素，而质量指标指数则是以报告期的数量指标作为同度量因素。这样是为了使指数具有现实的经济意义，也是为了指数体系的等式关系能够成立。

（二）总量指标变动的多因素分析

如果现象总体的某种总量指标的变动受到三个或三个以上相关因素变动的影响，那么就需要进行多因素分析。假定某复杂现象总体受到 q、m、p 三个因素的影响，则所构造的指数分析体系为

$$\frac{\sum q_1m_1p_1}{\sum q_0m_0p_0}=\frac{\sum q_1m_0p_0}{\sum q_0m_0p_0}\times\frac{\sum q_1m_1p_0}{\sum q_1m_0p_0}\times\frac{\sum q_1m_1p_1}{\sum q_1m_1p_0}\qquad(5-16)$$

$$\sum q_1m_1p_1-\sum q_0m_0p_0=(\sum q_1m_0p_0-\sum q_0m_0p_0)+(\sum q_1m_1p_0-\sum q_1m_0p_0)+(\sum q_1m_1p_1-\sum q_1m_1p_0)\qquad(5-17)$$

对复杂总体进行多因素分析时，一般按以下两个原则进行：

第一，把影响复杂总体变动的各个因素按照数量指标在前、质量指标在后的顺序进行排列。

第二，当分析某因素对复杂总体变动的影响时，未被分析的诸因素要固定在基期水平，而已被分析过的诸因素则固定在报告期水平。

【例 5-7】某企业生产三种不同的产品，报告期和基期的职工平均人数、全员劳动生产率和出厂价格等资料见表 5-7。试对该企业的总产值变动情况进行因素分析。

表 5-7　企业三种不同的产品产量和价格的有关数据

产品名称	计量单位	职工平均人数/人		全员劳动生产率/（元·人）		出厂价格/元	
		基期 q_0	报告期 q_1	基期 m_0	报告期 m_1	基期 p_0	报告期 p_1
果汁饮料	瓶	160	210	100	100	20	25
水果干	袋	80	70	400	350	20	20
水果糖	千克	200	200	120	130	15	25

解：从表 5-7 可以看出，该企业总产值受到职工平均人数、全员劳动生产率和出厂价格三个因素的共同影响。首先计算的该工厂的基期总产值、报告期总产值、按报告期平均职工人数计算的基期总产值和按基期价格计算的报告期总产值资料如表 5-8 所示。计算过程如下：

1. 写出指数体系公式

产品总产值=职工平均人数×全员劳动生产率×产品出厂价格

$$\frac{\sum q_1m_1p_1}{\sum q_0m_0p_0}=\frac{\sum q_1m_1p_0\sum q_1m_1p_0\sum q_1m_1p_1}{\sum q_0m_0p_0\sum q_1m_0p_0\sum q_1m_1p_0}$$

$$\sum q_1m_1p_1-\sum q_0m_0p_0=\left(\sum q_1m_0p_0-\sum q_0m_0p_0\right)+\left(\sum q_1m_1p_0-\sum q_1m_0p_0\right)+\left(\sum q_1m_1p_1-\sum q_1m_1p_0\right)$$

表 5-8　某企业三种产品基期和报告期的总产值计算表　　单位：万元

产品名称	基期总产值 $q_0m_0p_0$	报告期总产值 $q_1m_1p_1$	按报告期平均职工人数计算的基期总产值 $q_1m_0p_0$	按基期价格计算的报告期总产值 $q_1m_1p_0$
果汁饮料	32	52.5	42	42
水果干	64	49	56	49
水果糖	36	65	36	39
合计	132	166.5	134	130

2. 将有关数据代入公式

该企业产品总产值指数为 $\frac{\sum Q_1M_1P_1}{\sum Q_0M_0P_0}=\frac{166.5}{132}\approx 126.14\%$。

报告期总产值比基期增加 $\sum Q_1M_1P_1 - \sum Q_0M_0P_0 = 166.5 - 132 = 34.5$(万元)。

其中，职工平均人数变动影响 $\frac{\sum Q_1M_0P_0}{\sum Q_0M_0P_0} = \frac{134}{132} \approx 101.52\%$。

其影响绝对值为 $\sum Q_1M_0P_0 - \sum Q_0M_0P_0 = 134 - 132 = 2$(万元)。

全员劳动生产率变动影响为 $\frac{\sum Q_1M_1P_0}{\sum Q_1M_0P_0} = \frac{130}{134} \approx 97.01\%$。

影响绝对值为 $\sum Q_1M_1P_0 - \sum Q_1M_0P_0 = 130 - 134 =- 4$(万元)。

出厂价格变动影响为 $\frac{\sum Q_1M_1P_1}{\sum Q_1M_1P_0} = \frac{166.5}{130} \approx 128.08\%$。

影响绝对值为 $\sum Q_1M_1P_1 - \sum Q_1M_0P_1 = 166.5 - 130 = 36.5$(万元)。

该企业产品总产值指数因素分析的相对数体系为 126.14% = 101.52% × 97.01% × 128.08%。

绝对数体系为 34.5（万元）= 2（万元）+（-4）（万元）+36.5（万元）。

3. 结果分析

综上所述，该企业工业总产值由基期 132 万元增加到报告期的 166.5 万元，增加了 34.5 万元，增长率为 26.14%，这一结果是由于职工平均人数、全员劳动生产率和产品出厂价格三个因素共同引起的。其中，平均人数增加了 1.52%，使总产值增加 2 万元；全员劳动生产率下降了 2.99%，使总产值减少了 4 万元；出厂价格增长了 28.08%，使总产值增加了 36.5 万元。

三个因素分析弥补了两因素分析的不足。在例题中，通过多因素分析，我们可以把产量进一步分解为职工平均人数和全员劳动生产率，从而得知全厂职工平均人数报告期比基期是增加的，但劳动生产率有所下降。而产量影响的 2 万元产值是由于职工平均人数增加使总产值增加 2 万元和劳动生产率下降却使总产值减少 4 万元。这样把问题分析清楚，便于企业加强管理，提高经济效益。

四、平均指标变动的因素分析

在分组条件下，总平均数的变动受到各组平均数和总体结构变动的影响，可以根据前述现象总量变动的因素分析原理，利用指数体系分析总平均数的变动及其各个因素的影响。例如，当研究某企业员工工资水平的变动时，可以计算平均工资：

$$\bar{x} = \frac{\sum xf}{f} \tag{5-18}$$

式（5-18）中，x 为每组的工资额，f 为各组的员工人数。式（5-18）还可以写成如下形式：

$$\bar{x} = \sum x \frac{f}{\sum f} \tag{5-19}$$

式（5-19）中，$\frac{f}{\sum f}$为各组员工的比重，即频率。式（5-19）说明，平均工资实际上受两个因素的影响：一是各组员工的工资水平，二是每组员工所占比重。因此，类似于综合指数的定义，按照如下方式定义有关平均指标指数：

（1）反映总平均数变动的指数称为总平均数指数，也叫可变构成指数。其计算公式为

$$\text{可变构成指数}=\frac{\sum x_1\frac{f_1}{\sum f_1}}{\sum x_0\frac{f_0}{\sum f_0}} \tag{5-20}$$

（2）反映总体内各组结构的变动对总平均数影响的指数称为结构影响指数。其计算公式为

$$\text{结构变动指数}=\frac{\sum x_0\frac{f_1}{\sum f_1}}{\sum x_0\frac{f_0}{\sum f_0}} \tag{5-21}$$

（3）反映组平均数变动对总平均数影响的指数称为组平均数指数或固定结构指数，其计算公式为

$$\text{固定构成指数}=\frac{\sum x_1\frac{f_1}{\sum f_1}}{\sum x_0\frac{f_1}{\sum f_1}} \tag{5-22}$$

以上三个指数形成如下指数体系：

总平均数指数=结构影响指数×固定构成指数

$$\frac{\sum x_1\frac{f_1}{\sum f_1}}{\sum x_0\frac{f_0}{\sum f_0}}=\frac{\sum x_0\frac{f_1}{\sum f_1}}{\sum x_0\frac{f_0}{\sum f_0}}\times\frac{\sum x_1\frac{f_1}{\sum f_1}}{\sum x_0\frac{f_1}{\sum f_1}} \tag{5-23}$$

其绝对数体系是：

平均指标的增减额=由于结构变动引起的平均指标的增减额+由于变量水平的变动引起的平均指标的增减额

$$\sum x_1\frac{f_1}{\sum f_1}-\sum x_0\frac{f_0}{\sum f_0}=\left(\sum x_0\frac{f_1}{\sum f_1}-\sum x_0\frac{f_0}{\sum f_0}\right)+\left(\sum x_1\frac{f_1}{\sum f_1}-\sum x_0\frac{f_1}{\sum f_1}\right) \tag{5-24}$$

【例 5-8】已知某建筑企业基期和报告期员工工资额和员工人数如表 5-9 所示，试对该建筑企业的平均工资变动情况进行因素分析。

表 5-9　某建筑企业基期和报告期员工工资额和职工人数

部门	月工资额/元		职工人数/人	
	基期 x_0	报告期 x_1	基期 f_0	报告期 f_1
资造部	5 000	6 000	20	15
经营部	4 500	4 800	10	20
成控部	4 000	5 000	15	15
合计	—	—	45	50

解：根据表 5-9 中的资料，首先计算出该建筑企业报告期和基期以及假定期的工资总额（见表 5-10 中的工资总额栏），然后根据式（5-21）、式（5-22）、式（5-23）计算平均工资指数、固定结构指数和结构变动指数。

表 5-10　某建筑企业职工月工资总额

部门	月工资额/元		职工人数/人		工资总额/元		
	基期 x_0	报告期 x_1	基期 f_0	报告期 f_1	基期 x_0f_0	报告期 x_1f_1	假定期 x_0f_1
资造部	5 000	6 000	20	15	100 000	90 000	75 000
经营部	4 500	4 800	10	20	45 000	96 000	90 000
成控部	4 000	5 000	15	15	60 000	75 000	60 000
合计	—	—	45	50	205 000	261 000	225 000

具体计算过程如下：

（1）计算平均工资指数，从而说明平均工资的变动情况。

报告期的平均工资为 $\bar{x}_1 = \sum x_1f_1/\sum f_1 = 261\ 000/50 = 5\ 220$(元)。

基期的平均工资为 $\bar{x}_0 = \sum x_0f_0/\sum f_0 = 205\ 000/45 = 4\ 555.56$(元)。

$$\text{可变指数} = \frac{\bar{x}_1}{x_0} = \frac{5\ 220}{4\ 555.56} = 114.59\%$$

$\bar{x}_1 - \bar{x}_0 = 5\ 220 - 4\ 555.56 = 664.44$(元)

（2）计算固定结构指数，从而说明工资水平的变动情况。

$$\frac{\sum x_1 \dfrac{f_1}{\sum f_1}}{\sum x_0 \dfrac{f_1}{\sum f_1}} = \frac{261\ 000/50}{225\ 000/50} = \frac{5\ 220}{4\ 500} = 116\%$$

$$\sum x_1 \frac{f_1}{\sum f_1} - \sum x_0 \frac{f_1}{\sum f_1} = 5\ 220 - 4\ 500 = 720(\text{元})$$

（3）再计算结构变动指数。

$$\frac{\sum x_0 \frac{f_1}{\sum f_1}}{\sum x_0 \frac{f_0}{\sum f_0}} = \frac{225\ 000/50}{205\ 000/45} \approx \frac{4\ 500}{4\ 555.56} \approx 98.78\%$$

$$\sum x_0 \frac{f_1}{\sum f_1} - \sum x_0 \frac{f_0}{\sum f_0} = 4\ 500 - 4\ 555.56 = 55.56(\text{元})$$

（4）结果分析。

相对数体系为 114.59% = 116% × 98.78%。

绝对数体系为 664.44(元) = 720(元) − 55.56(元)。

上述计算结果表明：从相对数角度来看，报告期职工平均工资比基期上升了 4.59%，这是工资水平提高 16%和结构变动使平均工资降低了 1.22%这两个因素共同作用的结果。从绝对数角度来看，每组平均工资的提高使总的平均工资上升了 720 元，每组结构变动使总的平均工资减少了 55.56 元，这两个因素共同作用导致总的平均工资增加了 664.44 元。

本章小结

指数是指反映不能直接相加的复杂总体在某一方面数量上综合变动情况的相对数。指数按照考察对象的范围不同，可分为个体指数和总指数；按照所反映指标的性质不同，可分为数量指标指数和质量指标指数；按照编制形式的不同，可分为综合指数和平均指数；按照对比内容的不同，可分为综合指数和静态指数。

综合指数是通过两个具有经济意义并且紧密联系的总量指标对比求得的指数。计算综合指数的分子和分母都是由两个或两个以上因素决定的总量指标，其中一个因素就是指数化因素，其他因素则是把不能直接相加的指数化因素转化为能直接相加的量的因素，称为同度量因素。

根据固定同度量因素的时间不同，综合指数常用的编制方法有拉氏指数和派氏指数。拉氏指数是把同度量因素的时间固定在基期的一种综合指数形式，而派氏指数是把同度量因素的时间固定在报告期的一种综合指数形式。我们一般用拉氏指数形式编制数量指标指数，用派氏指数形式编制质量指标指数。

平均数指数是计算总指数的另一种形式，是个体指数的加权平均数，又分为加权算术平均指数和加权调和平均数指数两种。加权算术平均指数就是个体指数的加权算术平均数，加权调和平均数指数就是个体指数的加权调和平均数。

指数体系就是由三个或三个以上具有内在联系的统计指数组成的有机整体。指数体系是因素分析的基本依据。指数因素分析法是指利用指数体系中各个指数之间的数量关系，对现象总体总变动的各个影响因素进行分解，从而分析各因素变动对现象总体总变动的影响程度和绝对效果的方法。

思考与练习

一、单项选择题

1. 某地区某年多种工业产品产量计划完成百分数是一种（　　）。

A. 个体指数　　B. 动态指数

C. 质量指标总指数　　D. 静态指数

2. 某地今年用现价计算的总产值为去年用现价计算的总产值的115%，这个指数是（　　）。

A. 总产值指数　　B. 总产量指数

C. 静态指数　　D. 总指数

3. 在编制多种产品的产量指数时（　　）。

A. 即使计量单位都相同，也不能直接相加

B. 若各种产品的计量单位都相同，则各种产品的产量可直接相加

C. 只要将计量单位调整为相同单位则产量就可直接相加

D. 只要将计量单位换算为标准实物单位就能相加

4. 某企业职工人数与去年同期相比减少了2%，企业劳动生产率与去年同期相比上升了5%，则该企业总产值增长了（　　）。

A. 2.9%　　B. 7%

C. 10%　　D. 3%

5. 如果用 p 表示商品价格，用 q 表示商品销售量，则公式 $\dfrac{\sum q_1p_0}{\sum q_0p_0}$（　　）。

A. 综合反映商品价格和商品销售量的变动

B. 综合反映多种商品销售量的变动程度

C. 全面反映商品销售额的变动

D. 反映商品销售量的变动对价格变动的影响程度

6. 按照个体指数和报告期销售额计算的价格指数是（　　）。

A. 综合指数　　B. 加权调和平均数指数

C. 总平均数指数　　D. 加权算术平均数指数

7. 如果生活费用指数上涨20%，则现在1元（　　）。

A. 只值原来的0.83元　　B. 只值原来的0.80元

C. 与原来的1元等值　　D. 无法与过去比较

8. 两个农贸市场水果的平均价格5月比4月上升了17%，结构的变动使平均价格降低了10%，则水果的实际平均价格指数是（　　）。

A. 76.9%　　B. 27%

C. 130%　　D. 106.4%

9. 某公司报告期熟练工人数所占比重大幅度上升。为了准确反映公司真实的劳动生产率状况，需要编制的劳动生产率指数是劳动生产率的（　　）。

A. 数量指标综合指数　　B. 总平均数指数

C. 结构影响指数　　D. 固定构成指数

10. 某企业的职工工资水平比上一年提高5%，职工人数增加2%，则企业工资总额增长（　　）。

A. 10%　　B. 7%

C. 7.1%　　D. 11%

11. 如果零售价格上涨10%，销售量下降10%，则销售额（　　）。

A. 有所增加　　B. 没有变化

C. 有所减少　　D. 无法判断

12. 某地区2005年社会商品零售额为12 000万元，2009年为15 600万元，这5年中物价上涨了4%，则商品零售量指数为（　　）。

A. 125%　　B. 130%

C. 104%　　D. 80%

二、多项选择题

1. 指数在统计分析中可用于（　　）。

A. 检查分析计划完成的状况

B. 研究社会经济现象的动态

D. 比较不同地区、单位的现象水平

C. 反映事物的变动程度和变动方向

E. 测定现象总变动中各因素的影响程度

2. 某年按可比价格计算的工业总产值，甲地为乙地的98%，这个相对数是（　　）。

A. 产量指数　　B. 总产值指数

C. 数量指标指数　　D. 质量指标指数

E. 静态指数

3. 采用综合法编制单位产品成本总指数时（　　）。

A. 产量具有权数作用

B. 同度量因素一般为基期产量

C. 同度量因素一般为报告期产量

D. 单位产品成本具有权数作用

E. 该指数可以反映单位产品成本变化对总成本的影响程度

4. 编制指数时，同度量因素的作用有（　　）。

A. 权数作用　　B. 平衡作用

C. 同度量作用　　D. 平均作用

E. 比较作用

5. 某地区2006年（比2005年）社会商品零售价格总指数为103.2%，结果说明（　　）。

A. 商品零售价格平均上涨了3.2%

B. 物价的上涨推动商品零售额提高3.2%

C. 商品零售额上涨了3.2%

D. 物价上涨使商品零售量下降了3.2%

E. 每种商品零售价各上涨了3.2%

三、判断分析题

1. 综合法指数是计算总指数的唯一方法。

2. 报告期与基期相比，各组平均数都上升，总体平均数有可能下降。

3. 报告期和基期以不变价格计算的工业总产值对比的结果，可以反映工业产品数量的综合变动，而不能反映工业产品实际价值水平的总变动。

四、简答题

1. 简述统计指数的作用。

2. 简述编制总指数的基本原理。

五、计算题

1. 某企业三种产品的产量和单位成本如表5-11所示。

表5-11　某企业三种产品的产量和单位成本

产品名称	计量单位	产量		单位成本/万元	
		基期	报告期	基期	报告期
甲	件	2 500	2 850	2.3	2.0
乙	台	3 200	4 500	7.9	8.2
丙	套	5 000	5 500	6.4	5.9

试从相对数和绝对数两个方面对该企业生产费用变动进行因素分析。

2. 四种商品的销售额及价格指数如表5-12所示。

表5-12　四种商品的销售额及价格指数

商品种类	基期销售额/万元	报告期销售额/万元	价格涨跌/%
甲	400	450	2.0
乙	30	28	-5.0
丙	200	220	0
丁	300	350	3.0

根据表5-12资料从相对数和绝对数两个方面分析计算四种商品销售总额的变动及

其原因，并说明引起销售总额变动的主要原因是什么。

3. 某商品在两个市场的出售情况如表 5-13 所示。

表 5-13　某商品在两个市场的出售情况

市场	第一季度		第二季度	
	单价/元	销售量/吨	单价/元	销售量/吨
甲	100	60	114	50
乙	152	40	148	100
合计	—	100	—	150

试分析该商品总平均价格的变动及原因。

4. 某企业的产值在基年为 12 800 万元，在报告年为 13 440 万元，报告年的价格平均比基年下降 1%。同期，工人总平均劳动生产率由 58 000 元/人提高到 60 030 元/人，由于企业中熟练工人所占比重上升，工人总平均劳动生产率提高 3%。

（1）计算工人劳动生产率提高的程度。

（2）计算产品物量的变化程度。

（3）计算工人人数的变化程度。

（4）说明工人劳动生产率提高的主要原因是什么。

5. 某种商品在三个商场销售，商场销售人员记录了该商品两个季度的销售情况，具体如表 5-14 所示。

表 5-14　某商品三个季度的销售情况

商场	当期进货数量/件		销售率/%		销售量/件	
	第一季度	第二季度	第一季度	第二季度	第一季度	第二季度
城南商场	800	1 000	92	95		
大华商场	700	950	90	90		
城北商场	680	750	85	90		
合计	2 180	2 700				

（1）将表 5-14 所缺数据填写完整。

（2）计算销售总量指数及其销售总量增加数。

（3）计算销售率总指数及其对销售总量的影响数。

（4）计算进货量总指数及其对销售总量的影响数。

（5）根据以上计算结果，从相对数和绝对数对销售总量变动做简要文字分析。

（6）如果要进一步分析总平均销售率的变动，还需要计算什么指数？

第六章

抽样与抽样分布

【导入案例】

如何估计某地区居民收入?

在某地区家庭调查中，人们关心该地区所有家庭的平均收入是多少，但不可能去调查每户家庭的收入，而只能抽取一部分家庭作为样本，获得样本家庭的收入数据，用样本平均收入去推断全部家庭的平均收入。当然，调查人员也可能利用样本去推断所有家庭收入的方差是多少，低收入家庭的比例是多少，这就是利用抽样进行统计推断的问题。如在研究某地区居民家庭收入时，随机抽取500户居民进行调查，以500户居民的家庭收入的信息作为这个地区居民家庭收入估计的依据，这样的估计的可靠性如何？其依据的基本统计理论是什么？怎样才能让人信服推断结果？这就必须知道用于推断的样本统计量是如何分布的，样本统计量的分布是进行统计推断的科学依据，本章就该问题进行讨论。

第一节　抽样及有关基本概念

一、抽样的概念和特点

通过前面章节的学习，我们已经了解了统计中两个重要的概念：样本和总体。我们在此再回顾一下：总体是研究对象的全体构成的集合，样本是总体的一个子集。

抽样就是从所研究的对象中随机地取出其中一部分来观察，由此而获得有关总体的信息。例如，某公司发明了一种新型轮胎，预计其行驶里程数能超过企业现在全部轮胎的里程数，为了对这种新型轮胎做出评估，该公司需要对新型轮胎的平均里程做出估计。该公司选择了120个新轮胎作为样本进行检验，检验的样本均值结果为48 000

千米，如果该公司现有的最优质的轮胎平均能运行45 000千米，那么能否认为新型轮胎的运行里程超过了该公司目前的最优产品？在下结论认为这些新轮胎达到甚至超过现有最优水平时，要冒一定的风险，因为这既可能是对这批轮胎质量普遍具有较高设计水平的反映，也可能是由于抽样时抽到了其中质量较好的产品。然而，若能根据检验的结果掌握这些轮胎平均运行里程的概率分布，那么我们就可以推断出如果这批轮胎平均使用寿命是45 000千米，而我们抽到的样本平均使用寿命为48 000千米及以上的概率有多大？如果这个概率非常小，例如只有1%，那么这种可能性很小的事件竟然在一次检验中发生了，据此我们可以推断这批轮胎平均使用寿命确实超过了45 000千米。这种通过随机变量的概率分布来确定我们所下结论的可靠程度，就是统计上常说的“推断”。但不同于人们日常生活中所说的推断，统计推断是建立在概率和抽样分布理论基础之上的活动，它具有几个方面的特点：①遵守随机原则。随机原则是指在抽样时每个单位有同等被抽中的机会，只有遵守随机原则，才能使抽取的部分单位具有充分的代表性。②推断被调查现象的总体特征。抽样的最终目的是根据样本数据推断被调查现象的总体特征。③抽样推断应用的是概率估计方法。概率估计的基本思路是抽取样本并根据实际客观取得的数据，计算一定的抽样指标，然后就要回答用这样的抽样指标来代表相应的总体指标究竟有多大的可靠性。如果估计的准确性、可靠性都达到了要求，那么此抽样的指标就可以作为总体指标的估计值。④抽样推断的误差难以避免但可以事先计算并加以控制。抽样误差不是由调查失误引起，而是随机抽样特有的，是不可避免难于消灭的，只能加以控制。

二、抽样调查的作用

抽样调查的作用如下：

（1）有些现象是无法进行全面调查的，只有采用抽样调查的方法来对其进行调查。例如，对无限总体不能采用全面调查。另外，有些产品的质量检查具有破坏性，如电视机使用寿命试验、轮胎的里程试验等，这些调查所使用的测试手段对产品具有破坏性，不可能进行全面调查，只能采用抽样调查。

（2）理论上讲，有些现象虽然可以进行全面调查，但实际上没有必要或很难办到，也需要采用抽样调查。例如，要了解全国城乡人民的家庭生活状况，从理论上讲可以挨门逐户进行全面调查，但是调查范围太大、调查单位太多，实际上难以办到，也没有必要。采用抽样调查可以节约时间、人力、物力和财力，提高调查结果的时效性，又能达到和全面调查同样的目的和效果。

（3）抽样调查的结果可以对全面调查的结果进行检查和修正。全面调查涉及面宽，工作量大，参加人员多，调查结果容易出现差错。因此，调查人员可在全面调查（如人口普查）之后进行抽样复查，根据抽查结果计算差错率，并以此为依据检查和修正全面调查结果，从而提高全面调查的质量。

（4）抽样调查可以用于工业生产过程的质量控制。如在工业产品连续生产的过程中，调查人员利用抽样调查可以检验生产过程是否正常，及时反馈信息，进行质量控制，保证生产质量稳定。

（5）调查人员利用抽样调查可以对某些总体的假设进行检验，从而判别这种假设的真伪，以决定行动的取舍。例如新教学法的采用、新工艺新技术的改革、新医疗方法的使用等。

总之，抽样调查是一种科学实用的调查方法。目前，它不仅广泛应用于自然科学领域，也广泛地应用于对社会经济现象数量方面的研究。随着抽样理论的发展、抽样技术的进步和完善、广大统计工作者业务水平的提高，抽样调查在社会经济统计中的应用将会愈加普及。

三、与抽样有关的几组概念

（一）全及总体和抽样总体

全及总体也称为总体，是指所要认识的研究对象的全体，它是由所研究范围内具有某种共同性质的全体单位组成的集合体。例如，我们要研究某城市职工的生活水平，则该城市全部职工就构成全及总体或总体，通常用大写的字母 N 代表全及总体的单位数。

抽样总体就是按随机原则从全及总体中抽取的一部分单位组成的小总体。抽样总体又称样本，它也是由许多性质相同的单位组成的，通常用小写 n 代表样本的单位数。样本单位数也称为样本容量，组成样本的每个单位称为样本单位。例如，某城市有 200 万个住户，我们要采用抽样调查的方法研究该城市住户的家庭收支情况，则该城市全部住户构成全及总体，即 $N=200$ 万。如果从全部住户中随机抽取千分之一即 2 000 户进行调查，则被抽中的 2 000 户构成抽样总体即样本，样本容量 $n=2\ 000$。样本按照样本容量的大小可以分为大样本和小样本。一般地说，$n\geqslant 30$ 为大样本，$n<30$ 为小样本。在对社会经济现象进行抽样调查时，多采用大样本。应当注意的是，作为抽样推断对象的全及总体是唯一的，但作为观察对象的样本就不是唯一的。从一个全及总体中可以抽取很多个样本，每次抽到哪个样本是不确定的，理解这个概念，要注意几点：一是样本在本质上仍然是总体，只不过和诞生它的总体相比，其范围大大缩小了；二是获取样本的途径是随机抽样；三是从一个总体中能够抽出的样本个数有很多，即总体与样本不是一一对应的关系，而是一对多的关系。记住上述这几点对理解抽样推断是非常重要的。

（二）参数和统计量

1. 参数

参数又称总体参数，是反映总体数量特称的综合指标或全及指标，其指标值是确定的、唯一的。常用的总体参数有四个：总体平均数、总体成数、总体方差和总体标准差。

（1）总体平均数。它是总体各单位数标志值的平均数，一般用希腊字母 μ 表示。需要说明的是，由于现实中总体的均值、比例、方差等通常是未知的，所以说到总体参数时，往往会加上“估计”两个字，因此在后面的章节中，我们可能会经常看到“参数估计”这类概念。设总体变量 x 有 N 个取值，则

$$\mu=\frac{x_1+x_2+\cdots+x_n}{N}=\frac{\sum x}{N}$$

（2）总体成数。它是指总体中具有某种相同标志表现的单位数占全部总体单位数

的比重，如全部产品分为合格产品和不合格产品两组，全部人口分为男性和女性两组等。具有所研究标志的单位数用 N_1 表示，不具有所研究标志的单位数用 N_0 表示，具有所研究标志的单位数在全部单位中所占的比重，即成数，一般用 P 或 π 表示：

$$P = \frac{N_1}{N}$$

（3）总体方差。根据总体各单位标志值计算的方差称为总体方差，用希腊字母 σ^2 表示。在未分组的情况下，其计算公式为

$$\sigma^2 = \frac{\sum(x-\bar{x})^2}{N}$$

在分组的情况下，其计算公式为

$$\sigma^2 = \frac{\sum(x-\bar{x})^2 f}{\sum f}$$

式中，f 为各组频数。

（4）总体标准差。它是反映标志变动度的最重要的指标，是指总体各单位的标志值与算术平均数离差的平方平均数的均方根，用 σ 表示。在未分组的情况下，其计算公式为

$$\sigma = \sqrt{\frac{\sum(x-\bar{x})^2}{N}}$$

在分组的情况下，需要加权，其计算公式为

$$\sigma = \sqrt{\frac{\sum(x-\bar{x})^2 f}{N}}$$

2. 统计量

统计量又称抽样指标，是根据样本各单位标志值或标志属性计算的综合指标。它是用来估计总体参数的，因此和常用的总体参数相对应。常用的统计量也有四个，且与总体参数是逐一对应的，因为只有公式结构相同、计算方法一致，才能据此对总体参数进行数量推断。因此，与总体参数相对应的样本统计量分别有抽样平均数 $\bar{x}$、抽样成数 p、样本标准差 S、样本方差 S^2 等。设样本有 n 个变量，则抽样平均数为

$$\bar{x} = \frac{\sum x}{n} \text{ 或 } \bar{x} = \frac{\sum xf}{\sum f}$$

设样本 n 个单位中有 n_1 个单位具有某种属性，n_0 个单位不具有某种属性，p 为样本中具有某种属性的单位数所占比重，q 为不具有某种属性的单位数所占比重，则抽样成数为

$$p = \frac{n_1}{n},\ q = 1 - p$$

样本的方差为

$$S^2 = \frac{\sum(x-\bar{x})^2}{n-1} \text{ 或 } S^2 = \frac{\sum(x-\bar{x})^2 f}{\sum f - 1}$$

样本的标准差为

$$S=\sqrt{\frac{\sum(x-\bar{x})^2}{n-1}}\text{ 或 }S=\frac{\sum(x-\bar{x})^2f}{\sum f-1}$$

下面，我们将参数和统计量放在一起做个对比，对比结果见表 6-1。

表 6-1　参数与统计量比较

类别	参数	统计量
公式	$\bar{x}=\frac{\sum x}{N}=\frac{\sum xf}{\sum f}$ $\sigma^2=\frac{\sum(x-\bar{x})^2}{N}$　$\sigma^2=\frac{\sum(x-\bar{x})^2f}{\sum f}$ $\sigma=\sqrt{\frac{\sum(x-\bar{x})^2}{\sum f}}$　$\sigma=\sqrt{\frac{\sum(x-\bar{x})^2f}{\sum f}}$ $P=\frac{N_1}{N}$	$\bar{x}=\frac{\sum x}{n}=\frac{\sum xf}{\sum f}$ $S^2=\frac{\sum(x-\bar{x})^2}{n-1}$ 或 $S^2=\frac{\sum(x-\bar{x})^2f}{\sum f-1}$ $S=\sqrt{\frac{\sum(x-\bar{x})^2}{n-1}}$ 或 $S=\sqrt{\frac{\sum(x-\bar{x})^2f}{\sum f-1}}$ $p=\frac{n_1}{n}$
意义	唯一，但不可知 是抽样推断的对象	可知，是随机变量 是抽样推断的基础

（三）样本容量和样本可能数目

样本容量是指样本所包含的总体单位数，用 n 表示单位数的多少。当 $n\geqslant 30$ 时，我们称为大样本，反之称为小样本。从理论上讲，样本容量越大，根据样本指标推断的总体参数越精确，但在实际中，并不是样本越大越好。因为样本越大，必然要花费更多的时间、精力和费用，所以只要能满足研究的需要和对精确度的要求，样本容量越小越好。

样本可能数目是指从总体中可能抽取出的样本的数量。样本个数与样本容量是两个有联系但完全不同的概念。当总体范围一定时，即 N 一定时，样本容量越大，可抽取的样本个数就越多。例如，在重复抽样条件下，从 4 个单位构成的总体中抽取 2 个单位（$n=2$）组成样本，则可抽到的样本个数是 $4^2=16$(个)；若抽取 3 个单位组成样本，则样本个数是 $4^3=64$(个)，对于规模为 N 的总体抽取容量为 n 的样本，在重复抽样下，可抽取的样本可能个数为 N^n 个。

需要说明的是，在实践中进行统计调查时真正抽取的样本往往只有一个。在随机抽样条件下，这个样本是来自众多的潜在的可能产生的样本数目之一，然而这一个样本的容量可以包含数百或数千个样本单位，因此须注意不要将样本个数与样本容量混淆起来。例如在某大学随机抽取 500 名学生参与某项调查，那么抽样的样本个数为 1 个样本，而样本容量则为 500 个单位，不可将其描述为“500 个样本”。

（四）重复抽样和不重复抽样

重复抽样是指从总体中抽取容量为 n 的样本时，每次抽取一个单位，并把它看作一次在实验中记录下来的数值，然后将其放回总体中参加下一次抽取，连续进行 n 次这样的实验，就可以得到容量为 n 的一个样本。重复抽样也叫作有放回抽样或回置抽样；不重复抽样也称无放回抽样，即每次从总体抽取一个单位，登记后不将其放回原总体，不参加下一轮抽样，下一次继续从总体中余下的单位抽取样本。无放回抽样的特点是：① n 个单位的样本由 n 次实验结果构成，但由于每次抽出不重复，所以实质上相当于从总体中同时抽取 n 个样本单位；②每次实验结果不是独立的，上次中选情况影响下次抽选结果；③每个单位在多次实验中被抽中的机会是不等的，在不考虑顺序的条件下，不重复抽样的样本可能数为 $\frac{N!}{(N-n)!\ n!}$ 个。

（五）抽样框与抽样方案

抽样框就是总体单位的名单。抽样框可以分为两类：一类是总体单位的名称表；另一类是地理位置抽样框，一般可依据地图，划分成若干个有明确边界的地段，即单位，或者依据小区住宅信息等编制。编制抽样框的作用，一是将总体所有单位置于可以被抽中的位置上，易于贯彻随机原则和进行抽选工作，提高抽样调查的效率；二是编制抽样框相当于确定了调查对象及全及总体的范围，否则无法确定抽样调查推断的总体是谁。如何编制抽样框，应根据对总体单位了解的程度而定：如果对总体单位不甚了解，往往只能编制总体单位清单或地段抽样框；如果对总体单位情况比较了解，甚至掌握与调查内容有关的标志表现的资料，可以按有关标志值的高低进行有序排队。例如进行农产品抽样调查，就可以把地块按过去平均亩产的多少排队。

抽样方案是统计调查方案的一种，抽样调查方案应该包括统计调查方案的一般内容。在抽样调查中，有关人员还要解决好以下问题：①如何贯彻随机原则，保证总体每个单位有同等机会被抽中；②根据允许误差确定必要的样本容量，根据对总体的了解情况及抽样框的编制情况确定抽样方式；③在一定的抽样误差要求下，选择费用最少的方案。

第二节　抽样的理论基础

一、大数定律

抽样调查是建立在概率论大数定律基础之上的。大数定律的一系列定理为抽样调查提供了数学依据。大数定律是阐明大量随机现象平均结果的稳定性的一系列定理的总称。它说明如果被研究的总体是由大量的相互独立的随机因素构成，而且每个因素对总体的影响都相对较小，那么将这些因素在大量观察后加以平均，就能使偶然因素的影响相互抵消，从而呈现出共同作用的影响，使总体具有稳定性从而反映出事物变化的一般规律，这就是大数定理的意义。

（一）独立同分布大数定律

若独立同分布的随机变量为 x_1，x_2，…，x_n，若数学期望存在，则对任意小的正数 ε 有

$$\lim_{n\to\infty}P\left\{\left|\frac{1}{n}\sum_{i=1}^{n}x_i-\mu\right|<\varepsilon\right\}=1$$

该定律说明，由于从总体中抽出的样本是独立且与总体同分布的，因此当样本容量 n 充分大时，样本平均与总体平均之间的误差可以有很大的把握被控制在任意给定的要求之内。这一定律从理论上指出了用样本的算术平均值来近似总体实际真值是合理的，因而在数理统计中，这一定律使得用算术平均值来估计数学期望有了理论依据。可以将其通俗地理解为，当样本数量非常大的时候，样本均值和总体真实均值充分接近。

（二）贝努里大数定律

设 m 是 n 次独立随机实验中事件 A 发生的次数，且事件 A 在每次实验中发生的概率为 p，则对任意小的正数 ε 有

$$\lim_{n\to\infty}P\left\{\left|\frac{m}{n}-p\right|<\varepsilon\right\}=1$$

通俗地说，这个定理可以理解为在实验不变的条件下，当实验次数足够多时，随机事件发生的频率无限接近于它的概率。比如，我们向上抛一枚硬币，硬币落下后哪一面朝上本来是偶然的，但当我们上抛硬币的次数足够多后，达到上万次甚至几百万次以后，我们就会发现，硬币每一面向上的次数约占总次数的二分之一。这种情况下，偶然中包含着必然，这种必然的规律与特性在大量的样本中得以体现。

二、中心极限定理

大数定律揭示了大量随机变量的平均结果，但没有涉及随机变量的分布问题，而中心极限定理说明的是在一定条件下，大量独立随机变量的平均数是以正态分布为极限的。

（一）正态分布的再生定理

相互独立的两个正态随机变量相加之和仍服从正态分布，这就是正态分布的再生性。因此，从服从正态分布的总体中抽出一个容量是 n 的样本，则样本平均数 $\bar{x}$ 也服从正态分布。如果总体的平均数是 μ，标准差是 σ，则样本平均数 $\bar{x}$ 所服从的正态分布的中心仍是 μ，标准差是抽样平均误差 $\sigma_{\bar{x}}$。

（二）中心极限定理

从正态分布的再生定理可推出样本平均数 $\bar{x}$ 服从正态分布 $N(\mu,\ \sigma_{\bar{x}}^2)$ 的前提条件是总体服从正态分布。在客观实际中，总体服从正态分布的条件不会总是成立。在非正态总体的场合，我们只有了解了中心极限定理后，才能明确样本平均数服从什么分布。

中心极限定理表明，随机变量 x_1，x_2，…，x_n 相互独立且服从同一分布，该分布存在有限的期望和方差：

$$E(x_i)=\mu,\ D(x_i)=\sigma^2,\ i=1,\ 2,\ 3,\ \cdots$$

则当 n 充分大时，算术平均数近似服从正态分布，即

$$\bar{x}=\frac{1}{n}\sum_{j=1}^{n}X_i,\ \bar{x}\sim n\left(\mu,\ \frac{\sigma^2}{n}\right)$$

从上述定理可以得出结论，无论总体服从何种分布，只要它的期望值与方差存在，我们就可以通过增大样本容量 n 的方式，保证样本平均数 $\bar{x}$ 近似服从正态分布。也就是说，大样本的平均数近似服从正态分布。

上面的结果表明，$\bar{x}$ 的期望值与总体均值相同，而方差则缩小为总体方差的 $1/n$，这说明当用样本均值 $\bar{x}$ 去估计总体均值 μ 时，平均来说没有偏差（这一点称为无偏性）。当 n 越来越大时，$\bar{x}$ 的散布程度越来越低，即用 $\bar{x}$ 估计 μ 越来越准确。

对于成数指标，我们设总体成数是 P，样本成数是 $\bar{p}$，则当样本容量充分大时，$\bar{p}$ 近似服从

$$\bar{p}\sim N(P,\ \sigma_{\bar{p}}^2)$$

然而在实际问题中，总体的分布并不总是正态分布或近似正态分布，此时 $\bar{x}$ 的分布也将取决于总体分布的情况。值得庆幸的是，当抽样的样本容量 n 比较大时，统计学家证明了中心极限定理。该定理告诉我们不管总体的分布是什么，只要总体的期望与方差存在，此时样本均值 $\bar{x}$ 的分布总是近似正态分布，因为对总体均值为 μ 、总体方差为 σ^2 的任意总体分布，总有

$$E(\bar{x})=E\left(\frac{1}{n}\sum_{i=1}^{n}X_i\right)=\frac{1}{n}\sum_{i=1}^{n}E(x_i)=\mu$$

$$D(\bar{x})=D\left(\frac{1}{n}\sum_{i=1}^{n}x_i\right)=\frac{1}{n^2}\sum_{i=1}^{n}D(x_i)=\frac{\sigma^2}{n}$$

所以当 n 比较大时，$\bar{x}$ 近似服从 $N\left(\mu,\ \frac{\sigma^2}{n}\right)$，等价地有 $\frac{\bar{x}-\mu}{\sigma/\sqrt{n}}\sim N(0,\ 1)$。

中心极限定理要求 n 充分大，但到底要多大才算是充分大，这与总体的分布形状有关。一般来说，总体偏离正态越远则要求 n 越大。然而在实际应用中，由于总体的分布未知，一般要求 $n\geqslant 30$。

由图 6-1 可以看到，在均匀分布的总体中抽取样本容量 $n=2$ 的样本，其样本均值 $\bar{x}$ 的分布已经呈现出对称的形状；当 $n=5$ 时，样本均值 $\bar{x}$ 的抽样分布开始趋于正态分布；当 $n=30$ 时，样本均值 $\bar{x}$ 的抽样分布在形状上已与正态形状差别不大，基本上形成了正态分布。即使如总体Ⅲ呈现出指数分布形态时，随着样本容量 n 的增大，我们也可以清晰地看到样本均值 $\bar{x}$ 的抽样分布由偏态向正态逐步转变的过程。

事实上，由于抽样的随机性、波动性，虽然可抽取的样本有多个，但我们每次抽样一般只能抽取一个样本，所得到的样本统计量，如样本均值，只是可能值中的一个。但是根据独立同分布中心极限定理，我们可以掌握样本统计量的抽样分布的规律和统计特征以及样本统计量和总体参数之间的内在联系，使得利用样本估计总体有据可循。

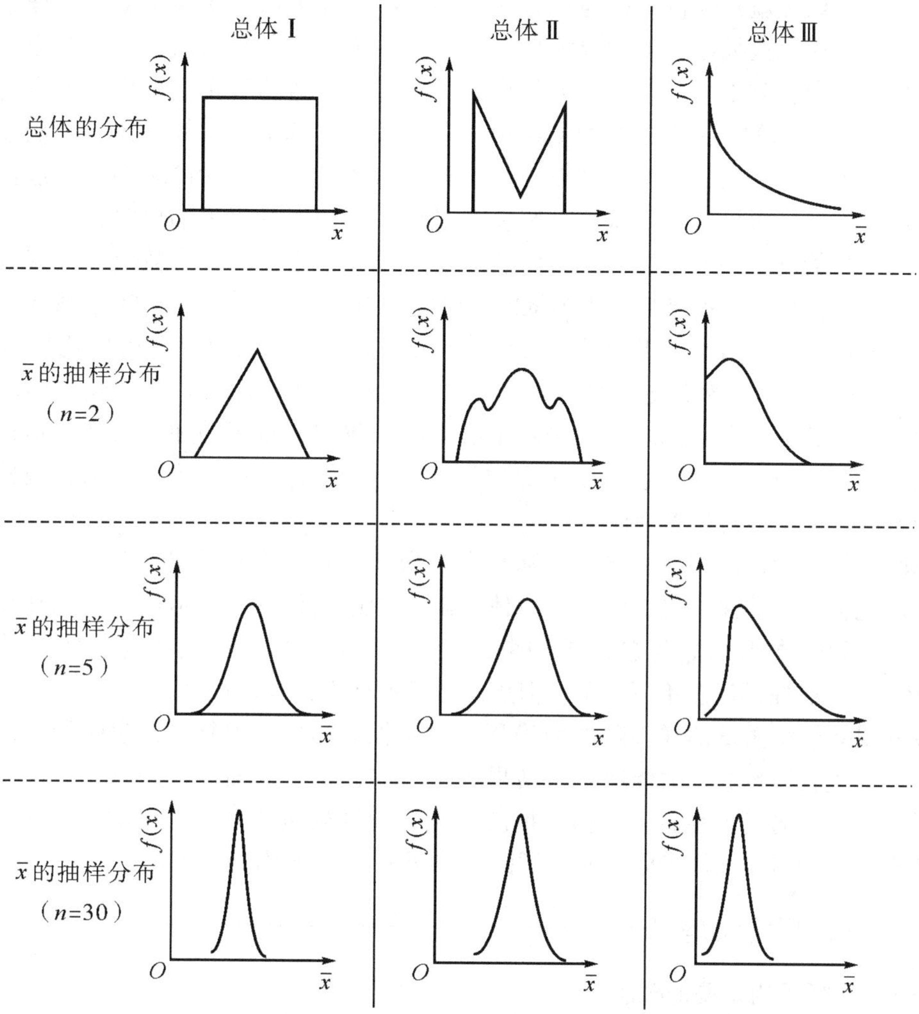

图 6-1　样本均值的抽样分布趋于正态分布的过程

第三节　抽样误差与样本容量

一、抽样误差的概念

抽样误差是指随机抽样的偶然因素使样本统计量能完全代表总体参数而引起抽样指标和全及指标之间的绝对离差。在抽样推断中，用样本指标代替全及指标所产生的误差可分为两种：一种是由于主观因素破坏了随机性原则而造成的误差，称为系统性误差；另一种是由于抽样的随机性引起的偶然的代表性误差。抽样误差仅是指后一种由于抽样的随机性而带来的偶然的代表性误差，而不是指前一种因不遵循随机性原则而造成的系统性误差。在抽样中，如果样本能覆盖总体全部，此时抽样也就成为普查，就不会出现抽样误差，除非出现工作中的失误或疏漏（有时也称为登记性误差）等。

实际上，抽样误差就是随机抽样与普查之间的差距，如果从总体中重复抽取样本量相同的样本，虽然每次抽取所得的统计量（比如样本平均数）会有所不同，但由于随机产生的样本均值受到中心极限定理的约束，这些样本均值的分布会呈现出集中趋势并总是近似于正态分布，这个分布的期望值就是总体的平均值。因此，只要是从样本总体推断全及总体，一般都会有抽样误差，甚至有时还会出现较大的差距。在这样的情况下，如果贸然根据抽样结果做出决策就有脱离实际而遭受损失的风险，这就是为什么在实践中尽管已经完成了抽样，却仍然需要利用样本信息进行参数估计或假设检验的原因，所以抽样所得的结果可以为推断总体提供有把握的、可以控制的推断基础。

从上面论述中，我们可以了解在无法得到全及指标的情况下，可以用样本指标（统计量）来估计。既然是进行估计，那么估计的结果（估计值）与全及总体的实际值之间不可避免地会有误差。既然误差是必然的，我们所希望的和能做到的是让误差尽可能小一些。当误差超过了可以接受的限度，这种估计也就失去了价值，因此研究抽样推断问题，不能对误差视而不见。

总的来说，抽样误差是指样本指标与全及指标之间的绝对误差。在进行抽样检查时不可避免会产生抽样误差，因为从总体中随机抽取的样本，其结构不可能和总体完全一致。例如样本平均数与总体平均数之差 $|\bar{x}-\mu|$，样本成数与总体成数之差 $|\bar{p}-P|$，虽然抽样误差不可避免，但可以通过抽样设计加以控制。

抽样误差也是衡量抽样推断的准确程度的指标。抽样误差越大，表明抽样总体对全及总体的代表性越弱，抽样推断的结果越不可靠；相反，抽样误差越小，说明抽样总体对全及总体的代表性越强，抽样推断的结果越准确可靠。在统计学中，抽样误差分为抽样平均误差和抽样极限误差，下面就这两种误差分别进行阐释。

二、抽样平均误差

（一）抽样平均误差的概念

抽样平均误差是反映抽样误差一般水平的指标，通常用抽样平均数的标准差或抽样成数的标准差作为衡量抽样误差一般水平的尺度。

抽样误差与样本是相伴相生的，有多少可能的样本就有多少可能的误差，抽样误差是个随机变量。为了同一个研究目的，对同一个总体进行抽样，由于抽样的时间、地点、人员等因素的不同，就会出现不同的误差。这就使得抽样误差难以把握。所以，我们迫切需要寻找一个唯一的、能反映误差一般水平的数值，以便不论抽样的外在环境如何变化，样本指标与总体参数的差距总可以用这个数值表示，这个概念就是抽样平均误差。抽样平均误差是指所有可能出现的样本指标的标准差，也可以说是所有可能出现的样本指标和总体指标之间的平均离差。抽样实际误差是无法知道的，而抽样平均误差是可以计算的。一般来说，当我们提到抽样误差时通常指的是抽样平均误差。

抽样平均误差反映了抽样误差的一般水平。由于从一个全及总体中可以抽出很多个样本，因而抽样指标（如样本平均数、样本成数）就有许多不同的数值。这就导致我们可以计算出很多不同的误差。这些误差有大有小，要反映出抽样误差的一般水平，就有必要计算抽样平均误差。

（二）影响抽样平均误差的因素

为了计算和控制抽样平均误差，我们需要分析影响抽样平均误差的因素。抽样平均误差主要受以下三个因素的影响：

1. 全及总体标志的变动程度

全及总体标志的变动程度越大，抽样平均误差就越大；相反，全及总体标志的变动程度越小，抽样平均误差越小。若总体各单位的标志值都相等，即标准差为零，那么抽样指标就等于全及指标，抽样平均误差也就不存在了。这时每个单位都可作代表，平均指标也就无须计算了。

2. 抽样的单位数的数量

在其他条件不变的情况下，抽取的样本单位数越多，抽样平均误差越小；抽取的样本单位数越少，抽样平均误差越大。抽样平均误差的大小和抽取的样本单位数成反比。这是因为抽样的单位数越多，样本单位数在全及总体中所占比例越大，抽样总体会越接近全及总体的基本特征。如果抽样的单位数与总体单位数相等，抽样调查就变成全面调查，抽样指标等于全及指标，实际上就完全不存在抽样误差了。

3. 抽样组织的方式

抽样平均误差除了受上述两个因素影响外，还受不同的抽样组织方式的影响。抽样的组织方式包括简单随机抽样、分层抽样、系统抽样、整群抽样、多阶段抽样，这部分将在以后章节讨论。

（三）抽样平均误差的意义

前面说过，我们不能用某一次抽样所得的抽样误差来衡量抽样指标对全及指标的代表性程度，这样做显然是不恰当的。某一次抽样结果的抽样误差只是一系列抽样结果可能出现的误差数值之一，它不能概括一系列抽样可能产生的所有抽样误差。这如同衡量总体单位的平均指标的代表性程度一样，不能用总体的某一单位的标志值与平均指标的离差大小来说明平均指标对总体所有单位标志值的代表性程度一样，平均指标的代表性程度是用各个单位的标志值对平均指标离差平方的平均数方根即标准差来度量的，它将所有单位的标志值与平均指标离差的所有结果包括在内。那么，测定抽样指标的代表性程度的抽样误差，也可以用同样的原理求得。即把各个可能的抽样指标与全及指标之间存在的抽样误差的所有结果都考虑进去，并计算抽样指标与全及指标之间的均方差，即标准差。它概括地反映了抽样误差可能出现的结果，也就是平均说来会有这么大的误差。

抽样平均误差，既是实际可以运用于衡量抽样指标对全及指标代表性程度的一个尺度，也是计算抽样指标与全及指标之间变异范围的依据，同时在抽样调查中，也是确定抽样单位数即样本容量的依据之一。总之，抽样平均误差对于整个抽样推断分析具有十分重要的意义。

（四）抽样平均误差的计算

下面分别讨论样本平均数的抽样平均误差和样本成数的抽样平均误差的计算问题。

1. 样本平均数的抽样平均误差

通常用符号 $\sigma_{\bar{x}}$ 来表示样本平均数的抽样平均误差。我们知道，σ 通常用来表示全及总体的标准差，而 $\sigma_{\bar{x}}$ 带有一个下标 $\bar{x}$，表明它反映的抽样样本平均数分布的标准差。

有时也称它为均值的标准差或标准误（standard error，SE）。它描述了样本平均数抽样分布的离散程度，是衡量样本平均数抽样误差的尺度，反映的是样本平均数之间的变异。

样本平均数的抽样平均误差的计算公式为

$$\sigma_{\bar{x}} = \sqrt{\frac{\sum (\bar{x}_i - \mu)^2}{k}}, \ i = 1, \ 2, \ \cdots, \ k \qquad (6\text{-}1)$$

式（6-1）中，$\bar{x}$ 为抽样平均指标，μ 为全及平均指标，k 为全部可能的样本个数。

公式（6-1）表明由于所有可能的样本估计值分布在总体参数的周围，因此样本平均数的估计量的标准差实际上反映的是所有可能的样本估计值与总体参数的平均差异程度，统计上把样本估计量的标准差定义为抽样平均误差。在实际计算中是不可能使用这个公式的。这是因为在实际工作中，我们一般只会从全及总体中抽取部分样本，不可能抽取所有可能的样本并计算它们的抽样平均数。另外，在进行抽样调查的全过程中，全及平均指标 μ 是未知的，因而式（6-1）是无法进行计算的。也就是说，式（6-1）仅具有理论意义而无法在实践中使用。

（1）重复抽样条件下样本平均数的抽样平均误差。

在重复抽样的情况下，样本平均数的抽样平均误差为

$$\sigma_{\bar{x}} = \frac{\sigma}{\sqrt{n}} \qquad (6\text{-}2)$$

式（6-2）表明，样本平均数的抽样平均误差比全及总体的标准差小得多，仅为它的 $1/\sqrt{n}$。这说明，一个总体的某一标志的变动可能很大，但如果我们抽取若干个单位加以平均之后，样本平均数的标准差比全及总体的标准差大大缩小了，所以样本平均数作为估计量是更为有效的。从式（6-2）还可以看出，样本平均数的抽样平均误差和总体标志值的变动度成正比，而和样本容量的平方根成反比。这是因为在重复抽样条件下，设 x_1，x_2，…，x_n 相互独立且有共同的期望和方差，则：

$$Var(\bar{x}) = Var\left(\frac{1}{n}\sum_{i=1}^{n} x_i\right) = \frac{1}{n^2}\sum_{i=1}^{n} Var(x_i)$$

对于任意的 x_i，$Var(x_i) = \sigma^2$。

综上，$Var(\bar{x}) = \frac{1}{n^2}\sum_{i=1}^{n} Var(x_i) = \frac{1}{n^2}(\sigma^2 + \sigma^2 + \cdots + \sigma^2) = \frac{n\sigma^2}{n^2} = \frac{\sigma^2}{n}$。因此有 $\sqrt{Var(\bar{x})} = \sigma_{\bar{x}} = \frac{\sigma}{\sqrt{n}}$。

（2）不重复抽样条件下样本平均数的抽样平均误差。

对于有限总体来说，在不重复抽样条件下，其样本均值、样本成数的方差与重复抽样方式有所不同，从而会影响有关问题的结论。此时，样本平均数的方差与全及总体的方差相差一个修正系数 $\frac{N-n}{N-1}$。显然当 $N \to \infty$ 时，$\frac{N-n}{N-1} \to 1$。不重复抽样条件下，样本平均数的抽样平均误差的计算公式为

$$\sigma_{\bar{x}} = \sqrt{\frac{\sigma^2}{n}\left(\frac{N-n}{N-1}\right)} \qquad (6\text{-}3)$$

在式（6-3）中，$\frac{N-n}{N-1}$ 表示修正系数，在总体单位数 N 很大时，可以近似地表示为 $1-\frac{n}{N}$，该系数又称为“有限总体修正系数”，这是指对有限总体而非无限总体抽样时，系数 $\frac{N-n}{N-1}$ 应当用于 $\sigma_{\bar{x}}$ 和 $\sigma_{\bar{p}}$（样本比率的标准差）的计算中。从上述情况可以看出，不重复抽样条件下样本平均数的抽样平均误差等于重复抽样条件下样本平均数的抽样平均误差乘以校正因子 $\frac{N-n}{N-1}$，且其一定是大于 0 而小于 1 的正数。$\frac{\sigma^2}{\sqrt{n}}$ 乘上这个小于 1 的正数，在其他条件不变的情况下必然小于原来的数，所以不重复抽样条件下样本平均数的抽样平均误差的数值要小于重复抽样条件下样本平均数的抽样平均误差。在总体单位数 N 很大且 n 在 N 中占比较小时，一般会用重复抽样条件下样本平均数的抽样平均误差的公式来计算不重复抽样条件下样本平均数的抽样平均误差，一般的经验法则是当 $\frac{n}{N} \leqslant 0.05$ 时，可以忽略有限总体的修正系数。

2. 样本成数的抽样平均误差

计算样本成数的抽样平均误差，常用的比率有总体比率和样本比率。总体比率是指总体中具有某种属性的单位与总体全部单位数之比，一般用 π 或大写的 P 表示。样本比率是指样本中具有某种属性的单位与样本全部单位数之比，一般用小写的 p 表示。例如，某校学生中男生所占比例为总体比率，在抽样样本中男生所占比例则为样本比率。为了便于阐明比率的抽样分布，我们假设一个总体所包含的个体按性质可以分为两种：要么具有某种特征，要么不具有某种特征。“具有某种特征”的个体所占比率记为 P，“不具有某种特征”的个体所占比率记为（$1-P$），从这个总体中随机抽取容量为 n 的样本，如果总体量很大或是有重复抽样，则抽取的样本可以看成互相独立的。记 x 为 n 次抽取中“具有某种特征”个体出现的次数，则 x 是一个随机变量，服从二项分布，平均值为 np，方差为 $np(1-p)$，标准差为 $\sqrt{np(1-p)}$。我们用 $\bar{p}$ 表示样本中“具有某种特征”的个体出现次数占样本容量 n 的比率，即有 $\bar{p}=x/n$。显然 $\bar{p}$ 是一个随机变量，它的期望值 $E(\bar{p})=E(x/n)=E(x)/n=P$，在重复抽样下，其方差为

$$\sigma_{\bar{p}}^2 = D(\bar{p}) = D\left(\frac{x}{n}\right) = \frac{Dx}{n^2} = \frac{np(1-p)}{n^2} = \frac{p(1-p)}{n}$$

其标准差为

$$\sigma_{\bar{p}} = \sqrt{\frac{p(1-p)}{n}}$$

需要说明的是，当样本容量较大时，二项分布就接近于正态分布。因此在大样本情况下，样本比率的抽样分布将近似服从正态分布，这不仅要求 n 比较大，还要求 p 不趋近于 0 或 1，并且满足 np 或 $n(1-p)$ 大于 5。

上述情况适用于从无限总体中抽样或者从有限总体中大量重复抽样的情况。但是如果从有限总体中不重复抽样，并且抽样所占比重较大时，即 $\frac{n}{N} > 0.05$ 时，就要对样

本比率 $\bar{p}$ 的抽样分布的方差进行修正，其公式为

$$\sigma_{\bar{p}} = \sqrt{\frac{p(1-p)}{n}\left(\frac{N-n}{N-1}\right)} \approx \sqrt{\frac{p(1-p)}{n}\left(1-\frac{n}{N}\right)}$$

三、抽样极限误差

前面所讨论的抽样平均误差并不是抽样指标与全及指标之间的真实误差，而是这种误差的平均数。事实上，运用抽样指标估计全及指标要想达到准确无误，这几乎是不可能的，所以在估计全及指标时，必须考虑估计误差的大小。我们所计算出的 $\sigma_{\bar{x}}$ 和 $\sigma_{\bar{p}}$ 分别只是平均数和成数的抽样平均误差，并不是抽样指标与全及指标之间的真实误差，实际上这个真实误差是无法求得的，因为我们并不知道全及指标的具体信息。抽样平均误差并非最大误差，因此如果用抽样指标估计全及指标，那么这个估计值的误差有多大，抽样平均误差是不能做出说明的。此外，我们在估计全及指标时也不希望误差太大，误差越大，样本资料的价值就越小。例如抽样调查粮食亩产量，平均亩产是1 000千克，如果抽样误差超过 60 千克，就可以断定这种样本资料的价值是不大的。因为通常粮食增产达到5%就是好收成了，现在抽样误差已超过这个数目，这种统计推断就失去了意义。所以在做抽样估计时，我们应该根据研究对象的差异程度和分析任务的需要来确定允许的误差范围，在这个范围内的数字才算是有效的，因此这个范围也被称为“最大允许误差”。它是根据概率理论，以一定的概率可靠度，保证抽样误差不超过某一个给定的范围，统计上把这个给定的抽样误差范围叫作抽样极限误差，也称为置信区间，通常用 Δ_x 和 Δ_p 分别表示抽样均值和抽样成数的极限误差，用绝对值分别表示为

$$\Delta_x \geqslant |\bar{x} - \mu|$$
$$\Delta_p \geqslant |p - P|$$

用不等式分别表示为

$$\bar{x} - \Delta_x \leqslant \mu \leqslant \bar{x} + \Delta_x$$
$$p - \Delta_p \leqslant P \leqslant p + \Delta_p$$

上述式子表明：总体参数包含在样本指标减去和加上某一极限误差的范围内。可见，确定极限误差 Δ 实际上是希望以样本（ $\bar{x}$ 或 p ）为中心，以长度 2Δ 为区间，从而包含总体均值和总体比率。

抽样误差、抽样平均误差、抽样极限误差这三种误差并不是孤立的，它们之间有着非常密切的联系：抽样误差是随机变量，有多少个样本就会有多少个抽样误差；抽样平均误差是抽样误差的平均数，当 N 和 n 及抽样方法确定以后，不论有多少个抽样误差，抽样平均误差只有一个，且只需根据一个样本就可以计算出来（但它反映的是所有样本与总体之间的误差的一般水平）；抽样极限误差不是一类新的误差，它是众多的抽样误差中的一个，是我们能够接受的最大误差，它同样是随机变量，根据研究任务和要求精度的不同可以随时进行调整。任何一个抽样误差都有机会成为抽样极限误差，由于抽样平均误差是不变的，我们就要想办法用“不变”去表示“变”，这样就可以将抽样极限误差表示为抽样平均误差的倍数。其计算公式为

$$Z_{\alpha/2} = \frac{\Delta_x}{\sigma_{\bar{x}}} \quad 或 \quad Z_{\alpha/2} = \frac{\Delta_p}{\sigma_{\bar{p}}}$$

式中的 $Z_{\alpha/2}$ 叫作概率度，是抽样极限误差与抽样平均误差之比。这二者比值的大小能反映出估计区间的宽窄，标志着概率保证程度的高低，故称概率度。概率度表示了以抽样平均误差为尺度来衡量的相对误差范围。有了概率度这个数值，今后我们就可以用抽样平均误差的倍数来表示抽样极限误差了。在一定的抽样平均误差条件下，概率度 Z 值越大，抽样极限误差的范围越大，样本落在极限误差范围内的概率也越大，抽样估计的可信度就越高；相反，概率度 Z 值越小，抽样允许误差的范围越小，样本落在误差范围内的概率也越小，抽样估计的可信度就越低。需要说明的是，当 n 较大时，$t_{\alpha/2}(n-1) \approx Z_{\alpha/2}$，所以抽样极限误差也表示为

$$\Delta x = t_{\alpha/2}\sigma_{\bar{x}} \quad 或 \quad \Delta p = t_{\alpha/2}\sigma_{\bar{p}}$$

因此置信区间也相应地可以写成

$$(\bar{x} - t_{\alpha/2}\sigma_{\bar{x}},\ \bar{x} + t_{\alpha/2}\sigma_{\bar{x}}) \quad 或 \quad (p - t_{\alpha/2}\sigma_{\bar{p}},\ p + t_{\alpha/2}\sigma_{\bar{p}})$$

四、样本容量的确定

样本容量是指样本中含有的总体单位数。在实际设计抽样方案中有一个重要的问题，就是在特定的情况下应该用多大的样本：如果使用一个超出实际需要的样本，就会浪费资源；如果样本量太小，又不能达到分析的目的。影响样本大小的因素有以下三种：一是总体方差 σ^2 数值的大小。若总体方差大，抽样误差大，则应多抽一些样本容量，反之则可少抽一些。当总体方差为 0 时，那么只需抽出其中一个就能代表总体。但在实际工作中，我们往往不知道总体方差，因而必须做调查，或以过去的历史资料做参考。二是要求的可靠性程度的高低。要求的可靠性程度越高，所需的样本容量就越大，也就是说，为获得所需精度而指定的概率越大，所需要的样本容量也就越大。三是允许误差的大小。这主要由研究的目的决定。若要求推断更精确，允许误差就应该小一些，随之抽取的样本容量也应多一些；相反，如果允许误差较大，那么样本容量就可以小一些。

从上面的论述可知，样本容量与抽样误差及调查费用都有直接的关系。如果样本容量过大，虽然抽样误差很小，但调查工作量增大，耗费的时间和经费太多，体现不出抽样调查的优越性；相反，如果样本容量太小，虽然耗费少，但抽样误差太大，抽样推断就会失去价值。因此，必要样本容量的确定在抽样设计中十分重要。

（一）估计总体平均数时样本容量的确定

在重复抽样的条件下，我们用 Δ 表示允许误差，用 σ 表示总体标准差，用 $1-\alpha$ 表示可靠性，用 Z、T 表示相应的概率度。

1. 平均数必要样本容量的确定

在重复抽样条件下，

$$n = \frac{Z_{\alpha/2}^2\sigma^2}{\Delta_x^2} \quad （因为有\ \Delta_x = Z_{\alpha/2} \times \sigma_{\bar{x}} = Z_{\alpha/2} \times \frac{\sigma}{\sqrt{n}}）$$

在不重复抽样条件下，要考虑有限总体修正系数，即有

$$\sigma_{\bar{x}} = \sqrt{\frac{\sigma^2}{n}\left(1 - \frac{n}{N}\right)},\quad n = \frac{NZ_{\alpha/2}^2\sigma^2}{N\Delta_{\bar{x}}^2 + Z_{\alpha/2}^2\sigma^2}$$

2. 成数必要样本容量的确定

只需将上述公式中的 Δ_x 换成 Δ_p、σ^2 换成 $p(1-p)$ 即可。因此，在重复抽样条件，有

$$n=\frac{Z_{\alpha/2}^2 p(1-p)}{\Delta_p^2}$$

在不重复抽样条件下，有

$$n=\frac{NZ_{\alpha/2}^2 p(1-p)}{N\Delta_P^2+Z_{\alpha/2}^2 p(1-p)}$$

从上述公式可见，必要的样本容量受以下因素影响：总体方差 σ^2、允许误差范围 Δ_x 和 Δ_p 、置信度 $1-\alpha$ 、抽样方法、抽样组织方式。

使用上述公式应注意如下问题：

（1）计算样本容量时，一般情况下，总体的方差与成数都是未知的，可用有关资料替代：一是用历史资料已有的方差与成数代替；二是在进行正式抽样调查前进行几次试验性调查，用调查中方差的最大值代替总体方差；三是在完全缺乏资料的情况下，用成数方差的最大值 0.25 代替。

（2）如果抽样调查需同时估计总体均值与成数，那么可用上述公式同时计算出两个样本容量，并取一个最大的结果，从而满足两方面的需要。

（3）上述公式的计算结果如果带小数，这时样本容量不按四舍五入法则取整数，而是取比这个数大的最小整数代替。例如计算得到 $n=96.03$，那么样本容量应取 97 而不是 96。

【例 6-1】对企业产品合格率进行抽样调查，在历史上的两次调查中，合格率分别是 15%和 13%，这次调查要求误差不超过 5%、概率保证程度为 95%，问至少要抽出多少件产品作为样本？

解：已知 $\alpha=5\%$, $\Delta_p=0.05$, $Z_{\alpha/2}=1.96$，按历史上的两次调查资料，分别计算其成数方差：$0.15\times(1-0.15)=0.1275$ 和 $0.13\times(1-0.13)=0.113$。我们再取方差最大者，因此选 $p=15\%$。由于企业产品数量较大，抽出样本在总体中所占的比重很小，无论是重复抽样还是不重复抽样，结果相差不大，可按重复抽样方式计算，所以至少应抽取的样本容量是：

$$n=\frac{Z_{\alpha/2}^2 p(1-p)}{\Delta_p^2}=\frac{1.96^2\times 0.15(1-0.15)}{0.05^2}\approx\frac{0.4898}{0.0025}=195.92$$

答：应抽取 196 件产品进行检验。

【例 6-2】假设某学院拥有管理学士学位的大学毕业生毕业第一年月薪的标准差大约为 2 000 元。假定估计年薪 95%的置信区间，且估计误差为 400 元，则抽取的样本容量应该为多大才合适？

解：已知 $\sigma=2000$, $\Delta_x=400$, $Z_{\alpha/2}=1.96$，那么

$$n=\frac{Z_{\alpha/2}^2\sigma^2}{\Delta_x^2}=\frac{1.96^2\times 2000^2}{400^2}=96.04$$

答：应抽取 97 人作为样本才合适。

第四节　抽样调查的组织形式

在统计实践中，常用的抽样调查的组织形式有简单随机抽样、等距抽样、分层随机抽样、整群抽样，以及多阶段抽样。

一、简单随机抽样

（一）简单随机抽样的概念

简单随机抽样又称纯随机抽样，它是最基本的、最简单的抽样组织形式，即按随机原则直接从整体 N 个单位中抽取 n 个单位作样本。不论是重复抽样还是不重复抽样，都要遵循每个单位在抽选中都有相等的中选机会。通常的做法是在抽样之前对总体各单位进行编号，然后用抽签的方法或者根据“随机数字表”来抽选必要的抽样数目。抽样平均误差、抽样极限误差，以及必要抽样数目的计算等问题，均是针对简单随机抽样而言的。

（二）简单随机抽样的方法

简单随机抽样是其他各种抽样方法的基础，其他的各种抽样方法都是在该方法的基础上采取了排队、分层或分群的方式。为了保证简单随机样本的随机性和代表性，我们在抽取样本时可采用抽签法、随机数字法等方法进行。

抽签法就是对总体的全部单位进行编号，然后将号签充分混合后逐个抽取，直到抽到预定需要的样本容量为止。比如，某系共有学生 300 人，研究人员打算采用简单随机抽样的方法，从中抽取 60 人进行调查。为了保证抽样的科学性，他们先从系办公室那里得到一份全系学生的名单，然后给名单中的每个学生都编上一个号（从 001 到 300），这就是所谓的抽样框。抽样框编好后，他们又在 300 张小纸条分别写上 001、002……他们把这 300 张写好不同号码的小纸条放在一个盒子里，搅乱后任意摸出 60 张小纸条。然后，他们按这 60 张小纸条上的号码找到在总体名单上相对应的 60 位学生的名字，这 60 位学生就构成了他们本次调查的样本。这种方法简便易学。这种方法说起来极为简单，但实际上如果总体单位的总量很大，这时仅是编制号签的工作量就变得很大并且很难混合均匀，因此当总体容量很大时采用这种方法是不合适的。

随机数字法是最简便易行又符合随机原则的方法。统计学家设计的抽样方式在某种程度上都依赖于随机数表。使用随机数表的目的是消除抽取样本时的人为偏差。下面我们再现其中的一部分，并用例子说明其运用过程。利用随机数表进行抽样的具体步骤是：

（1）先取得一份包含总体所有元素的名单，即抽样框；

（2）将总体中所有元素一一按顺序编号；

（3）根据总体规模是几位数来确定从随机数表中选几位号码；

（4）以总体的规模为标准，对随机数表中的号码逐一进行衡量并决定取舍；

（5）根据样本规模选择出足够的号码个数；

（6）依据从随机数表中选出的号码，到抽样框中去找出它所对应的元素。

按上述步骤选择出来的元素的集合，就是所需要的样本。举例来说，某总体共有3 000人（四位数），我们需要从中抽取100人作为样本进行调查。首先，我们要得到一份总体成员的名单，然后对总体中的每一个人从1到3 000进行编号，再根据总体的规模，确定从随机数表中选择四位数。具体的选法是从随机数表的任意一行和任意一列的某一个四位数开始，按照从左到右的顺序或者从下到上的顺序，以3 000为标准，对随机数表中依次出现的每个四位数进行取舍：凡小于或等于3 000的号码就选出来；凡大于3 000的号码以及已经选出的号码则舍去，直到选够100个号码为止。最后，我们根据所抽取的号码，从总体名单中找到它们所对应的100个成员，这100个成员就构成一个随机样本。表6-2就是对3 000人的总体进行抽样时，我们采用随机数表对四位数字进行取舍的例子（假定我们随意选定后四位数，并按从上往下的顺序）。

表6-2　随机数表抽样实例

随机数表中的数字	选用的数字	不选用的原因
8432990906	0906	
1053873020		后四位大于3 000
9427410041	0041	
0139022507	2507	
9361404310		后四位大于3 000
1359866042		后四位大于3 000
6321912683	2683	
9420582507		与前面第三个号码重复
2725651176	1176	

如果采用前四位数字，仍按从上往下的顺序，那么从表6-1中我们又可以抽取出的则是1053、0139、1359和2725这四个号码了。

二、等距抽样

等距抽样也称机械抽样或系统抽样，它是指先将总体各单位按某一有关标志或无关标志排队，然后按相等距离或相等间隔抽取样本单位的方法。根据需要抽取的样本单位数 n 和全及总体单位数 N，可以计算出抽取各个样本单位之间的距离和间隔，即 $K=N/n$，这就等同于将排列的全及总体单位划分为 K 个相等的间隔，然后按此间隔依次抽取必要的样本单位。例如，我们要从某企业全部5 000名职工中随机抽取100人进行家庭收入水平调查。那么，我们可按与研究目的无直接关系的“无关标志”进行编号排列，如采用按姓名笔画多少或按员工工号顺序编号排列，然后每间隔50名（$K=5\ 000\div100=50$）抽取一名职工。我们在第一个隔内的1~50人中随机抽取一人作为随机起点，比如抽中第9名职工，即将其作为第一个样本单位。以后每隔50人抽取一名，则后面依次抽第59号、第109号、第159号……直到第4959号，我们总共会抽取100名职工组成一个随机样本。

从上面的抽样过程中我们可以看出，等距抽样较之简单随机抽样来说，显然更加简便易行。尤其是当总体及样本的规模都较大时更是如此。因此在实际社会经济统计调查时，往往较少采用简单随机抽样而较多采用等距抽样。

另外一个值得注意的问题是，等距抽样的一个重要的前提条件是总体中个体的排列相对于研究的变量来说是随机的，即不能存在某种与研究变量相关的规则分布。否则，等距抽样的结果可能会产生较大的偏差。因此，我们在使用等距抽样方法时，一定要注意抽样框的编制方法。特别要注意下列两种情况：

一是在总体名单中，个体的排列具有某种次序上的先后、等级上的高低的情况。比如，我们要抽取若干家庭的样本进行消费状况调查，而家庭的名单是按每个家庭总收入的多少由高到低排列的。如果有两个研究者都采取等距抽样的方法从这个总体中进行抽样，假如抽样间距为 50，那么可能会出现该情况：一个研究者抽到抽样间距中靠前的号码，比如 2 号，依次他会抽到 52 号、102 号等；而另一个抽到的是抽样间距中靠后的号码，比如抽到 49 号，同样这位研究者会依次抽到 99 号、149 号等。在这种情况下，前一个研究者根据其所抽取样本计算出的家庭平均收入一定会高于后一个研究者的计算结果。这是因为这些家庭的排序是按其家庭收入的多少由高到低排列的，第一个样本中的每一个家庭都要比第二个样本中的每个家庭在收入等级中排位靠前得多，这意味着前者中的每个家庭都会比后者中的每个家庭在总收入上更高一些，这样就会带来系统性的偏误。如果我们事先注意到这种情况，就可以采取措施，打乱其原来的顺序，重新编制总体名单，或者改用其他抽样方法。

二是在总体名单中，个体的排列有与抽样间隔相对应的周期性分布的情况。比如，在对某高校的学生学习情况的抽样中，我们计算出抽样间距为 30。如果此时总体名单是按教学班排列、每班正好也是 30 个左右的学生，并且每班的名单都是按学生学习成绩高低排列的，那么，当所抽的初始号靠前时，样本就由各班上成绩优秀的学生组成，而当所抽的初始号靠后时，样本就会由各班中成绩较差的学生组成。显然，无论是哪种情况，都不符合总体的全面情况，都是属于产生了系统性偏误的样本。

三、分层随机抽样

（一）分层比例抽样

简单随机抽样和等距抽样都要求总体的全部元素具备号码序列或具备一定顺序，对人力、时间耗费很大。对于某个总体，如果我们对总体的特性有较为明确的了解，我们就可以利用这种了解，做出效率较高的抽样设计来。分层随机抽样由于包含着“对总体分类”的思想，所以也被称为类型抽样。例如根据过去的经验或调查，我们已知总体各元素可以分成若干组或若干类（有时也称为“层”）。而且就抽样调查的对象特征来说，各层有明显的区别。这样分层抽样就比简单抽样效率更高，因为分层可以保证样本更有效地反映总体所包含的各个层次的特点，避免简单抽样可能出现的过分集中于某些层的偏向，从而增强了对样本的代表性。

分层抽样的具体做法是先将总体按某种标志分层，比如按性别分为男、女，按年龄分老、中、青，等等，然后在每层进行随机抽样。每一层所抽取的样本数目可以按各层元素数量在总体中所占的比例抽选，也可以不按比例抽选，这要看各层内部的变异情况来定。例如要对某企业各个销售点的销售情况进行抽样，如果销售点的大小与销售量的多少有密切关系，并假定销售点为大、中、小三个层，每层占总体的比例分别为10%、30%、60%，这样如果样本量为400个销售点，就可按比例从大、中、小三个层中分别抽取40、120、240个销售点。一般说来，在各层的方差大致相同时，适合采用按比例分层随机抽样，即按各层包含个体数来确定其对应的样本数。假如总体共包含 N 个个体，分为 k 层，各层包含个体数为 N_1，N_2，…，Nk，显然有 $N_1+N_2+\cdots+Nk=N$，现从中抽取容量为 n 的样本，则各层应抽取数目为 $n_1=nN_1/N$，$n_2=nN_2/N$，$nk=nN_k/N$，但如果各层的方差不一致，则按比例抽样并不经济。这是因为层内集中度较高的，即使抽取样本较小，也可以保证其对该层具有较强的代表性；而层内集中程度较低的，为保证样本对该层的代表性，则需要抽取较大的样本容量，平均地按比例抽取起不到应有的效果。

（二）分层适宜抽样

如前所述，对于层内集中程度低的，为保证样本对该层的代表性，则需要抽取较大的样本容量，因此对于标志变动程度高的组，抽取样本单位数的比例相应要大些；反之，抽取样本单位数的比例相应地可以小一些。这种抽样方法被称为分层适宜抽样，也叫分层最佳抽样，这是一种根据各层单位标准差的大小，来确定各层样本数目的抽样方法。因此，确定各层抽样单位数的公式可以做如下设计：

$$n_i = n \times \frac{N_i S_i}{\sum N_i S_i} \tag{6-4}$$

式（6-4）表明，各组抽取样本单位数的多少取决于各组总体单位数 N_i 与标准差 S_i 的乘积占各组总体单位数与标准差乘积总和 $\Sigma N_i S_i$ 的比例，这样各类型各层单位数的多少和各组标志变动程度的差异都考虑到了。

【例6-3】某居民小区共有居民10 000户，以收入为标志进行分层，其中，高收入居民为2 000户，中等收入居民为6 000户，低收入居民为2 000户。按照分层比例抽样方法，调查人员从中抽取200户进行某产品的消费意愿调查，各层样本均方差分别为高收入300元、中等收入200元、低收入100元（见表6-3）。试根据分层适宜抽样方法，计算各层应抽取的样本数。

表6-3 分层比例抽样结果

层次	样本数 N_i/户	均方差 S_i/元	乘积 N_iS_i/元
高收入	2 000	300	600 000
中等收入	6 000	200	1 200 000
低收入	2 000	100	200 000
合计	10 000		2 000 000

解：依题意，得

高收入居民的样本数为

$$n_1 = n \times \frac{N_1 S_1}{\sum N_i S_i} = 200 \times \frac{600\ 000}{2\ 000\ 000} = 60(\text{户})$$

中等收入居民的样本数为

$$n_2 = n \times \frac{N_2S_2}{\sum N_iS_i} = 200 \times \frac{1\ 200\ 000}{2\ 000\ 000} = 120(户)$$

低收入居民的样本数为

$$n_3 = n \times \frac{N_3S_3}{\sum N_iS_i} = 200 \times \frac{200\ 000}{2\ 000\ 000} = 20(户)$$

因此，高、中、低三个收入阶层应抽取的样本数分别为 60 户、120 户和 20 户。计算结果表明，用分层适宜抽样方法和用分层比例抽样方法抽取的样本数在高收入和低收入阶层相差较大：在高收入阶层抽取的样本数增加了 20 户；在低收入阶层抽取的样本数按其比例来说原本应抽 2/10，即抽取 40 户，但由于其标准差较小，因此在分层适宜抽样方法的计算下反而减少了 20 户；在中等收入阶层抽取的样本单位数不变。由于购买力同家庭经济收入的关系很大，所以要增加高收入阶层的样本数，而相应减少低收入阶层的样本数，使得抽取的样本更具研究的代表性。这种以调查单位数和样本均方差两个因素为依据进行的抽样技术是最佳抽样技术。

一般认为，分层随机抽样方法是所有随机抽样方法中调查结果最精确的，特别是当总体数目较大、内部结构复杂时，分层随机抽样方法的效果明显。

在实际工作中，事先往往不知道各组的标准差 S_i，但相对容易估计出各组的全距 R_i，式（6-3）中的 S_i 可以用 R_i 替代，则计算各组需要抽取的样本单位数的公式为

$$n_i = n \times \frac{N_iR_i}{\sum N_iR_i}$$

四、整群抽样

整群抽样是指将总体划分为由总体单位组成的若干群，然后以群作为抽样单位，从总体中抽取若干个群作为样本，并对选中的群所包含的所有单位进行全面调查的抽样方式。例如，若想了解某个大学的学生英语水平，组成总体的基本单位是每个学生，但抽样单位可以是由学生组成的班级或系等，那么我们可将中选的班级或系的全部学生作为样本进行观察。

整群抽样的作用主要有两个。其一，当总体缺乏包括全部总体单位的抽样框，无法进行抽选时，采用整群抽样较为方便。通常在抽样调查之前应有抽样框，它是包括所有总体单位的名单或地图，这样才能编上号码，利用随机数表或其他方式抽取所需的样本。然而，有时候总体很大且没有现成的名单，而要编制一个抽样框也十分费时费力，甚至是不可能的。比如，我们想调查某市中学生近视的比例有多大，就需要全市中学生的名单，然后按顺序编号后才能进行抽选，显然这是一项十分繁重的工作。如果我们以中学作为抽样单位，那么只要从市教育局找来本市全部中学的名单，对中学进行抽样，对抽中学校所包括的全部学生进行调查，就方便多了。其二，采用整群抽样的方法比较方便和节约费用。有时即使具备必要的抽样框，但由于总体单位很多、分布很广，若采用简单随机抽样势必使样本的分布极为分散，调查时所需的人力和费用也比较大。在上例中，即使我们拥有全市中学生名单，但要从数十万中学生中抽取

几百人或几千人进行调查，其抽样的过程也相当麻烦，抽中的样本单位可能遍布在全市的各个中学，调查起来也费时费力。若能抽取几个中学，对抽中学校的全部学生进行调查，这样样本单位比较集中，调查就方便得多，也可以大大节省费用。

群的划分办法大致有两类：一是根据行政区、所在地域以及其他自然形成的特征进行分群，如学校、村庄、乡镇等；二是根据调查对象本身的情况，由调查人员自行确定群的划分。整群抽样也有局限性，由于抽取的样本单位比较集中，在一个群内各单位之间的差异往往比较小，不同群之间则差异比较大，因此这种抽样方式的主要缺点是，其抽样精度一般低于纯随机抽样的精度，抽样误差比较大。因此整群抽样的可靠程度，主要取决于群与群之间差异的大小：如果各群之间的差异较小，则整群抽样的调查结果就较准确。所以对整群抽样而言，通常不是求必要样本单位数，而是求必要样本群数。一旦完成分群，那么确定样本容量的基本问题就是选择群的数量 n。整群抽样的过程同其他抽样方法类似，首先通过选择允许误差的值规定可接受的精度水平，然后是建立满足所需要的精度的群数 n 的计算公式。每群包含个体的数量的多少和群间方差的大小是决定样本中包含群数多少的关键。如果各群非常相似，则群间方差很小，因此中选的群数就可以很少；反之，则需要抽取的群数较大。当然，如果每个群的平均个体数量较大，则中选群数也会比较少。

五、多阶段抽样

以上所述的几种抽样方式称为单阶段抽样，即都是从总体中进行一次抽样就产生一个完整的样本。但在实际工作中，总体包括的单位很多，而且分布很广，要通过一次抽样抽选出样本是很困难的。在这种情况下，可将整个抽样程序分成若干个阶段，然后逐阶段进行抽样，以完成整个抽样过程，这种抽样方式称为多阶段抽样。例如，我国的农产品抽样调查，如果从一个省的全部地块中一次直接抽取实测样本单位是十分困难的。因此一般是先由省抽县，由抽中的县再抽乡、村，由抽中的乡、村再抽地块。需要说明的是，在上述每个阶段的抽样中，都要采用简单随机抽样、等距抽样、分层随机抽样的方法进行。

另外在运用多阶段抽样方法时还需要注意，在类别和个体之间保持平衡或保持合适的比例。举例来说，假设某市共有 2.4 万名中学教师，他们分布在全市 10 个区的 200 所学校中。现在要抽取一个由 1 200 名教师组成的样本。如果按照三阶段抽样的方法，我们就可以有下列各种不同的抽样选择（见表 6-4）。

表 6-4　多阶段抽样方案组合

方案选择	第一阶段	第二阶段	第三阶段
方案 1	抽 10 个区	每区抽 20 所学校	每所学校抽 6 名教师
方案 2	抽 5 个区	每区抽 10 所学校	每所学校抽 24 名教师
方案 3	抽 2 个区	每区抽 6 所学校	每所学校抽 100 名教师
……	……	……	……
方案 n	抽 n 个区	每区抽 n 所学校	每所学校抽 n 名教师

我们可以看到，多阶段抽样的各个阶段的抽样组合方案数是非常多的。那么究竟

该选择哪一种抽样方案或如何确定每一阶段抽样的单位数目？主要考虑的因素应当有两个方面。其一，各个抽样阶段中的子总体的同质性程度。子总体的同质性程度越高，其方差越小，因此所抽的样本规模就越小。比如，如果某市的10个区中，属于不同的区的学校相互之间的差别很大，而各校之间的差别次之、各校内部教师之间的差别很小，那么就应该扩大第一阶段的抽样规模，适度扩大第二阶段的抽样规模，而将第三阶段抽样规模压缩（比如采取表6-4中的方案1）。如果各区与各区之间的学校在总体上差别不太大，而每一学校中教师的差别也不太大，那么就应该减小第一、三阶段的抽样规模，适当扩大第二阶段的抽样规模（比如采取表6-4中的方案2）。如果区与区之间、学校与学校之间的差别都不大，倒是每所学校中教师与教师之间的差别很大，那么我们就应该尽量扩大第三阶段的抽样规模，而相应地减小第一和第二阶段的抽样规模（比如采取表6-4中的方案3）。其二，研究者所拥有的人力和经费。从方案1至方案3，我们可以看到方案1的样本所覆盖的行政区最多，方案3最少。一般来说，在其他条件不变的情况下，样本所覆盖的面越大，样本的代表性也越强。因此，如果仅从这方面考虑，则“大的类别中抽取单元相对较多，而每一单元中抽取的个体相对较少”的做法的效果较好（方案1最好）。但是，抽样时我们还应从实践的角度来进行衡量。抽的区越多、抽的学校越多，也意味着收集资料时，调查员要奔波的范围越广、所需要的时间和经费越多。而这则是研究者往往最不愿意看到的。所以，如果从这方面来考虑，则“大的类别中抽取单元相对较少，而每一单元中抽取的个体相对较多”的做法效果较好（方案3最好）。

多段抽样的方法适用于总体范围特别大、对象的层次特别多的社会研究。由于它不需要总体的全部名单，各阶段的抽样单位数一般较少，因而抽样比较容易进行。但由于每级抽样时都会产生误差，故这种抽样方法的误差较大，这是它的主要不足。在同等条件下减少多段抽样误差的方法是：相对增加开头阶段的样本数而适当减少最后阶段的样本数。所以，当人力和经费允许时，研究者应尽量扩大开头阶段的抽样规模。

第五节　几种常用的抽样分布简介

统计量的分布称为抽样分布，抽样分布是统计推断的理论基础。它是指统计量作为随机变量所服从的概率分布。此前所讨论的样本平均数的抽样分布以及样本比率的抽样分布，一般都要求正态分布的总体方差已知，此时对样本容量的大小不做要求。如果总体方差不服从正态分布，则要求样本容量足够大。然而，在实际工作中，除正态分布外，还有几个十分重要的随机变量函数的分布，分别是χ^2分布、t分布和F分布，这三个分布在统计中同样也占有极为重要的地位，本节将逐一介绍。

一、χ^2 分布

χ^2 分布是统计推断中的重要分布，它主要应用于对总体方差的估计或检验以及对总体概率密度函数的检验等。

若随机变量 x_1，x_2，…，x_n 独立且服从同标准正态分布 $N(0, 1)$，则它们的平方

和为

$$\chi^2 = \sum_{i=1}^{n} x_i^2$$

服从自由度为 n 的χ^2 分布，记为 $\sum\limits_{i=1}^{n} x_i^2 \sim \chi^2(n)$。

自由度是统计学中常用的一个概念，它可以解释为独立变量的个数。对于变量 x_1，…，x_n，如果存在一组不全为零的常数 c_1，c_2，…，c_n 使得 $c_1x_1 + c_2x_2 + \cdots + c_nx_n = 0$ 成立，则称变量 x_1，…，x_n 之间存在一个线性约束条件。如果变量 x_1，…，x_n 中存在 k 个独立的线性约束条件，则 $x_i(i = 1, 2, \cdots, n)$ 中独立变量的个数为 $(n - k)$，我们就称它为自由度。简而言之，自由度可粗略地解释为可以自由选择数值的变量个数。

例如，$y = x^2$，是自由度为 1 的χ^2 分布，$Z = \sum\limits_{i=1}^{n} X_i^2$ 是自由度为 n 的χ^2 分布。

χ^2 分布的密度函数较为复杂，非统计学专业的学生不必了解，加之限于篇幅，所以本书将不介绍χ^2 分布、t 分布、F 分布的密度函数。

下面给出当 $n = 1$，$n = 4$，$n = 10$，$n = 20$ 时，χ^2 分布的曲线（如图 6-2 所示）。

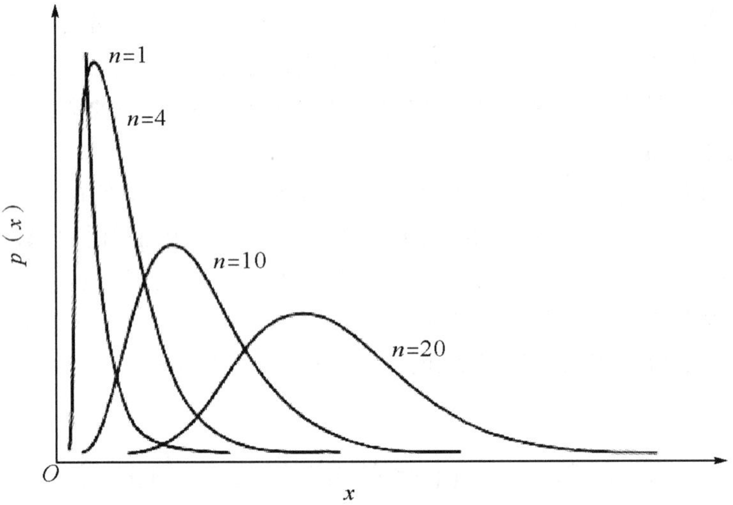

图 6-2　χ^2 分布的曲线

χ^2 分布的数学期望为 $E(\chi^2) = n$，χ^2 分布的方差为 $D(\chi^2) = 2n$，可见随着自由度的增大，χ^2 分布的期望和方差随之增大，自由度决定了χ^2 分布的形状。从图 6-2 可以直观看出，χ^2 分布是一种不对称偏峰分布，其取值区域为 $(0, +\infty)$；随着自由度的逐渐增大，χ^2 分布曲线的最高点逐渐下降并向右移动，分布曲线趋于对称，当 n 趋于 $+\infty$ 时，χ^2 分布的极限分布是正态分布。χ^2 分布还具有可加性，即若 x、y 相互独立，且分别服从自由度为 n_1、n_2 的χ^2 分布，则 $x + y$ 服从自由度为 $n_1 + n_2$ 的χ^2 分布，即有

$$x + y \sim \chi^2(n_1 + n_2)$$

自由度为 n 的χ^2 分布上侧 α 分位数记为$\chi_\alpha^2(n)$，$\chi_\alpha^2(n)$ 满足

$$P\{\chi^2(n) \geqslant \chi_n^2(n)\} = \alpha$$

关于χ^2 分布上侧 α 分位数$\chi_\alpha^2(n)$ 可以通过书后附表求得，也可通过 Excel 软件的

CHISQ. INV. RT 函数求得（如图 6-3 所示）。

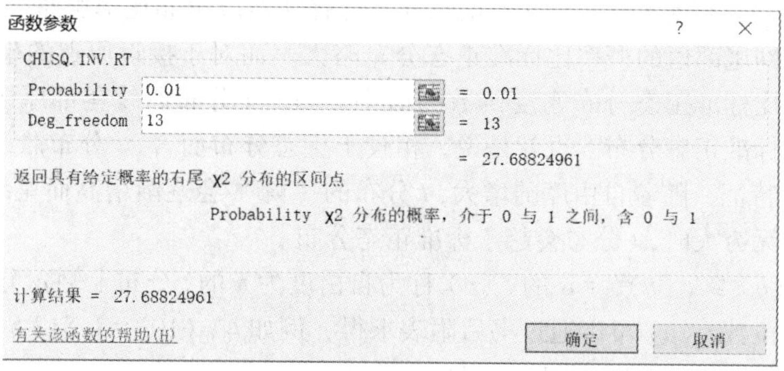

图 6-3　Excel 的函数 CHISQ. INV. RT 的对话框

二、t 分布

t 分布又称“学生分布”，它在戈塞特（W. S. Gosset）以笔名“Student”发表的论文中首次被提出，是统计推断中的重要分布。它在总体均值的估计与检验、相关与回归分析等方面有着广泛的应用。

1. 定义

若随机变量 $x \sim N(0,\ 1)$，随机变量 $y \sim \chi^2(n)$，且随机变量 x 与 y 相互独立，则随机变量

$$t = \frac{x}{\sqrt{y/n}}$$

服从自由度为 n 的 t 分布，记为 $t \sim t(n)$。其中 n 为自由度。

t 分布的概率密度函数为偶函数，所以 t 分布是关于原点对称的，这一点和χ^2 分布是不同的，却和标准正态分布相似。图 6-4 的三条曲线分别是标准正态分布曲线以及自由度为 13 和 5 的 t 分布曲线。

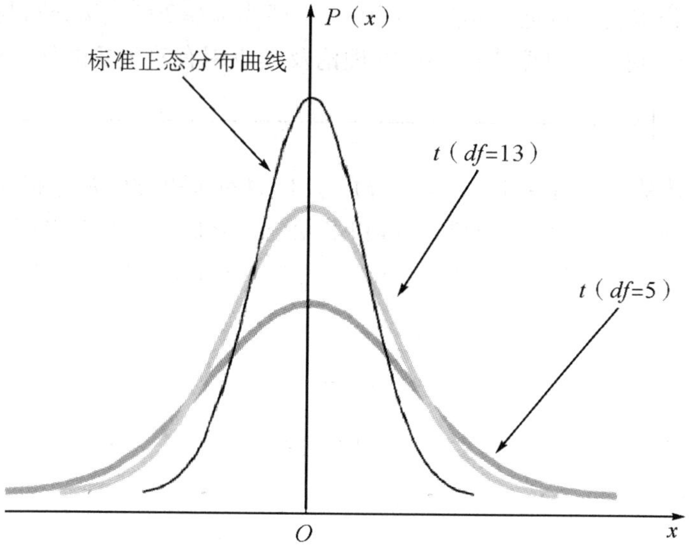

图 6-4　t 分布的曲线

通过比较，我们可以发现 t 分布和标准正态分布相似，都是对称分布，均在 $-\infty < x < \infty$ 上取值。但是 t 分布与标准正态分布也有区别，t 分布尾部肥厚，即服从 t 分布的随机变量取到尾部值的概率比标准正态分布略大。而对于接近原点的坐标点，t 分布密度函数的值比标准正态分布密度函数的值小，因而 t 分布曲线尾部厚于标准正态分布，而峰低于标准正态分布。也就是说，相较于正态分布而言，t 分布曲线具有"低峰厚尾"的形态特征，随着自由度的增大，t 分布的"峰"会逐渐增高而尾线也会逐步变薄；当 n 趋于无穷大时，t 分布会趋于标准正态分布。

满足 $P\{t(n) \geqslant t_\alpha(n)\} = \alpha$ 的 $t_\alpha(n)$ 称为自由度为 n 的 t 分布上侧 α 分位数。关于 t 分布上侧 α 分位数 $t_\alpha(n)$ 可以通过书后附表求得，例如 $t_{0.05}(10) = 1.8125$，由于 t 分布是对称分布，所以 $t_{0.95}(10) = -1.8125$。

2. 性质特征

（1）t 分布的数学期望与方差。

t 分布的数学期望是

$$E(t) = 0$$

t 分布的方差是

$$D(t) = n/(n-2), \quad n > 2$$

由于 t 分布是对称分布，其数学期望当然为 0。需要注意的是：只有当自由度大于 1，其数学期望才为 0；当自由度为 1 时，数学期望不存在。同时，t 分布的方差与其自由度有关；自由度小于等于 2 时，方差不存在；当自由度 $n \to +\infty$，方差极限为 1。

（2）t 分布的自由度。

t 分布的自由度是由生成 t 分布的分母，即卡方分布随机变量的自由度而来。t 分布的形状和自由度 n 有较大关系：自由度越小，t 分布曲线与标准正态分布曲线的区别越明显，t 分布"比较平"；而自由度越大，t 分布曲线与标准正态分布曲线的差异越小。这一点也可以由 t 分布的方差来说明：当自由度 n 较小时，t 分布的方差较大，此时其分布就"比较平"；而当自由度 n 增大时，t 分布的方差减小，而且越来越接近 1，此时 t 分布与标准正态分布逐渐接近。实际应用中，一般当 $n \geqslant 30$ 时，t 分布与标准正态分布就非常接近。t 分布对于统计学中的小样本理论及其应用有着重要的促进作用。

三、F 分布

F 分布是统计学家费雪（R. A. Fisher）于 1924 年提出的。F 分布在假设检验、总体方差的统计推断、方差分析、回归分析和多元统计分析等方面有着广泛的应用。

若随机变量 x、y 分别服从自由度为 n_1、n_2 的卡方分布，且 x、y 相互独立，则随机变量

$$F = \frac{x/n_1}{y/n_2}$$

服从第一自由度为 n_1、第二自由度为 n_2 的 F 分布，记为 $F \sim F(n_1, n_2)$。F 分布的曲线如图 6-5 所示。

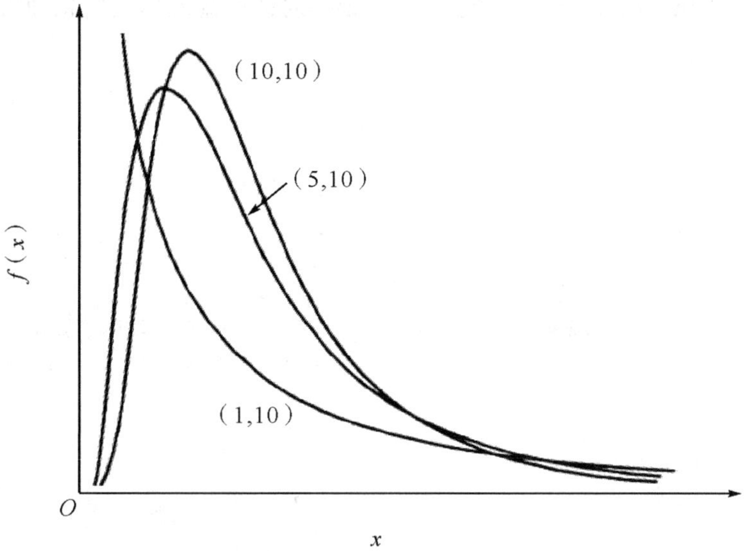

图 6-5　F 分布的曲线

由图 6-5 可知，F 分布的曲线有些类似于卡方分布，也是一种非对称的正偏分布，其值域为 $(0,\ +\infty)$，但它有两个自由度 n_1 和 n_2。F 分布的曲线随着两个自由度的组合不同而不同。两个自由度的不同组合形成 F 分布曲线的不同形态，这在 F 分布的图形中可清楚看到。随着第一自由度 n_1 的增大，F 分布曲线逐渐趋于对称；随着两个自由度的增大，F 分布曲线逐渐趋于正态分布。

满足 $P(F(n_1,\ n_2) \geqslant F_\alpha(n_1,\ n_2)) = \alpha$ 的 $F_\alpha(n_1,\ n_2)$ 称为自由度为 n 的 F 分布上侧 α 分位数。由于 F 分布有两个自由度，所以附表 4 仅给出了某些较小 α 值对应的 $F_\alpha(n_1,\ n_2)$ 值，例如 $F_{0.05}(20,\ 30) = 1.93$，对于任意的 α 和自由度，其分位数都可通过 Excel 软件的 FINV 函数求得。

F 分布的自由度是由构造 F 分布的分子和分母的两个 χ^2 分布的自由度而来，由于其分子和分母的 χ^2 分布可以交换，所以 F 分布的两个自由度有一个重要性质，就是它们是可以互相转化的。

若 $F \sim F(n_1,\ n_2)$，则 $1/F \sim F(n_2,\ n_1)$。这个重要性质均查 F 分布求大 α 的分位数提供了方便：

$$F_{1-\alpha}(n_1,\ n_2) = \frac{1}{F_\alpha(n_2,\ n_1)}$$

【例 6-4】给定显著水平 $\alpha = 0.95$，查 $F(15,\ 20)$ 的 α 上侧分位点。

因为一般 F 分布表并未给出 $\alpha = 0.95$ 上侧分位点，则要根据 F 分布的性质，首先查 $F_{0.05}(20,\ 15) = 2.328$，根据公式（6-7）可求得：

$$F_{0.95}(15,\ 20) = \frac{1}{2.328} = 0.4296$$

我们也可以通过 Excel 软件的统计函数功能中的函数 FINV 直接计算该分位数①：

① χ^2 分布和 t 分布的百分位点，也可分别通过 Excel 的统计函数 CHINV 和 TINV 得到。

调出 Excel 软件的函数 f_x，选中函数 FINV，根据对话框输入相关信息即可。FINV 的对话框如图 6-6 所示。

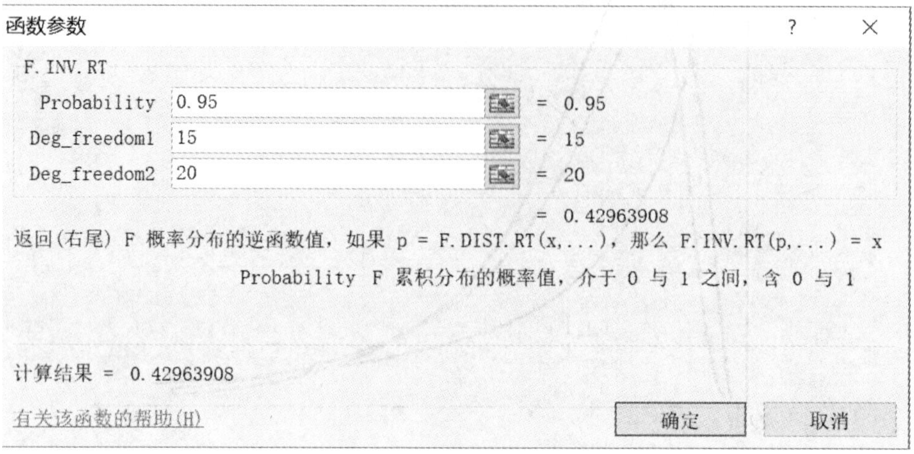

图 6-6　FINV 的对话框

本章小结

抽样调查是取得数据的重要方式，在社会经济统计中有着重要的作用。抽样就是从所研究的对象中随机地抽出其中一部分来观察，由此而获得有关总体的信息。样本统计量是根据观察值计算的样本指标，包括样本平均数、样本成效、样本标准差和样本方差等；总体参数是根据总体中的全部数据计算的指标，用来表明总体的特征，包括总体平均数、总体成数、总体标准差和总体方差等。抽样的目的就是通过样本统计量来估计总体参数。

只有随机抽样调查的数据才能用于抽样推断，用样本统计量去推算总体参数是抽样调查的目的。根据抽样设计的不同，抽样方式有简单随机抽样、等距抽样、分层随机抽样、整群抽样以及多阶段抽样等。其中，简单随机抽样是最基本的抽样方式，其他抽样方式是在简单随机抽样的基础上根据所研究的问题及其数据的要求和特点设计的特殊抽样方法。

抽样分布是参数估计和假设检验的重要基础。本章介绍了中心极限定理的应用。只要总体分布满足独立同分布且具有有限的期望和方差，则不论总体服从什么分布，随着随机样本量 n 的增加，样本平均数形成的分布越来越趋于正态分布，并且样本平均数的期望值等于总体均值，样本平均数的方差等于总体方差的 $1/n$。中心极限定理为统计推断奠定了理论基础。

如果能从总体中抽取所有可能的样本，则所得到的所有统计量的数值将形成一个概率分布，这种概率分布就称为抽样分布。样本平均数的抽样分布是一个最基本和最重要的分布。当被抽样总体服从正态分布时，样本平均数的抽样分布具有以下性质：①样本平均数的分布仍然是正态分布；②样本平均数 $\bar{x}$ 分布的平均值 $\mu_{\bar{x}}$，等于总体平均数μ；③样本平均数分布的方差$\sigma_{\bar{x}}^2$等于总体方差除以样本容量，即$\sigma_{\bar{x}}^2=\sigma^2/n$。以上性质在重复抽样的条件下是有效的。在采用不重复抽样时，样本平均数分布的方差为$\sigma_{\bar{x}}^2=\sigma^2/n(\frac{N-n}{N-1})$，即需要考虑有限总体修正系数。

思考与练习

一、思考题

1. 什么是抽样？抽样的主要特点有哪些？抽样在社会经济及工商管理领域中有哪些应用？

2. 简述样本统计量和总体参数、随机抽样和判断抽样、非抽样误差和抽样误差的基本概念。

3. 什么是简单随机抽样？什么是等距抽样？什么是分层随机抽样？什么是整群抽样？什么是多阶段抽样？它们的特点和适用条件分别是什么？

4. 什么是抽样分布？试举例说明样本平均数的抽样分布。

5. 试述中心极限定理的基本内容。

6. 什么是t分布？它有哪些重要性质？它的适用场合是什么？

7. 什么是χ^2分布？它的适用场合是什么？

8. 什么是F分布？它的适用场合是什么？

9. 某商场经理正考虑一新的促销计划，已知每个顾客购买额的均值为200元，标准差为15元。如果随机抽取36名顾客，试计算平均的购买额超过205元的概率。

10. 影响样本容量大小的因素有哪些？

二、单项选择题

1. 抽样调查的目的在于（　　）。
   A. 了解总体的基本情况　　B. 用抽样指标推断总体指标
   C. 对样本进行全面调查　　D. 了解样本的基本情况

2. 抽样调查所特有的误差是（　　）。
   A. 由于样本的随机性而产生的误差　　B. 登记误差
   C. 系统性误差　　D. 前三类都不是

3. 抽样调查和重点调查的主要不同之处是（　　）。
   A. 选取调查单位的方式不同　　B. 调查的目的不同
   C. 调查的单位不同　　D. 两种调查没有本质区别

4. 抽样平均误差和抽样极限误差的关系是（　　）。
   A. 抽样平均误差大于抽样极限误差
   B. 抽样平均误差小于抽样极限误差
   C. 抽样平均误差等于抽样极限误差

D. 既可能大于也可能小于或等于抽样极限误差

5. 用重置抽样平均误差公式计算不重复抽样平均误差，结果将（　　）。

A. 高估误差　　B. 低估误差

C. 恰好相等　　D. 可能高估也可以低估

6. 用样本平均数估计总体平均数是因为（　　）。

A. 二者计算方法一致　　B. 二者名称相似

C. 没有其他估计量可供使用　　D. 这种估计满足优良估计的三条标准

7. 当可靠度大于 0.682 8，抽样极限误差（　　）。

A. 大于抽样平均误差

B. 小于抽样平均误差

C. 等于抽样平均误差

D. 与抽样平均误差的大小关系依样本容量而定

8. 在简单随机抽样中，要使抽样极限误差缩小为原来的 1/2，样本单位数必须（　　）。

A. 增大为原来的 2 倍　　B. 增大为原来的 4 倍

C. 减小为原来的 1/2　　D. 减小为原来的 1/4

9. 若要对一批灯泡的寿命进行检验，适宜的调查方法是（　　）。

A. 重点调查　　B. 抽样调查

C. 典型调查　　D. 普查

10. 为了解职工家庭生活状况，首先把职工按所在国民经济行业分为 13 类，然后在每个行业抽选 200 名职工进行家庭生活状况调查，这种调查是（　　）

A. 整群抽样　　B. 等比例类型抽样

C. 等距抽样　　D. 不等比例类型抽样

11. 有一批灯泡共 1 000 箱，每箱 200 个，现随机抽取 20 箱并检查这些箱中全部灯泡，此种检验属于（　　）

A. 纯随机抽样　　B. 类型抽样

C. 整群抽样　　D. 等距抽样

12. 当总体单位不多且各单位间差异较小时，宜采用（　　）

A. 类型抽样　　B. 简单随机抽样

C. 整群抽样　　D. 两阶段抽样

13. 在其他条件不变的情况下，从总体中取 10%的单位作为样本，此时重复抽样与不重复抽样的抽样平均误差之比为（　　）。

A. 0.9　　B. 1.0

C. 1.05　　D. 1.11

三、多项选择题

1. 抽样调查适用于下列哪些场合（　　）。

A. 不宜进行全面调而又要了解全面情况

B. 工业产品质量检验

C. 调查项目多、时效性强

D. 只需了解一部分单位的情况

E. 适用于任何调查

2. 下列调查中哪些存在系统误差（　　）

A. 抽检某车间产品质量时将两名学徒工的产品排除在外

B. 某县用等距抽样调查农户收入时决定：如果中选户户主不在家，则以下一户顶替。已知不在家的农户多为外出经商者

C. 为了了解学生健康情况而做的普查

D. 将学生按来自城市、农村分组后采用按比例抽样的方式调查学生开支情况

E. 简单随机抽样

3. 影响抽样误差大小的因素有（　　）

A. 抽样单位数的多少　　B. 被研究标志的变异程度

C. 抽样组织方式　　D. 登记误差的大小

E. 系统误差的大小

4. 确定样本容量时应考虑的因素有（　　）。

A. 极限误差的大小　　B. 把握程度的大小

C. 取样方式　　D. 抽样的组织形式

E. 被研究标志的变异程度

5. 影响整群抽样平均误差的因素有（　　）。

A. 群间方差　　B. 群内方差

C. 系统误差　　D. 抽取群的数量

E. 中选群的结构

6. 抽样估计的优良性标准是（　　）。

A. 无偏性　　B. 随机性

C. 有效性　　D. 一致性

E. 代表性

7. 抽样误差（　　）。

A. 在抽样调查中是不可避免的

B. 在抽样调查中是应该避免的

C. 可以通过适当的抽样组织方式消除

D. 可以通过适当的抽样组织方式减小

E. 是可以控制的

四、计算题

1. 某省会城市在一项调查中发现，人们在上班途中花费的时间的均值为 51.5 分钟。假定总体均值为 51.5 分钟、标准差为 15 分钟，选择 50 名该省会城市居民作为样本。

要求：

（1）说明 $\bar{x}$ 的抽样分布，其中 $\bar{x}$ 是 50 名该省会城市居民在上班途中所花费时间的

样本均值。

（2）样本均值在总体均值±1 分钟以内的概率为多少?

（3）样本均值在总体均值±3 分钟以内的概率为多少?

2. 某单位清洁工小组有 5 个工人，他们的月工资分别为 1 400 元、1 600 元、1 800 元、2 000 元、2 200 元，现在用重复抽样的方法从中抽出 2 名工人的工资构成样本。

要求：

（1）计算总体工人的平均工资和标准差。

（2）列出样本平均工资的抽样分布。

（3）计算样本平均工资的平均数，并检验是否等于总体平均工资。

（4）计算样本平均工资的标准差。

（5）计算抽样平均误差，并验证是否等于（4）的结果。

（6）用不重复抽样方法抽取样本，重新计算（1）~（5）。

3. 在总体 $N(52, 6.3^2)$ 中随机地抽取一个容量为 36 的样本，求样本均值落在 50.8 与 53.8 之间的概率。

4. 某银行向审计部门报告，在其向企业发放的短期贷款中，未偿还的贷款额近似服从正态分布，平均值为 8.5 万元，标准差未知。现审计人员为了验证这个报告结果，随机抽取了 25 个项目进行检查，查得平均拖欠贷款额为 7.6 万元，标准差为 1.6 万元。审计人员所关心的问题是，如果总体均值为 8.5 万元，那么能抽到的样本的平均值不超过 7.6 万元的概率有多大?

5. 假设某高校管理学院的大学毕业生年薪的标准差大约为 2 000 元，假定想要估计年薪 95%的置信区间，希望边际误差为 400 元，应抽取多大的样本容量?

6. 根据以往的生产统计，某公司某产品的合格率约为 90%，现要求边际误差不超过 5%，在 95%的置信区间，应抽取多少个产品作为样本?

第七章 参数估计

【导入案例】

某高校学生生活费支出为多少?

为了解大学生日常生活费支出及生活费来源状况，某调查机构对在校本科生的月生活费支出情况进行了抽样调查。本次调查向在校男女本科生共发放问卷500份，回收问卷491份，其中有效问卷475份。在整理过调查数据后，某调查机构得到全部475名学生和按性别划分的男女学生的生活费支出数据，并根据抽样结果使用95%的置信水平得到的估计结论是：全校本科生的月生活费平均水平在920.86~998.67元；男生的月生活费平均水平在905.49~952.66元；女生的月生活费平均水平在934.14~970.51元。该调查还对生活费支出结构和生活费来源进行了分析。结果表明，生活费的主要来源集中在父母供给，其他来源依次是勤工俭学、助学贷款及其他。生活费的主要支出集中在伙食费上，其他支出依次是衣着、娱乐休闲、学习用品、日化用品等。

第一节 参数估计概述

前一章中所讨论的关于抽样和抽样分布的知识，构成了统计推断的基础。统计推断就是根据样本的信息，对总体的特征做出推断。它包括参数估计和假设检验。参数估计和假设检验在实际工作的应用中往往是结合在一起的。但为了方便说明问题，我们把假设检验放在后面的章节中予以讨论。本章重点研究参数估计问题，内容包括点估计和区间估计的概念、总体平均数的区间估计、总体比例的区间估计，以及总体方差的区间估计等。

前文说过，所谓参数，又称总体参数，是反映总体数量特称的综合性指标，一个总体可以有多个参数。例如总体平均值（总体中所有个体的指标值的平均数）是一个重要的参数，它反映了该总体中的个体在某个指标上的平均水平。如同本章的导入案例所示，若总体由某高校全部学生组成，而指标为其月平均消费水平，则总体平均就是该高校所有学生的月消费额。又如，反映总体中各个体的指标值的离散程度（比如方差）也是一项重要的参数。拿本章导入案例来说，这个参数反映的是该高校学生月消费水平彼此间“拉开差距”的情况，也是人们所关心的问题。简而言之，参数是刻画总体的某方面性质的量，或是出现在总体的概率分布中的某种未知的数值。当某项数值已知时，它就不再是参数了，比如总体分布为正态分布 $N(\mu, \sigma^2)$，已知 $\sigma^2=1$，则 σ^2 不再是参数，只有未知的 μ 是参数了。所以，参数估计是指通过从该总体中抽出样本，以样本为根据去对未知的总体参数进行估计，这种对总体参数的估计又可以分为点估计和区间估计两大类。

一、点估计

（一）点估计量

对总体参数进行估计的相应的样本统计量在进行参数估计时被称为估计量。常用的估计量有：样本平均数、样本方差（或样本标准差）、样本比率等。点估计是直接以样本统计量 $\hat{\theta}$ 来估计总体参数 θ。如样本均值 $\bar{x}$ 是总体均值 μ 的点估计量，样本方差 S^2 是总体方差 σ^2 的点估计量，样本比例 $\bar{p}$ 是总体比例 P 的点估计量等。比如：某大学在校男、女生共有40 000人，抽样调查500人，计算求得该校男生平均身高 $\bar{x}$ 为1.72米，那么就认为1.72米是全校男生身高的估计值。

（二）估计量的优良标准

在对总体参数做出估计时，并非所有的估计量都是优良的，从而产生了评价估计是否优良的标准。对于点估计量来说，一个好的估计量需满足如下三个标准：

1. 无偏性

如果样本统计量的期望值等于该统计量所估计的总体参数，那么这个估计量叫作无偏估计量，这是一个好的估计量的重要条件。用样本平均数来进行总体平均数的点估计时，就符合这一要求。无偏性也就意味着没有系统的偏差，它是从平均意义上讲的，即如果这种估计方法重复进行，则由估计量得到的平均数等于总体参数。显然，如果说一个估计量是无偏的，并不能保证其用于单独一次估计时没有随机性误差，只是没有系统性的偏差而已。若以 θ 代表被估计的总体参数，$\hat{\theta}$ 代表 θ 的无偏估计量，则用数学式表示为 $E(\hat{\theta})=\theta$（见图7-1）。

我们知道，总体参数中最重要的一个参数是总体平均数 μ，样本平均数 $\bar{x}$ 是它的一个无偏估计量，即 $E(\bar{x})=\mu$。样本方差也是总体方差的无偏估计量。

2. 有效性

样本估计量的值受抽样的波动性影响，即使是一个无偏的估计量也并不一定非常接近被估计的总体参数，还需要考虑它与总体参数的离散程度。同一总体参数若有两个无偏估计量，那么方差越小的估计量越有效。图7-2给出了两个无偏估计量 $\hat{\theta}_1$、$\hat{\theta}_2$ 的抽样分布。显然，$\hat{\theta}_1$ 的方差比 $\hat{\theta}_2$ 的方差小，因此 $\hat{\theta}_1$ 的值比 $\hat{\theta}_2$ 的值更接近总体的参数，所以 $\hat{\theta}_1$ 是比 $\hat{\theta}_2$ 更为有效的估计量。

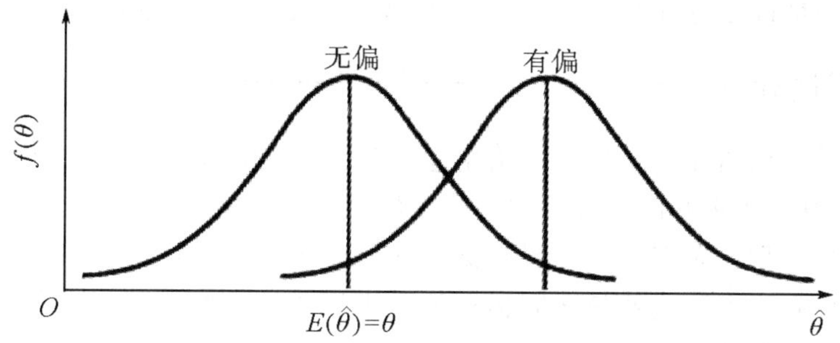

图 7-1　无偏估计和有偏估计示意图

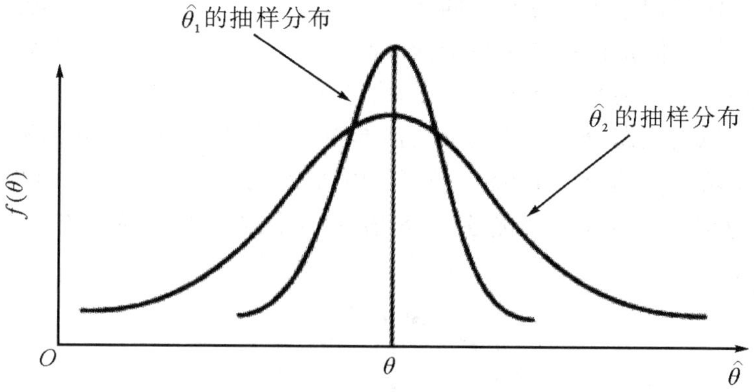

图 7-2　两个无偏估计量的抽样分布

3. 一致性

一致性是指随着样本容量的增加，估计量的值越来越接近被估计的总体参数。例如，随着样本量的不断增加，样本均值的抽样分布逐渐趋向于正态分布，且有 $\sigma_{\bar{x}}^2 = \sigma^2/n$。可见，样本容量越大，$\sigma_{\bar{x}}^2$ 的值越小，样本给出的估计值就更接近总体均值，因此样本均值是总体均值的一致估计量。图 7-3 为两个不同样本容量的样本统计量的抽样分布。

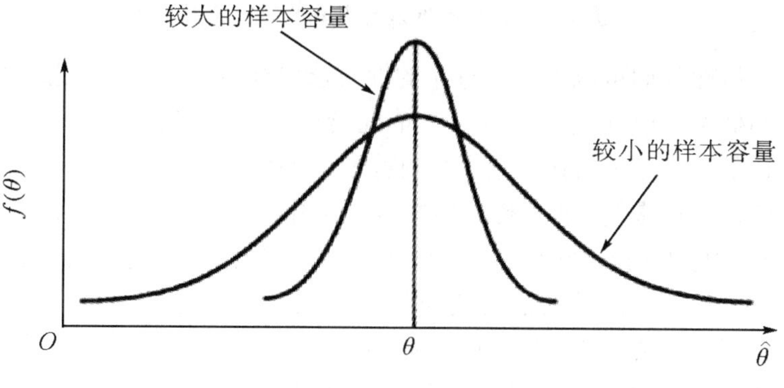

图 7-3　两个不同样本容量的样本统计量的抽样分布

点估计的优点在于它能够明确地估计总体参数，方法简便、原理直观。但一般点估计的值不等于总体参数的真值，所以它与真值的误差以及估计可靠性怎样，我们无法知道。而区间估计则可弥补这种不足，因此要解决此类问题必须采用区间估计方法。

二、区间估计

区间估计是在点估计的基础上，给出总体参数估计的一个范围。我们可以想象参数是射击靶上 10 环正中心的位置，刚好打在靶心正中的位置上的可能性很小，但打在靶子上的可能性就相对大多了，如果根据打在靶子上的点画出一个区间，这个区间包含靶心的可能性就很大，这就是区间估计的基本思想，下面进一步以总体均值的区间估计为例来说明区间估计的原理。

由样本均值的抽样分布可知，在重复抽样情况下，随着样本容量的增加，样本均值的抽样分布逐渐趋向于正态分布，即 $\bar{x} \sim N(\mu, \sigma_{\bar{x}}^2)$，那么根据正态分布的性质，样本均值 $\bar{x}$ 落在总体均值 μ 两侧各 1 倍抽样标准差范围内的概率为 68.27%，落在 2 倍抽样标准差范围内的概率为 95.45%，落在 3 倍抽样标准差范围内的概率为 99.73%……事实上，我们可以由正态分布的性质求出样本均值 $\bar{x}$ 落在总体均值 μ 两侧任何一个区间内的概率，如 $\bar{x}$ 落在 μ 两侧各 1.65 $\sigma_{\bar{x}}$ 范围内的概率为 90%，落在 μ 两侧各 1.96 倍 $\sigma_{\bar{x}}$ 范围内的概率为 95%，落在 μ 两侧各 2.58 倍 $\sigma_{\bar{x}}$ 范围内的概率为 99%……图 7-4 给出了上述对应关系。

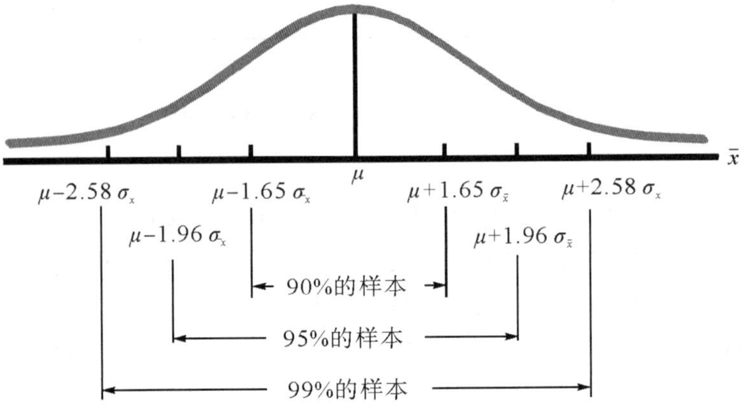

图 7-4　抽样标准差与概率的对应关系

如前所述，虽然我们可以由正态分布的性质求出样本均值 $\bar{x}$ 落在总体均值 μ 两侧任何一个区间内的概率。但在实际估计时，情况恰好相反。$\bar{x}$ 是已知的，而 μ 是未知的，也正是将要估计的。由于 $\bar{x}$ 与 μ 的距离是对称的，如果某个样本的平均值落在 μ 的两个标准差范围之内，反过来，μ 也就被包括在以 $\bar{x}$ 为中心的左右两个标准差的范围之内。因此，约有 95%的样本均值会落在 μ 的两倍标准差的范围之内，也就是说，约有 95%的样本均值构造的两倍标准差的区间会包括 μ。在区间估计中，由样本统计量构造的总体参数的估计区间被称为置信区间（confidence interval），其中区间的最小值被称为置信下限，最大值被称为置信上限。由于统计学家在某种程度上确信这个区间会包含真正的总体参数，所以给它取名为置信区间。比如：我们采用同样的方法抽取了 100 个样本，然后再根据每一个样本来构造一个置信区间，这样在由这 100 个样本构造的总体参数的 100 个置信区间中，将会有大约 95%的区间能够包含总体参数的真值，而

5%则可能不包含，那么95%这个值就称为置信水平。一般地，如果将构造置信区间的步骤重复多次，置信区间中包含总体参数真值的次数所占比例被称为置信水平，也被称为置信度或置信系数（confidence coefficient）。

总体参数区间估计的特点是：以一定的概率保证程度给出总体参数存在的置信区间，即指出总体参数可能存在的范围，而不是直接给出估计值。回忆上一章，在我们讨论“抽样极限误差”时就介绍过，我们通常用Δ_x和Δ_p分别表示抽样均值和抽样成数的极限误差，而置信区间估计在均值情况下表示为（$\bar{x}-\Delta_x$，$\bar{x}+\Delta_x$）或在比例估计情况下表示为（$\bar{x}-\Delta_p$，$\bar{x}+\Delta_p$），并且有

$$Z_{\alpha/2}=\frac{\Delta_x}{\sigma_{\bar{x}}} \quad 或 \quad Z_{\alpha/2}=\frac{\Delta_p}{\sigma_{\bar{p}}}$$

式中的$Z_{\alpha/2}$代表概率度，因为其大小可以反映估计区间的宽窄，标志着概率保证程度的高低。所以置信区间也可进一步表示为（$\bar{x}\pm Z_{\alpha/2}\times\sigma_{\bar{x}}$）或者（$\bar{x}\pm Z_{\alpha/2}\times\sigma_p$）。当总体$\sigma$未知，但$n$足够大时，由$t$分布可知，自由度越大，$t$分布越逼近正态分布，所以此时置信区间也常表示为（$\bar{x}\pm t_{\alpha/2}\times\sigma_{\bar{x}}$）或（$\bar{x}\pm t_{\alpha/2}\times\sigma_p$）。

在构造置信区间时，我们可以用所希望的任意值作为置信水平，但通常较为常用的置信水平及正态分布曲线下右侧面积为$\alpha/2$时的Z值（$Z_{\alpha/2}$）如表7-1所示。

表7-1　常用置信水平与分位点（正态分布）

置信水平 $1-\alpha$	分位点 α	分位点 $\alpha/2$	分位点 $Z_{\alpha/2}$
90%	0.10	0.05	1.645
95%	0.05	0.025	1.96
99%	0.01	0.005	2.58

不难看出，当样本量给定时，置信区间的宽度随着置信系数的增大而增大。当区间比较宽时，这一区间才有更大的可能性包含参数的真值；当置信水平固定时，置信区间的宽度随样本量的增大而减小。换言之，较大的样本所提供的有关总体的信息要比较小的样本多。对置信区间的理解，有以下几点需要注意：

（1）如果用某种方法构造的所有区间中有95%的区间包含总体参数的真值，5%的区间不包含总体参数的真值，那么用该方法构造的区间称为置信水平为95%的置信区间。同样，其他置信水平的区间也可用类似的方式进行表述。

（2）总体参数的真值是固定的、未知的，而用样本构造的区间则是不固定的。若抽取不同的样本，用该方法可以得到不同的区间，从这个意义上说，置信区间是一个随机区间，它会因样本的不同而不同，而且不是所有的置信区间都能包含总体参数的真值。你可以想象一个置信区间就如同是为捕获未知参数而撒出去的网，但不是撒网的地点都能捕获到参数。

（3）在解决实际问题中，我们进行估计时往往只抽取一个样本，此时所构造的是与该样本相联系的一定置信水平（比如95%）下的置信区间。由于用该样本所构造的区间是一个特定的区间，而不再是随机区间，所以我们无法知道这个样本所产生的区间是否包含总体参数的真值。我们只能希望这个区间是大量包含总体参数真值的区间

中的一个，但它也可能是少数的一些不包含参数真值的区间中的一个。比如，从一个总体中抽取 20 个随机样本，得到总体均值μ的 20 个估计区间。如图 7-5 所示，我们可以看出 20 个区间中只有第 5 个区间没有包含总体均值μ，如果这是 95%的置信区间，最后只有 5%的区间没有包含μ。

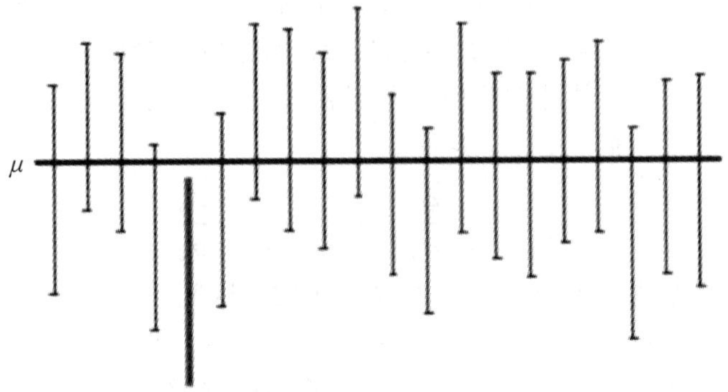

图 7-5　重复构造出的μ的 20 个置信区间

（4）置信区间宽度受总体标准差、置信水平和样本容量的影响，与总体标准差、置信水平成正比，与样本容量的算术平方根成反比。我们利用置信区间的表达式和样本均值标准差公式，可以很容易归纳出上述关系。

第二节　总体平均数的区间估计

在研究一个总体时，我们所关心的参数有总体均值、总体比率和总体方差等。这些参数是确定的但又是未知的值，需要用样本统计量去估计，涉及的样本统计量有样本均值、样本比率和样本方差等。本节根据样本统计量的抽样分布，介绍关于一个总体参数的区间估计，主要有总体均值的区间估计、总体比率的区间估计和总体方差的区间估计。由于估计时的条件不同，例如是否知道总体分布或总体方差，是大样本还是小样本，是重复抽样还是不重复抽样，因此，对总体平均数估计的公式也有所不同，从而有必要对它们分别进行阐述。

一、总体服从正态分布

如果总体服从正态分布 $N(\mu, \sigma^2)$，则不论样本容量大小，样本均值 $\bar{x}$ 的抽样分布均为正态分布，即 $\bar{x} \sim N(\mu, \sigma^2/n)$。

（1）当总体方差σ^2已知时，样本平均数 $\bar{x}$ 服从均值为μ，标准差为 $\sigma_{\bar{x}} = \sigma/\sqrt{n}$ 的正态分布，样本平均数 $\bar{x}$ 经过标准化后的随机变量服从标准正态分布，即

$$Z = \frac{\bar{x} - \mu}{\sigma/\sqrt{n}} \sim N(0, 1)$$

由标准正态分布的性质，对给定的置信水平（$1 - \alpha$），存在临界值 $Z_{\alpha/2}$ 使得

$$P\left\{\left|\frac{\bar{x} - \mu}{\sigma - \sqrt{n}}\right| \leqslant Z_{\alpha/2}\right\} = P\left\{|\bar{x} - \mu| \leqslant Z_{\alpha/2}\frac{\sigma}{\sqrt{n}}\right\} = 1 - \alpha$$

即在置信水平（1 - α）下，有

$$|\bar{x}-\mu| \leqslant Z_{\alpha/2}\frac{\sigma}{\sqrt{n}}$$

相应地，其置信区间表示为

$$\mu = \bar{x} \pm Z_{\alpha/2} \times \frac{\sigma}{\sqrt{n}} \tag{7-1}$$

回忆一下前面的内容可以得知，$Z_{\alpha/2} \times \frac{\sigma}{\sqrt{n}}$ 正是我们介绍过的抽样极限误差，在此一般称为估计均值时的允许误差。

【例 7-1】为对食品质量进行监测，一家袋装食品生产企业的质检部门经常要进行抽检，以分析每袋重量是否符合要求。现从某天生产的一批食品中随机抽取了 25 袋，测得平均重量为 105.36 克，已知产品重量的分布服从正态分布，且总体标准差为 10 克，试估计该批产品平均重量的置信区间（要求置信水平为 95%）。

解：已知 $X \sim N(\mu,\ 10^2)$，$\bar{x}=105.36$ 克，样本量 $n=25$，置信水平 $1-\alpha=95\%$，查标准正态分布表，得临界值 $Z_{\alpha/2}=1.96$。由于是正态总体，且方差已知，总体均值在 $1-\alpha=95\%$ 置信水平下的置信区间为

$$\mu = \bar{x} \pm Z_{\alpha/2}\frac{\sigma}{\sqrt{n}} = 105.36 \pm 1.96 \times \frac{10}{\sqrt{25}}$$
$$= (101.44,\ 109.28)$$

因此我们有 95% 的把握认为该食品企业当天生产的袋装食品，总体平均重量在 101.44~109.28 克。

（2）总体服从正态分布，但总体方差 σ^2 未知时，在大样本情况下，样本方差 S^2 是总体方差 σ^2 的无偏估计，这时可用样本方差 S^2 近似代替总体方差 σ^2，此时的置信区间估计式为

$$\mu = \bar{x} \pm Z_{\alpha/2} \times \frac{S}{\sqrt{n}} \tag{7-2}$$

如果在有限总体中采用不重复抽样，且当抽样比例占总体比例较大时（经验法则是 $n/N > 5\%$）应考虑有限总体修正系数，即

$$\mu = \bar{x} \pm Z_{\alpha/2} \times \frac{S}{\sqrt{n}}\sqrt{\frac{N-n}{N-1}} \tag{7-3}$$

在小样本情况下，用样本方差 S^2 替代总体方差 σ^2，样本均值 $\bar{x}$ 经标准化后服从自由度为（$n-1$）的 t 分布，即

$$t = \frac{\bar{x}-\mu}{s/\sqrt{n}} \sim t(n-1)$$

由 t 分布的性质，对给定的置信水平（$1-\alpha$），存在临界值 $t_{\alpha/2}$，使得

$$P\left\{\left|\frac{\bar{x}-\mu}{S/\sqrt{n}}\right| \leqslant t_{\alpha/2}\right\} = P\left\{|\bar{x}-\mu| \leqslant t_{\alpha/2}\frac{S}{\sqrt{n}}\right\} = 1-\alpha$$

因此总体均值在（$1-\alpha$）置信水平下的置信区间为

$$\mu = \bar{x} \pm t_{\alpha/2} \times \frac{S}{\sqrt{n}} \tag{7-4}$$

【例 7-2】已知某公司投保人年龄近似服从正态分布，该保险公司收集到由 361 个投保人组成的随机样本，得到每个投保人的平均年龄为 39.5 岁，方差为 $S^2=81$，试建立投保人年龄 90%的置信区间。

解：已知 $n=361$，$\bar{x}=39.5$ 岁，$S^2=81$，$(1-\alpha)=90\%$，查标准正态分布表，得临界值 $Z_{\alpha/2}=Z_{0.05}=1.645$。虽然总体方差未知，但在大样本情况下，样本方差 S^2 是总体方差 σ^2 的无偏估计，所以根据样本数据，利用式（7-2）得

$$\mu = \bar{x} \pm Z_{\alpha/2} \times \frac{S}{\sqrt{n}} = 39.5 \pm 1.645 \times \frac{9}{\sqrt{361}} \approx 39.5 \pm 0.78 = (38.72,\ 40.28)$$

即我们有 90%的把握认为，投保人的平均年龄的置信区间为 38.72 岁到 40.28 岁。

【例 7-3】某品牌电池的使用寿命近似服从正态分布。现随机抽取了 16 个电池，测得平均寿命 $\bar{x}=50$ 个月，样本方差为 64，试估计该品牌电池的寿命在 95%置信水平下的置信区间。

解：已知总体近似服从正态分布，样本均值 $\bar{x}=50$，样本方差 $S^2=64$，样本容量 $n=16$，置信水平为 95%，由于是小样本且总体方差未知，故服从于自由度为 $n-1$ 的 t 分布。因此查 t 分布表得临界值 $t_{\alpha/2}=t_{0.05/2}(n-1)=2.131\ 5$，根据式（7-4）得

$$\mu = \bar{x} \pm t_{\alpha/2} \times \frac{S}{\sqrt{n}} = 50 \pm 2.131\ 5 \times \frac{8}{\sqrt{16}} \approx 50 \pm 4.26 = (45.74,\ 54.26)$$

因此该品牌电池的寿命在 95%置信水平下的置信区间为 45.74 个月至 54.26 个月。

【例 7-4】某企业生产某种产品的工人有 1 000 人，某日采用不重复抽样从中随机抽取 100 人调查他们的当日产量，人均产量为 35 件，标准差为 4.5 件，试以 95.45%的置信水平估计平均产量的置信区间。

解：此例采用不重复抽样且可知其总体较小（$N=1\ 000$），这导致样本量占比较高（$n/N=10\% > 5\%$），因此应按式（7-3）考虑到有限总体修正系数。已知 $\bar{x}=35$，样本标准差 $S=4.5$，样本容量 $n=100$，置信水平为 95.45%，根据式（7-3）得

$$\mu = \bar{x} \pm Z_{\alpha/2} \times \frac{S}{\sqrt{n}}\sqrt{\frac{N-n}{N-1}} = 35 \pm 2 \times \frac{4.5}{\sqrt{100}}\sqrt{\frac{1\ 000-100}{1\ 000-1}} \approx 35 \pm 2 \times 0.427 = (34.15,\ 35.85)$$

该日人均产量在 95.45%置信水平下的置信区间为 34.15 件至 35.85 件。

【例 7-4】给出了不重复抽样情况下的例子。通常，重复抽样的误差会大于不重复抽样的误差。但在实际抽样工作中，一般是进行不重复抽样的，为了简便计算，在大总体情况下样本量占总体比例通常较低，这就使得 $\sqrt{\frac{N-n}{N-1}} \approx 1$，所以通常是按照重复抽样方法估计置信区间的。

二、总体服从非正态分布

当关于总体的正态性假定不能满足时，由样本均值的抽样分布可知，在大样本情

况下，样本均值的抽样分布近似服从正态分布，如果总体方差 σ^2 已知，有 $\bar{x} \sim N(\mu, \sigma^2/n)$，此时总体均值的置信区间为

$$\mu = \bar{x} \pm Z_{\alpha/2} \times \frac{\sigma}{\sqrt{n}}$$

当 σ^2 未知时，如果是大样本，则用样本标准差 S 代替总体方差 σ^2，得到总体均值的置信区间为

$$\mu = \bar{x} \pm Z_{\alpha/2} \times \frac{S}{\sqrt{n}}$$

对于总体不服从正态分布，且为小样本时，则应先扩大样本容量，然后按照大样本情况进行讨论。

下面对总体均值的区间估计做一个总结，详见表 7-2。

表 7-2　不同情况下总体均值的区间估计

总体分布	样本量	σ 已知	σ 未知
正态分布	大样本（$n \geqslant 30$）	$\bar{x} \pm Z_{\alpha/2} \times \frac{\sigma}{\sqrt{n}}$	$\bar{x} \pm Z_{\alpha/2} \times \frac{S}{\sqrt{n}}$
	小样本（$n < 30$）	$\bar{x} \pm Z_{\alpha/2} \times \frac{\sigma}{\sqrt{n}}$	$\bar{x} \pm t_{\alpha/2} \times \frac{S}{\sqrt{n}}$
非正态分布	大样本（$n \geqslant 30$）	$\bar{x} \pm Z_{\alpha/2} \times \frac{\sigma}{\sqrt{n}}$	$\bar{x} \pm Z_{\alpha/2} \times \frac{S}{\sqrt{n}}$
	小样本（$n < 30$）	增大样本容量后再进行讨论	

第三节　总体比例的区间估计

总体比例有时又称为总体成数，是指总体中具有某种属性的个体所占的比例，一般用 P 或 π 表示，本节用 π 表示。在讨论总体比例的估计问题时，一般要求先确定样本量是否足够大，通常的经验法则是要求 $n \times p \geqslant 5$ 和 $n \times (1-p) \geqslant 5$。由样本比例 p 的抽样分布可知，当样本量足够大时，p 的抽样分布可用正态分布近似。p 的数学期望为 $E(p) = \pi$，其方差为 $\sigma_p^2 = \frac{\pi(1-\pi)}{n}$，而样本比例经标准化后的随机变量则服从标准正态分布，即

$$Z = \frac{p - \pi}{\sqrt{\frac{\pi(1-\pi)}{n}}} \sim N(0, 1)$$

与总体均值的区间估计一样，在对总体比例进行区间估计时，通常也分为重复抽样与不重复抽样两种情况，本书仅就大样本情形分别予以介绍。

一、重复抽样情况对总体比例的区间估计

与总体均值的区间估计类似，在样本比例 p 的基础上加减估计误差 $Z_{\alpha/2} \times \sigma_{\bar{p}}$，即得总体比例 π 在 $1-\alpha$ 置信水平下的置信区间为

$$p \pm Z_{\alpha/2}\sqrt{\frac{\pi(1-\pi)}{n}} \tag{7-5}$$

用式（7-5）计算总体比例 π 的置信区间时，应当先知道 π 值，但实际上正因为总体比例 π 是未知的，所以才需要去估计它，因此需要用样本比例 p 来代替总体比例 π，此时总体比例的置信区间可表示为

$$p \pm Z_{\alpha/2}\sqrt{\frac{p(1-p)}{n}} \tag{7-6}$$

式（7-6）看上去是不是有些眼熟？事实上这个式子在结构上与总体均值置信区间的估计公式（7-2）是相同的，只不过在此将均值 $\bar{x}$ 换成了 p，将样本均值的标准差 S 换成了样本比例的标准差 $\sqrt{p(1-p)}$。与总体均值的置信区间的估计类似，总体比率的置信区间估计同样由两部分构成：点估计值和允许误差。

【例 7-5】某大学为了解已婚教师住房情况，抽查了 100 户，其中人均住房面积不足 20 平方米的困难户有 28 户，试求该校住房困难教师家庭所占比例的 90%的置信区间。

已知 $n=100$，$p=28\%$，$1-\alpha=90\%$，$Z_{\alpha/2}=Z_{0.05}=1.65$，$n\times p=28>5$，$n\times(1-p)=72>5$，则置信区间为

$$p \pm Z_{\alpha/2}\sqrt{\frac{p(1-p)}{n}} = 28\% \pm 1.65 \times \sqrt{\frac{28\%\ (1-28\%)}{100}} \approx 28 \pm 7.41\% = (20.59\%,\ 35.41\%)$$

该大学住房困难教师家庭所占比例的 90%的置信区间为 20.59%至 35.41%。

二、不重复抽样情况对总体比例的区间估计

在不重复抽样情况下，理论上应当考虑有限总体修正系数，这方面与平均数置信区间估计是一致的。因此，如果我们研究的总体是有限的，尤其是抽样所占比重较大时，即 $\frac{n}{N}>0.05$ 时，就要采用有限总体修正系数，从而 p 的区间估计公式为

$$p \pm Z_{\alpha/2}\sqrt{\frac{p(1-p)}{n} \times \left(\frac{N-n}{N-1}\right)} \tag{7-7}$$

【例 7-6】某公司的人事处希望知道本公司内专业不对口的员工究竟占多大比例，于是从 2 000 名具有硕士以上学历的员工中随机抽取了一个由 150 人组成的样本进行调查。结果表明，有 45 人说他们从事的工作与所学专业不对口。试在 95.5%的置信水平下构造出专业不对口人员所占真正比例的置信区间。

解：由于样本容量较大 $n=150$，$p=45/150=0.3$，$n\times p$ 和 $n\times(1-p)$ 都大于 5，故可用正态分布近似。但又由于抽样比重 $\frac{n}{N}=\frac{150}{2\ 000}=0.075>0.05$，故需要用到有限总

体修正系数，则

$$p \pm Z_{\alpha/2}\sqrt{\frac{p(1-p)}{n}} \times \sqrt{\frac{N-n}{N-1}} = 0.3 \pm 2\sqrt{\frac{0.3(1-0.3)}{150}} \times \sqrt{\frac{2\,000-150}{2\,000-1}}$$

$$\approx 0.3 \pm 0.072 = (0.228,\ 0.372)$$

计算结果表明，我们有 95.5%的把握说，该公司具有硕士以上学历的人员中，有 22.8%~37.2%的人专业不对口。

第四节　总体方差的区间估计

在此只讨论正态总体方差的估计问题。根据样本方差的抽样分布可知，样本方差服从自由度为 $n-1$ 的 χ^2 分布。因此，若给定一个显著性水平 α，用 χ^2 分布构造的总体方差 σ^2 的置信区间可用图 7-6 表示。

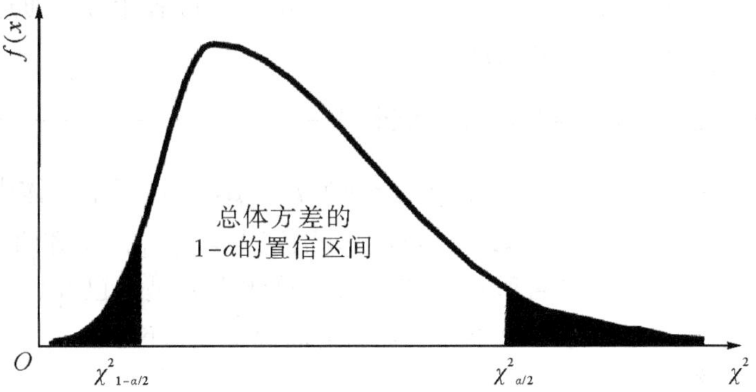

图 7-6　自由度为 $n-1$ 的 χ^2 分布

从图 7-6 可以看出，建立总体方差 σ^2 的置信区间，也就是要找到一个 χ^2 值，使其满足

$$\chi^2_{1-\alpha/2} \leqslant \chi^2 \leqslant \chi^2_{\alpha/2}$$

由于 $\dfrac{(n-1)S^2}{\sigma^2} \sim \chi^2(n-1)$，可以用它来代替 χ^2，于是有

$$\chi^2_{1-\alpha/2} \leqslant \frac{(n-1)S^2}{\sigma^2} \leqslant \chi^2_{\alpha/2}$$

根据上式，可推导出总体方差 σ^2 在 $1-\alpha$ 置信水平下的置信区间为

$$\frac{(n-1)S^2}{\chi^2_{\alpha/2}} \leqslant \sigma^2 \leqslant \frac{(n-1)S^2}{\chi^2_{1-\alpha/2}} \tag{7-8}$$

【例 7-7】从某年级学生中随机抽取 16 人，计算得英语平均成绩为 75 分，方差为 25，假定学生成绩服从正态分布，试求总体方差及标准差的 95%的置信区间。

解：已知 $n=25$，$S^2=25$，$1-\alpha=95\%$，通过查 χ^2 分布表确定两个临界值：

$$\chi^2_{\alpha/2}(n-1) = \chi^2_{0.05}(15) = 27.488$$

$$\chi^2_{1-\alpha/2}(n-1) = \chi^2_{0.975}(15) = 6.262$$

将临界值数字带入式（7-8），总体方差σ^2的置信度为$1-\alpha$的置信区间为

$$\frac{(16-1)\times 25}{27.488}\leqslant\sigma^2\leqslant\frac{(16-1)\times 25}{6.262}$$

计算后得（13.64，59.89），标准差为（3.69，7.74）。因此该年级学生英语成绩的总体方差的95%的置信区间为（13.64，59.89），标准差的95%的置信区间为（3.69，7.74）。

第五节　两个总体参数的区间估计

对于两个总体，我们主要研究两个总体的均值之差$\mu_1-\mu_2$、比率之差$\pi_1-\pi_2$的区间估计。由两个样本统计量的抽样分布可知，来自两个总体的两个随机样本的均值之差$\bar{x}_1-\bar{x}_2$和比率之差p_1-p_2可以作为两个总体的均值之差$\mu_1-\mu_2$和比率之差$\pi_1-\pi_2$的估计量。根据抽样分布理论，类似于一个总体参数的区间估计可以通过对两个总体均值之差、比率之差的区间估计来进行。

一、两个总体均值之差的区间估计

在本部分，我们假定两个总体的均值分别为μ_1、μ_2，从两个总体中分别独立地抽取容量为n_1和n_2的两个随机样本，样本均值分别记为$\bar{x}_1$、$\bar{x}_2$。研究两个总体均值之差的区间估计，需要考虑总体是否服从正态分布，总体方差是否已知，样本是独立样本还是匹配样本，以及样本容量的大小等问题。下面分情况讨论。

（一）独立样本

1. 两个总体服从正态分布且为大样本

由抽样分布理论知，两个样本均值之差（$\bar{x}_1-\bar{x}_2$）的抽样分布服从正态分布，即

$$\bar{x}_1-\bar{x}_2\sim N(\mu_1-\mu_2,\ \frac{\sigma_1^2}{n_1}+\frac{\sigma_2^2}{n_2})$$

经标准化后的统计量则服从标准正态分布，即

$$Z=\frac{(\bar{x}_1-\bar{x}_2)-(\mu_1-\mu_2)}{\sqrt{\frac{\sigma_1^2}{n_1}+\frac{\sigma_2^2}{n_2}}}\tag{7-9}$$

当两个总体方差σ_1^2和σ_2^2已知时，两个总体均值之差$\mu_1-\mu_2$在$1-\alpha$置信水平下的置信区间为

$$(\bar{x}_1-\bar{x}_2)\pm Z_{\alpha/2}\sqrt{\frac{\sigma_1^2}{n_1}+\frac{\sigma_2^2}{n_2}}\tag{7-10}$$

当两个总体方差σ_1^2和σ_2^2未知时，用样本方差S_1^2、S_2^2代替总体方差σ_1^2和σ_2^2，两个总体均值之差$\mu_1-\mu_2$在$1-\alpha$置信水平下的置信区间为

$$(\bar{x}_1-\bar{x}_2)\pm Z_{\alpha/2}\sqrt{\frac{S_1^2}{n_1}+\frac{S_2^2}{n_2}}\tag{7-11}$$

【例 7-8】某地区教育管理部门想估计两所中学的学生高考时的英语平均分数之差，为此在两所中学独立抽取两个随机样本。有关数据如表 7-3 所示，试建立两所中学高考英语平均分数之差 95%的置信区间。

表 7-3　两所中学的抽样数据

中学 1	中学 2
$n_1 = 46$	$n_2 = 33$
$S_1 = 5.8$	$S_2 = 7.2$
$\bar{x}_1 = 86$	$\bar{x}_2 = 78$

解：两个总体均值之差在 $1-\alpha$ 置信水平下的置信区间为

$$(\bar{x}_1-\bar{x}_2) \pm Z_{\alpha/2}\sqrt{\frac{S_1^2}{n_1}+\frac{S_2^2}{n_2}}=(86-78) \pm 1.96\times\sqrt{\frac{5.8^2}{46}+\frac{7.2^2}{33}} \approx 8 \pm 2.97=(5.03,\ 10.97)$$

两所中学高考英语平均分数之差 95%的置信区间为 5.03 分至 10.97 分。

2. 两个总体服从正态分布且为小样本

由抽样分布理论可知，两个样本均值之差（$\bar{x}_1-\bar{x}_2$）的抽样分布依然服从正态分布，此时若两个总体方差 σ_1^2 和 σ_2^2 已知，两个总体均值之差 $\mu_1-\mu_2$ 在 $1-\alpha$ 置信水平下的置信区间与公式（7-10）相同，即

$$(\bar{x}_1-\bar{x}_2) \pm Z_{\alpha/2}\sqrt{\frac{\sigma_1^2}{n_1}+\frac{\sigma_2^2}{n_2}}$$

（1）若两个总体方差 σ_1^2 和 σ_2^2 未知，此时应估计两个总体方差是否相等，即是否有 $\sigma_1^2=\sigma_2^2$。若两个总体方差相等，此时用两个样本方差的加权均值来估计总体方差，称为合并方差，记为 S_p^2，有

$$S_p^2=\frac{(n_1-1)S_1^2+(n_2-1)S_2^2}{n_1+n_2-2}$$

两个样本均值之差经标准化后服从自由度为（n_1+n_2-2）的 t 分布

$$t=\frac{(\bar{x}_1-\bar{x}_2)-(\mu_1-\mu_2)}{S_p\sqrt{\frac{1}{n_1}+\frac{1}{n_2}}} \sim t(n_1+n_2-2)$$

因此两个总体均值之差 $\mu_1-\mu_2$ 在 $1-\alpha$ 置信水平下的置信区间为

$$(\bar{x}_1-\bar{x}_2) \pm t_{\alpha/2}\sqrt{S_p^2\left(\frac{1}{n_1}+\frac{1}{n_2}\right)} \tag{7-12}$$

【例 7-9】假如某研究机构打算比较同行业两家公司员工的月平均收入之差，并在两家公司中独立抽取了两个随机样本。有关数据如表 7-4 所示，假定两家公司员工的月平均收入近似服从正态分布，且方差相等，试以 95%的置信水平确定两家公司员工月平均收入之差的置信区间。

表 7-4　两家公司的抽样数据

公司	样本容量	样本均值	样本标准差
公司 1	$n_1=16$	$\bar{x}_1=2\,500$	$S_1=300$
公司 2	$n_1=16$	$\bar{x}_2=2\,250$	$S_2=200$

解：本题是小样本，属于两个总体方差未知（但相等）的情况，因此应采用合并方差进行计算

$$S_p^2=\frac{(n_1-1)S_1^2+(n_2-1)S_2^2}{n_1+n_2-2}=\frac{(16-1)300^2+(16-1)200^2}{16+16-2}=65\,000$$

查 t 分布表，得到在 95%的置信水平下自由度为（16+16−2）= 30 的临界值 $t_{\alpha/2}=2.042$。根据公式（7-12），两个总体均值之差在 95%置信水平下的区间估计为

$$(x_1-x_2)\ \pm t_{\alpha/2}\sqrt{S_p^2\left(\frac{1}{n_1}+\frac{1}{n_2}\right)}=(2\,500-2\,250)\ \pm 2.042\sqrt{65\,000\left(\frac{1}{16}+\frac{1}{16}\right)}$$

$$\approx 250\pm 184.09$$

$$=(65.91,\ 434.09)$$

因此两家公司员工月平均收入之差在 95%置信水平下的置信区间为（65.91，434.09）。

（2）若两个总体方差 σ_1^2 和 σ_2^2 未知且不相等，即有 $\sigma_1^2\neq\sigma_2^2$，两个样本均值之差经标准化后近似服从自由度为 v 的 t 分布，即

$$t=\frac{(\bar{x}_1-\bar{x}_2)-(\mu_1-\mu_2)}{\sqrt{\dfrac{S_1^2}{n_1}+\dfrac{S_2^2}{n_2}}}\sim t(v)$$

$$v=\frac{\left(\dfrac{S_1^2}{n_1}+\dfrac{S_2^2}{n_2}\right)^2}{\dfrac{(S_1^2/n_1)^2}{n_1-1}+\dfrac{(S_2^2/n_2)^2}{n_2-1}}$$

因此，两个总体均值之差在 $1-\alpha$ 置信水平下的区间估计为

$$(\bar{x}_1-\bar{x}_2)\ \pm t_{\alpha/2}(v)\ \sqrt{\frac{S_1^2}{n_1}+\frac{S_2^2}{n_2}}$$

上述公式实际计算起来是比较麻烦的，所以实践中通常会采用一些计算软件比如 Excel 或 SPSS 等完成。

（二）成对样本

在前面的例子中使用的是两个独立的样本，但使用独立样本来估计两个总体均值之差有时可能会存在潜在的弊端。比如，在对两种组装产品的方法进行测试时，偶尔可能会将技术比较差的 20 个工人指定给使用方法 A 组装的产品，而将技术较好的 20 个工人指定给使用方法 B 组装的产品，这种不公平的指派可能会掩盖两种方法组装产品所需时间的真正差异。为了解决这一问题，可以使用匹配样本（matched sample）。比如，先指定 20 个工人用第一种方法组装产品，然后再让这 20 个工人用第二种方法组

装产品，这样得到的使用两种方法组装产品的数据就是匹配样本或“成对样本”。匹配样本可以消除由于样本指定的不公平造成的两种方法组装时间上的差异。

使用匹配样本进行估计时，在大样本条件下，两个总体均值之差 $\mu_d=\mu_1-\mu_2$ 在 $1-\alpha$ 置信水平下的置信区间为

$$\bar{x}_d \pm Z_{\alpha/2}\frac{\sigma_d}{\sqrt{n}} \tag{7-13}$$

式中，d 表示两个匹配样本对应数据的差值，$\bar{x}_d$ 表示对应差值的均值，σ_d 表示各差值的标准差。当总体的 σ_d 未知时，可用样本差值的标准差 S_d 来代替。

在小样本情况下，假定两个总体的观察值的配对差服从正态分布，两个总体均值之差 $\mu_d=\mu_1-\mu_2$ 在 $1-\alpha$ 置信水平下的置信区间为

$$\bar{x}_d \pm t_{\alpha/2}(n-1)\frac{S_d}{\sqrt{n}} \tag{7-14}$$

对于配对差总体不服从正态分布且为小样本时，一般要先扩大样本容量，然后按照大样本情况进行讨论。

【例 7-10】为了检验体育锻炼的效果，随机抽取了 10 名学生作为样本，记录他们锻炼前后的体重数据（如表 7-5 所示）。假如配对差总体近似服从正态分布，试以 95%的置信水平建立体育锻炼前后体重之差的置信区间。

表 7-5　10 名学生的体重数据　　单位：千克

样本编号	1	2	3	4	5	6	7	8	9	10
锻炼前体重	99	57	62	69	74	77	59	92	70	85
锻炼后体重	94	57	62	69	66	76	58	88	70	84
体重配对差	5	0	0	0	8	1	1	4	0	1

解：本问题属于配对差总体方差未知的情况，且样本为小样本。假设配对差总体近似服从正态分布，根据表 7-5 中配对差数据，计算配对差的样本均值和标准差分别为 $\bar{x}_d=2$ 千克，$S_d=2.75$ 千克，自由度为（10−1）＝ 9。查 t 分布表，得 95%置信水平下的临界值为 $t_{0.05/2}(9)=2.262$，根据公式（7-14），建立学生体育锻炼前后体重之差在 95%置信水平下的置信区间为

$$\bar{x}d=\frac{\sum_{i=1}^{n}d_i}{n_d}=\frac{20}{10}=2$$

$$S_d=\sqrt{\frac{\sum_{i=1}^{n}(d_i-\bar{x}_d)^2}{n_d-1}}=2.75$$

$$\bar{x}\pm t_{\alpha/2}(n-1)\frac{S_d}{\sqrt{n}}=2\pm 2.262\times\frac{2.75}{\sqrt{10}}\approx 2\pm 1.97=(0.03,\ 3.97)$$

计算结果表明学生锻炼前后体重之差的置信区间为 0.03 千克至 3.97 千克。

二、两个总体比率之差的区间估计

为了估计两个总体比率之差 $\pi_1-\pi_2$，我们可从每一个总体中各抽一个随机样本，并利用两个样本比率之差 p_1-p_2，这样就可以按通常的方式构造出一个区间的估计值。当 n_1 和 n_2 都为大样本时，而且总体比率不太接近 0 或 1 时，两个样本比率之差 p_1-p_2 的抽样分布近似服从正态分布，两个总体比率之差 $\pi_1-\pi_2$ 在 $1-\alpha$ 置信水平下的置信区间为

$$p_1-p_2 \sim N\left(\pi_1-\pi_2,\ \frac{\pi_1(1-\pi_1)}{n_1}+\frac{\pi_2(1-\pi_2)}{n_2}\right)$$

一般情况下，两个总体的比率 $\pi_1-\pi_2$ 未知，大样本下可用样本比率 p_1-p_2 代替，即

$$p_1-p_2 \sim N\left(\pi_1-\pi_2,\ \frac{p_1(1-p_1)}{n_1}+\frac{p_2(1-p_2)}{n_2}\right)$$

两个样本比率之差 p_1-p_2 标准化后的随机变量服从标准正态分布，即

$$\frac{(p_1-p_2)-(\pi_1-\pi_2)}{\sqrt{\dfrac{p_1(1-p_1)}{n_1}+\dfrac{p_2(1-p_2)}{n_n}}} \sim N(0,\ 1)$$

因此，两个样本比率之差的置信区间为

$$(p_1-p_2)\ \pm Z_{\alpha/2}\sqrt{\frac{p_1(1-p_1)}{n_1}+\frac{p_2(1-p_2)}{n_2}} \qquad (7-15)$$

【例 7-11】在对两个电视广告效果的评比中，每个广告在一周时间内播出 5 次，要求看过广告的人陈述广告的内容。对于广告 A、B，调查人员分别随机调查了 150 个人和 200 个人，能够回想起广告 A、广告 B 的人数分别为 63 人和 60 人。试以 95%的置信水平建立两个总体回想起广告人数所占比率之差的置信区间。

解：本题属于大样本情况，两个样本比率之差 p_1-p_2 的抽样分布近似服从正态分布。样本比率分别为 $p_1=63/150=0.42$，$p_2=60/200=0.30$，根据公式（7-15）得 $\pi_1-\pi_2$ 置信度 95%的置信区间为

$$(42\%-30\%)\ \pm\ 1.96\times\sqrt{\frac{42\%\times(1-42\%)}{150}+\frac{30\%\times(1-30\%)}{200}}=12\%\pm10\%=$$

(2%，22%)

也就是说，根据这一结果，我们有 95%的把握认为，回想起广告 A 和广告 B 的人数所占比率之差为 2%~22%，这说明广告 A 的市场效果要好于广告 B。

本章小结

参数估计是推断统计的重要内容之一，它是在抽样及抽样分布的基础上，根据样本统计量来推断我们所关心的总体参数。参数估计可分为点估计和区间估计两大类。

点估计是根据样本数据计算的一个估计值，但它不能表明估计的可靠程度。区间估计是通过样本来估计总体参数可能位于的区间。在对总体参数做出估计时，并非所有的估计量都是优良的。一个好的估计量应满足三个标准，即无偏性、一致性和有效性。

由于区间估计时的条件不同，例如是否知道总体分布、是否知道总体方差，是大样本还是小样本，是重复抽样还是不重复抽样，因此对总体参数估计的公式也有所不同。

决定样本容量大小的因素有以下三点：①总体方差 σ^2 的数值大小；②可靠性程度的高低；③允许误差的大小。

思考与练习

一、思考题

1. 什么是统计推断？统计推断的基本问题可以分为两大类，它们之间有什么关系？

2. 什么是点估计？什么是区间估计？两者各有什么优缺点？

3. 评判一个估计量好坏的标准有哪些？

4. 甲乙两个地区分别有高中一年级学生 3 000 人和 8 000 人。为了测试学生体重，两地区各随机抽取 300 名高一学生进行测试，在均值、标准差、置信水平要求等相同的情况下，两地区估计结果的精度会有较大差异吗？为什么？

二、单项选择题

1. 关于样本平均数和总体平均数的说法，下列正确的是（　　）。

A. 前者是一个确定值，后者是随机变量

B. 前者是随机变量，后者是一个确定值

C. 两者都是随机变量

D. 两者都是确定值

2. 通常所说的大样本是指样本容量（　　）。

A. 大于等于 30　　　　B. 小于 30

C. 大于等于 10　　　　D. 小于 10

3. 从服从正态分布的无限总体中分别抽取容量为 4、16、36 的样本，当样本容量增大时，样本均值的标准差将（　　）。

A. 增加　　　　B. 减小

C. 不变　　　　D. 无法确定

4. 某班级学生的年龄是右偏的，均值为 20 岁，标准差为 4.45，如果采用重复抽样的方法从该班抽取容量为 100 的样本，那么样本均值的分布为（　　）。

A. 均值为 20、标准差为 0.445 的正态分布

B. 均值为 20、标准差为 4.45 的正态分布

C. 均值为 20、标准差为 0.445 的右偏分布

D. 均值为 20、标准差为 4.45 的右偏分布

5. 区间估计表明的是一个（　　）。

A. 绝对可靠的范围　　B. 可能的范围

C. 绝对不可靠的范围　　D. 不可能的范围

6. 在其他条件不变的情形下，在未知参数的 $1-\alpha$ 置信区间，（　　）。

A. α 越大，长度越短　　B. α 越大，长度越长

C. α 越小，长度越短　　D. α 与长度没有关系

7. 甲、乙是两个无偏估计量，如果甲估计量的方差小于乙估计量的方差，则称（　　）。

A. 甲是充分估计量　　B. 甲乙一样有效

C. 乙比甲有效　　D. 甲比乙有效

8. 设总体服从正态分布、方差未知，在样本容量和置信度保持不变的情形下，根据不同的样本值得到总体均值的置信区间长度将（　　）。

A. 增加　　B. 不变

C. 减少　　D. 以上都对

9. 在其他条件不变的前提下，若要求误差范围缩小 1/3，则样本容量（　　）。

A. 增加 9 倍　　B. 增加 8 倍

C. 为原来的 2.25 倍　　D. 增加 2.25 倍

10. 设容量为 16 人的简单随机样本，平均完成工作时间为 13 分钟，总体服从正态分布且标准差为 3 分钟，若想对完成工作所需时间构造一个 90% 的置信区间，则（　　）。

A. 应用标准正态概率表查出 Z 值　　B. 应用 t 分布表查出 t 值

C. 应用二项分布表查出 p 值　　D. 应用 F 分布表查出 F 值

11. 参数估计的类型有（　　）。

A. 点估计和无偏估计　　B. 无偏估计和区间估计

C. 点估计和有效估计　　D. 点估计和区间估计

12. 抽样方案中关于样本大小的因素，下列说法错误的是（　　）。

A. 总体方差大，样本容量要大

B. 要求的可靠程度越高，所需样本容量越大

C. 总体方差小，样本容量要大

D. 要求推断比较精确，样本容量要大

13. 在其他条件不变的情况下，提高抽样估计的可靠程度，其精度将（　　）。

A. 增加　　B. 不变

C. 减少　　D. 以上都对

三、多项选择题

1. 影响抽样极限误差的因素有（　　）。

A. 调查人员的素质　　B. 样本容量

C. 抽样推断的可靠度　　D. 抽样组织方式

E. 总体各单位标志值的差异程度

2. 若 $\hat{\theta}_1$ 和 $\hat{\theta}_2$ 都是总体参数 θ 的无偏估计量，正确说法是（　　）。

A. $\hat{\theta}_1=\theta$，$\hat{\theta}_2=\theta$

B. 若 $D(\hat{\theta}_1)\leqslant D(\hat{\theta}_2)$，则 $\hat{\theta}_1$ 比 $\hat{\theta}_2$ 更有效

C. $E(\hat{\theta}_1-\theta)=0$，$E(\hat{\theta}_2-\theta)=0$

D. a，b 均为常数，且 $a+b=1$，则（$a\hat{\theta}_1+b\hat{\theta}_2$）也是 θ 的无偏估计量

E. $\hat{\theta}_1^2$ 也是 θ_2 的无偏估计量

3. 某批产品共有 4 000 件，为了解这批产品的质量，从中随机抽取 200 件进行质量检验，发现其中有 30 件不合格。根据抽样结果进行推断，下列说法正确的有（　　）。

A. $n=200$　　　　B. $n=30$

C. 总体合格率是一个估计量　　　　D. 样本合格率是一个统计量

E. 置信度为 68.3 时，估计合格率的允许误差为 2.52%

4. 计算抽样平均误差时，由于总体方差是未知的，通常用下列代替方法（　　）。

A. 大样本条件下，可用未修正样本方差代替

B. 小样本条件下，用样本方差代替

C. 用以前同类调查的总体方差代替

D. 有多个参考数值时，应取其平均数代替

E. 对于成数，有多个参考数值时，应取其中最接近 0.5 的数值来计算

5. 采用重复抽样方法对总体均值做估计，当其他条件不变时，（　　）。

A. 极限误差缩小 1/3，必要样本容量为原来的 2.25 倍

B. 极限误差缩小 1/3，必要样本容量增加原来的 2.25 倍

C. 极限误差扩大一倍，必要样本容量为原来的 1/4

D. 总体的方差越大，所需样本容量越大

E. 概率把握度越大，所需样本容量越大

四、计算题

1. 现从一批零件中随机抽取 16 个，测得它们的长度（单位：厘米）分别为：15.1、14.5、14.8、14.6、15.2、14.8、14.9、14.6、14.8、15.1、15.3、14.7、15.0、15.2、15.1、14.7。

（1）如果要使用 t 分布构建零件平均长度的置信区间，基本的假定条件是什么？

（2）构建该批零件平均长度的 95%的置信区间。

（3）能否确定该批零件的实际平均长度就在你所构建的区间内？为什么？

2. 为了解某银行营业厅办理某业务的办事效率，调查人员观察了该银行营业厅的柜台办理该业务的每笔业务的办理时间，并随机记录了 25 名客户办理业务的时间，测得平均办理时间为 12 分钟，样本标准差 $S=4$ 分钟。

（1）根据 95%的置信水平，求该银行为客户办理业务所需平均时间的置信区间。

（2）若随机观测的是 40 名客户，而观测的平均数标准差不变，则 95%的置信区间又是多少？

(3) 在上述 (1) 估计中，有什么假定?

3. 从一批零件中随机抽取 36 个，测得其平均长度为 150 厘米，标准差为 2.4 厘米。

(1) 若置信水平为 95%，确定该种零件平均长度的置信区间。

(2) 在上面的估计中，你使用了统计中的哪一个重要定理? 请简要解释这一定理。

(3) 若其他条件不变，要求估计误差 $\Delta x = 0.5$，应抽取多少个零件进行检查?

4. 某企业采用自动打包机包装的方式包装食品，每包食品的标准重量为 100 克。现从某天生产的一批产品中按重复抽样随机抽取 50 包进行检查，测得每包重量经分组后如表 7-6 所示。

表 7-6 食品重量抽样数据

每包重量/克	包数/包
96~98	2
98~100	3
100~102	34
102~104	7
104~106	4
合计	50

已知食品包重服从正态分布，要求:

(1) 确定该种食品平均重量的 95%的置信区间。

(2) 如果规定食品重量低于 100 克属于不合格，确定该批食品合格率的 95%的置信区间。

5. 一家调查公司进行一项调查，其目的是了解某市电信营业厅大客户对该电信营业厅的服务的满意情况。调查人员随机访问了 100 名去该电信营业厅办理业务的大客户，发现受访的大客户中有 35 名认为营业厅现在的服务质量比以前好。

(1) 在 95%的置信水平下，对大客户中认为营业厅现在的服务质量比以前好的比例进行区间估计。

(2) 如果要求估计误差不超过 5%，在相同条件下，应抽取多少大客户进行调查?

6. 某校学生有关考试成绩分组情况如表 7-7 所示 ($n = 800$，置信度为 95%)。

表 7-7 某校学生有关考试成绩分组情况

成绩	50 分以下	50~60 分	60~70 分	70~80 分	80~90 分	90 分以上
人数/人	5	10	20	37	40	8

(1) 分别按重复抽样/不重复抽样估计平均成绩区间范围。

(2) 分别按重复抽样/不重复抽样估计不及格率范围。

第八章

假设检验与方差分析

【导入案例】

某连锁商超采购部门要采购净含量500毫升的瓶装食用芝麻油。在评估了多家供应商后，其准备采购某食品股份有限公司的产品。该食品公司有4个分厂都在灌装这种规格的食用芝麻油，产品标签上会注明是哪个分厂灌装的。缺斤少两现象是商超非常重视的问题，因而商超的采购部门关注的问题之一是产品的净含量是否达标。该商超采购部门派出员工到食品企业的4个分厂随机抽检，每个分厂分别抽检10瓶，净含量检测数据如表8-1所示：

表8-1　某食品企业瓶装芝麻油净含量　　单位：毫升

被检测产品	第一分厂	第二分厂	第三分厂	第四分厂
第1瓶	498	492	499	502
第2瓶	496	496	502	498
第3瓶	502	486	496	500
第4瓶	492	499	496	503
第5瓶	494	500	498	494
第6瓶	498	480	493	492
第7瓶	489	498	504	493
第8瓶	500	496	496	499
第9瓶	496	497	497	497
第10瓶	490	495	501	496

根据检测数据，一方面，采购部门可以使用假设检验的方法判断该食品企业的食用芝麻油有没有缺斤少两；另一方面，采购部门可以使用方差分析的方法判断该食品企业4个分厂灌装的净含量是不是有差别。

第一节　假设检验的基本原理

一、假设检验的基本思想

日常生活中，人们常常使用反证法：设定一个假设以后，如果出现的事实与之矛盾，则绝对地否定假设。比如，某人假设明天是个晴朗的日子并做了郊游计划，结果第二天一早就刮风下雨，显然只有否定天气晴朗的假设，取消郊游计划。但是，统计学的假设检验是带概率性质的反证法，如果假设是正确的话，出现一个概率很小的事件，则以很大的把握否定假设。在导入案例中，假设食品企业灌装的芝麻油净含量是合格的，站在消费者的角度，那么，随机抽取的样品检测的结果就不应该比标称的500毫升少，因为随机性，样本的均值不太可能正好是500毫升，可能少点，也可能多点。消费者不关心灌装过多的问题，只关心是否装少了。那么，我们就需要从统计的角度，使用数学上抽样分布的工具去评判少到什么程度是一个概率很小的事件，如果出现了，则以很大的把握判定产品不合格。

二、假设检验的步骤

（一）提出假设

提出假设，即统计人员根据问题的实际情况提出假设。在导入案例中，采购部门已经评估了多家供应商，准备采购某食品股份有限公司的产品，如果该食品企业的产品是不合格的，肯定不会把该企业列为供应商之一，更谈不上去抽检了。所以可以假设该食品企业的产品是合格的，这就是问题的原假设，代表原来的状态、已往的经验或者某个被怀疑的陈述，又叫零假设，在数理统计上记为 H_0。而该食品企业的产品是不合格的假设，即跟 H_0 的陈述是完全相反的，被称为对立假设，也叫备择假设，记为 H_1。

在导入案例中，站在商超采购部门和消费者角度，可以不关心灌装过多的问题，只关心是否装少了。使用数理统计的数学表达方法，提出的假设可以简写为

$$H_0: \mu \geqslant 500, \quad H_1: \mu < 500$$

如果站在食品企业的生产管理角度，灌装过多过少都是不合格的，所以，提出的假设是不一样的：

$$H_0: \mu = 500, \quad H_1: \mu \neq 500$$

（二）选取一个适当的检验统计量

选择的检验统计量的抽样分布是否明确是假设检验能否实行的关键。检验统计量是指用于检验原假设是否成立的统计量。它是一个随机变量，其数值随样本不同而不同。对总体参数进行假设检验时，在原假设成立的前提下，检验统计量不包含未知总体参数但包含原假设中总体参数的假设值，而且检验统计量的抽样分布应该是明确的，这样才能计算出原假设成立的前提下样本的出现是否属于小概率事件。

对于总体参数的假设检验，检验统计量及其分布通常可由被检验参数的点估计量

经过标准化来导出，实质上与参数估计中用于构建置信区间的变量的选择是一致的，要视总体是否正态分布、总体方差是否已知以及是大样本还是小样本等条件而定。假设检验的具体方法通常以检验统计量服从的分布来命名，常用的有 Z 检验（正态检验）、t 检验、F 检验、χ^2 检验等。

在导入案例中，标称净含量是待检验参数，设为总体均值 μ，样本均值 $\bar{X}$ 是总体均值的无偏估计量，如果该产品净含量服从正态分布，那么

$$\bar{X} \sim N\left(\mu, \frac{\sigma^2}{n}\right)$$

其中，σ 和 n 为已知数。

在 H_0：$\mu \geqslant 500$ 成立的情况下，可构建出检验统计量为

$$Z = \frac{\bar{X} - 500}{\sigma / \sqrt{n}}$$

在 H_0 为真时，Z 服从标准正态分布。

（三）选择显著性水平 α，确定临界域

提出假设的主要思路是：原假设成立的情况下，备择假设是小概率事件。多小的概率才算小概率呢？这并没有统一的规定，而是由研究者根据实际问题的背景及其风险偏好来确定。这个事先规定的小概率的标准称为检验的显著性水平，用 α 表示。

选择了显著性水平 α，就可由检验统计量的概率分布求得相应的临界值。临界值将检验统计量的取值范围划分成拒绝原假设的区域（简称“拒绝域”）与不能拒绝区域两个部分。拒绝域不仅与显著性水平的大小和检验统计量的分布有关，也与假设类型有关。

双侧检验的拒绝域位于检验统计量分布曲线的两侧，左侧检验的拒绝域位于统计量分布曲线的左侧，右侧检验的拒绝域位于统计量分布曲线的右侧（如图 8-1 所示）。

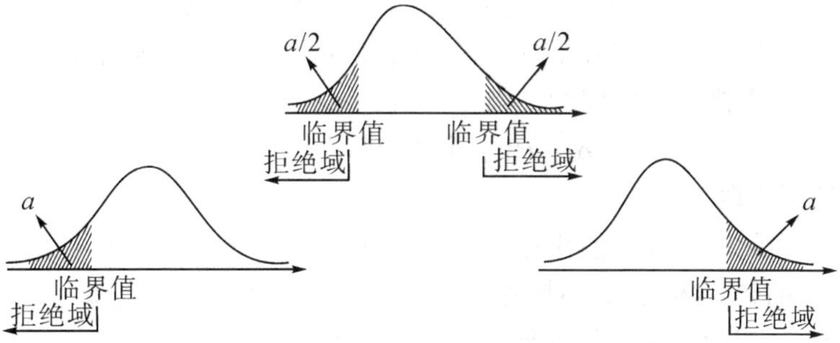

图 8-1　拒绝域示意图

在导入案例中，站在商超采购部门和消费者角度，提出的假设为

$$H_0: \mu \geqslant 500, \quad H_1: \mu < 500$$

这是一个左侧检验问题，拒绝域位于检验统计量分布曲线的左侧。如果站在食品企业的生产管理角度，提出的假设为

$$H_0: \mu = 500, \quad H_1: \mu \neq 500$$

这是一个双侧检验问题，拒绝域位于检验统计量分布曲线的两侧。

（四）根据检验统计量的观测值做出判断

根据样本数据计算的检验统计量的值也称为检验统计量的观测值。根据检验统计量的观测值是否落入拒绝域做出拒绝或接受原假设的判断。

【例 8-1】在导入案例中，站在商超采购部门和消费者角度，提出的假设为

$$H_0: \mu \geqslant 500, \quad H_1: \mu < 500$$

根据历史数据，此产品净含量的标准差 $\sigma = 14.6$ 毫升，给定显著性水平 $\alpha = 0.05$，查标准正态分布表可得临界值 $Z_{0.05} = 1.645$，根据标准正态分布的对称性，该问题的拒绝域为 $|Z| > Z_{0.05}$，根据表 8-1 计算样本均值 $\bar{X} = 496.25$ 毫升，计算检验统计量的观测值：

$$Z = \frac{\bar{X} - 500}{\sigma / \sqrt{n}} = -1.625$$

计算结果表明，检验统计量的观测值没有落入拒绝域。结论可表述为：没有充足的理由认为该产品净含量有缺斤少两现象。

三、假设检验中的两类错误

假设检验的目的是根据样本数据进行决策判断，拒绝原假设还是不拒绝原假设，二者必选其一。决策者希望自己的决策判断是正确的，但样本数据资料不是完备的，因此，所做的决策判断不可能百分之百正确，即决策有“风险”。但即便在有风险的情况下，在经济活动中人们必须做出决策。由于抽样具有随机性，拒绝原假设时，原假设未必是假的；不拒绝原假设，也不意味着原假设必定就是真的。出现的错误分为两类：第一类错误和第二类错误。

（一）第一类错误

如果原假设实际为真，由于样本观测值落在了拒绝域，做出拒绝原假设的判断而犯的错误称为第一类错误（第Ⅰ类错误），从实际效果上又称为“拒真”或“弃真”错误。犯第一类错误的概率用 α 表示，也就是显著性水平。实质上，显著性水平就是事先设定的犯第一类错误的概率的最大允许值：

$$\alpha = P\{\text{拒绝}H_o \mid H_0 \text{ 为真}\}$$

（二）第二类错误

如果原假设实际上不真，但由于样本观测值落在了不能拒绝区域，做出不拒绝原假设的结论而犯的错误称为第二类错误（第Ⅱ类错误），从实际效果上又称“受伪”或“取伪”错误。犯第二类错误的概率通常记为 β：

$$\beta = P\{\text{接受}H_o \mid H_1 \text{ 为真}\}$$

（三）两类错误的控制

人们当然希望两类错误的概率 α 与 β 都很小，但在样本容量 n 固定时是无法做到的。理论上已经证明：当 α 在减少时，β 就会增大；相反，当 β 在减少时，α 就会增大。因此无法实现两者平衡，基于这种情况，且因为人们常常把拒绝 H_0 比错误地接受 H_0 看得更重些，往往采用“保护零假设的原则”来构造假设检验，即事先限制犯第Ⅰ类错误的概率不超过显著性水平 α，并在此条件下考虑如何使犯第Ⅱ类错误的概率 β 尽可能小。在这种原则下，设置临界域只涉及原假设 H_0，而不涉及备择假设 H_1，因而这

种统计假设问题称为显著性检验问题。

如果要使两类错误的概率 α 与 β 同时减少，则一般采用增加样本容量的方法，但是通过增加样本量来达到减小犯错误的概率往往是不现实的，这种做法将大大增加决策成本。

第二节　单个总体的参数检验

对于单参数检验的对象而言，其目标任务是推断假定的总体参数大小或范围是否可信，所涉及的总体参数主要包括总体均值 μ、总体方差 σ^2 和总体比例 π。由于检验的参数不同，所构建的检验统计量对应的统计分布和计算方法也各不相同。

一、单个总体的均值检验

我们用 μ 表示待检验的总体均值、μ_0 表示总体均值的假设值（某一具体的数值）。对总体均值进行假设检验时，首先要建立下列三种类型之一的假设：

①双侧检验：

$$H_0: \mu = \mu_0, \quad H_1: \mu \neq \mu_0$$

②左侧检验：

$$H_0: \mu = \mu_0 \text{（或} \mu \geqslant \mu_0 \text{）}, H_1: \mu < \mu_0$$

③右侧检验：

$$H_0: \mu = \mu_0 \text{（或} \mu \leqslant \mu_0 \text{）}, H_1: \mu > \mu_0$$

无论是哪种类型的假设，确定检验统计量及其分布的依据都是相同的，取决于总体是否服从正态分布、总体方差 σ^2 是否已知以及样本量 n 大小等条件。

（一）总体服从正态分布、方差已知

如果总体服从正态分布、方差已知，样本容量 n 无论大小，样本均值都服从正态分布：$\bar{X} \sim N\left(\mu, \dfrac{\sigma^2}{n}\right)$。在原假设成立的前提下，检验统计量及其分布为

$$Z = \frac{\bar{X} - \mu_0}{\sigma / \sqrt{n}} \sim N(0, 1)$$

【例 8-2】某种产品的直径为 6 厘米表明该产品合格。现随机抽取 100 件作为样本进行检查，得知样本平均值为 6.1 厘米，现假设标准差为 0.2 厘米，令 $\alpha = 0.05$，检验这批产品是否合格。

提出假设：

根据常识，产品尺寸既不能过大，也不能过小，因而可以判断是一个双侧检验问题。

$$H_0: \mu = 6 \text{ 厘米}, \quad H_1: \mu \neq 6 \text{ 厘米}$$

选择检验统计量：

$$Z = \frac{\bar{X} - \mu_0}{\sigma / \sqrt{n}}$$

已知 $\bar{X}=6.1$、$\mu=6$、$\sigma=0.2$、$n=100$，计算可得 $Z=5$；$\alpha=0.05$ 时，查看标准正态分布表，对应的临界值 $|Z|>Z_{0.05/2}=1.96$。

因为 $|Z|>Z_{0.05/2}$，说明样本均值与总体均值存在显著差异，有95%的可靠程度认定这批产品不合格。

（二）总体服从正态分布、方差未知

如果总体服从正态分布、方差未知，需要用样本方差 S^2 代替总体方差 σ^2，在原假设成立的前提下，检验统计量及其分布为 $t=\dfrac{\bar{X}-\mu_0}{S/\sqrt{n}}\sim t(n-1)$。

【例8-3】已知健康人的红细胞直径服从均值为7.2微米的正态分布，今在某患者血液中随机测得9个红细胞的直径如下：7.8微米、9.0微米、7.1微米、7.6微米、8.5微米、7.7微米、7.3微米、8.1微米、8.0微米。试在显著性检验水平 $\alpha=0.05$ 下判断该患者的红细胞与健康人的红细胞是否有显著差异。

提出假设：

$$H_0: \mu=7.2 \text{微米}, \quad H_1: \mu \neq 7.2 \text{微米}$$

由于方差未知，故采用 t 检验。检验统计量为 $t=\dfrac{\bar{X}-\mu_0}{S/\sqrt{n}}\sim t(n-1)$，拒绝域为 $|t|\geqslant t_{\alpha/2}(n-1)$，当 $\alpha=0.05$ 时，查 t 分布表得 $t_{\alpha/2}(n-1)=t_{0.025}(8)=2.306$，由观测数据计算得到检验统计量的观察值为

$$t=\frac{\bar{X}-\mu_0}{s/\sqrt{n}}=\frac{7.9-7.2}{0.587/3}=3.576$$

它落在拒绝域内，所以拒绝原假设 H_0，即在检验水平 $\alpha=0.05$ 下认为该患者的红细胞平均值与健康人之间有显著差异。

在大样本条件下（$n\geqslant 30$），t 检验统计量近似服从标准正态分布。所以，总体方差未知时，只要样本量足够大，对总体均值的假设检验通常近似采用 Z 检验，检验统计量及其分布为 $Z=\dfrac{\bar{X}-\mu_0}{S/\sqrt{n}}\sim N(0,1)$。

（三）总体不服从正态分布，且为大样本

如果总体不服从正态分布，但样本容量 n 充分大（$n\geqslant 30$）时，根据中心极限定理，样本均值近似服从正态分布。

若方差已知，在原假设成立的前提下，检验统计量及其分布为 $Z=\dfrac{\bar{X}-\mu_0}{\sigma/\sqrt{n}}\sim N(0,1)$。

若方差未知，需要用样本方差 S^2 代替总体方差 σ^2，在原假设成立的前提下，检验统计量及其分布为 $Z=\dfrac{\bar{X}-\mu_0}{S/\sqrt{n}}\sim N(0,1)$。

（四）总体不服从正态分布，且为小样本

总体不服从正态分布，且样本容量 n 较小（$n<30$）时，无论方差是否已知，均无法判断样本均值的分布形态，因而无法进行检验。

二、单个总体的比例检验

总体比例有两种情形：一种是总体中具有某种品种属性（如性别、等级、民族等）的总体单位数与总体单位总量的比值，例如产品合格率是企业某种产品的合格品数量与产品总产量的比值；另一种是总体中某一数量标志总量与另一个相关数量标志总量的比值，例如商品流通费用率是该商品的流通费用与销售额的比值。总体比例一般用 π 表示，实际的 π 一般是未知的，比如产品合格率、商品流通费用率。但在管理实际中可以事先假定其为某个数值，以 π_0 表示，例如产品实际合格率 π 究竟是大于、小于或等于该假定值 π_0，可用随机抽取的样本产品合格率进行检验。

由抽样分布理论可知，样本比例服从二项式分布，因此利用二项式分布构建的检验统计量可进行总体比例的假设检验，但有关计算十分烦琐。本书只介绍在大样本条件下如何对总体比例进行假设检验。由于在大样本［$n\cdot\pi_0\geqslant 5$ 和 $n\cdot(1-\pi_0)\geqslant 5$］情况下，二项式分布近似于正态分布，因此对大样本而言，总体比例假设检验实际就是直接通过建立标准正态分布的统计量进行检验。

总体比例 π_0 的检验具有下列 3 种形式：

①双侧检验：

$$H_0:\ \pi=\pi_0,\quad H_1:\ \pi\neq\pi_0$$

②左侧检验：

$$H_0:\ \pi=\pi_0\ (\text{或}\ \pi\geqslant\pi_0),\ H_1:\ \pi<\pi_0$$

③右侧检验：

$$H_0:\ \pi=\pi_0\ (\text{或}\ \pi\leqslant\pi_0),\ H_1:\ \pi>\pi_0$$

在原假设成立的前提下，检验统计量及其分布为：$Z=\dfrac{p-\pi_0}{\sqrt{\pi_0(1-\pi_0)/n}}\sim N(0,\ 1)$，其中，$n$ 为样本容量，p 为样本比例。

三、单个总体的方差检验

样本均值是随机变量，总体方差（或标准差）反映该随机变量偏离总体均值位置的程度或水平，是反映随机变量波动程度的重要指标。总体方差越大，表明该随机变量波动越大；反之，该随机变量越稳定。总体方差或标准差是研究生产活动的均衡性、产品质量的稳定性等常用的指标，也是正态总体的重要参数之一。例如，对随机变量方差水平的控制在金融投资领域意味着对风险的控制，在生产领域意味着对产品质量稳定性的控制。因此，总体方差的检验也是假设检验的重要内容，对总体方差 σ^2 的检验也是常见的假设检验问题。

由于方差检验利用的是卡方（χ^2）分布，因而其所用的抽样分布与总体均值和总体比例检验所用的抽样分布不同。按 χ^2 分布的定义，总体方差检验无论样本容量多大，都要求总体服从正态分布。本书只限于讨论总体服从正态分布的情形。

用 σ_0^2 表示待检验的总体方差 σ^2 的一个假设值，检验具有下列 3 种形式：

①双侧检验：

$$H_0:\ \sigma^2=\sigma_0^2,\quad H_1:\ \sigma^2\neq\sigma_0^2$$

②左侧检验：

$$H_0: \sigma^2 = \sigma_0^2 (\text{或} \sigma^2 \geqslant \sigma_0^2), H_1: \sigma^2 < \sigma_0^2$$

③右侧检验：

$$H_0: \sigma^2 = \sigma_0^2 (\text{或} \sigma^2 \leqslant \sigma_0^2), H_1: \sigma^2 > \sigma_0^2$$

在原假设成立的前提下，检验统计量及其分布为$\chi^2 = \frac{(n-1)S^2}{\sigma_0^2} \sim \chi^2(n-1)$，其中，$n$ 为样本容量，S^2 为样本方差。

第三节　两个总体的参数检验

单个总体的参数检验是对一个总体主要参数的检验，在管理实践中，很多时候人们需要对两个总体的参数进行比较，看它们是否存在显著的差异。例如，两个不同高中的高考成绩是否有显著差异，两条不同生产线生产的同类产品的净含量是否有显著差异，两只股票的风险是否有显著差异，在统计学上，这些实际问题就是典型的两个总体的参数检验问题。

与单个总体的参数检验不同，两个总体的参数检验的原假设不再是和一个固定值的比较，而是验证两个总体之间是否存在差异。两个总体比较的思路看起来比较简单，但设定可比的基础涉及诸多细节，不同条件下对同一问题的回答及其检验统计量的构造是完全不同的。比如，两个样本的容量大小、两个样本是独立还是匹配、两个总体的分布形态、两个总体的方差是否相同等，这些条件决定用哪个指标检验、用什么检验统计量。本书只讨论两个总体的均值、方差和比例在特定条件下是否相同的假设检验。

一、两个总体的均值是否相同的检验

两个总体均值是否相等的检验具有下列 3 种形式：

①双侧检验：

$$H_0: \mu_1 = \mu_2, \quad H_1: \mu_1 \neq \mu_2$$

②左侧检验：

$$H_0: \mu_1 = \mu_2 (\text{或} \mu_1 \geqslant \mu_2), H_1: \mu_1 < \mu_2$$

③右侧检验：

$$H_0: \mu_1 = \mu_2 (\text{或} \mu_1 \leqslant \mu_2), H_1: \mu_1 > \mu_2$$

检验两个总体的均值是否相等的统计量是以两个样本均值之差（$\bar{X}_1 - \bar{X}_2$）的抽样分布基础构造出来的，由于获取样本的方式与样本容量的不同，因此两个总体的均值是否相等的检验统计量的构造也不相同。

（一）两个样本相互独立

1. 大样本

如果两个样本均为相互独立的大样本，无论两个总体是什么分布，无论两个总体的方差是否已知，均可采用 Z 检验统计量，但具体计算上存在差异。

（1）方差已知时，在原假设成立的前提下，检验统计量及其分布为

$$Z=\frac{(\bar{X}_1-\bar{X}_2)-(\mu_1-\mu_2)}{\sqrt{\frac{\sigma_1^2}{n_1}+\frac{\sigma_2^2}{n_2}}}\sim N(0,\ 1)$$

（2）方差未知时，需要用样本方差 S^2 代替总体方差 σ^2，在原假设成立的前提下，检验统计量及其分布为

$$Z=\frac{(\bar{X}_1-\bar{X}_2)-(\mu_1-\mu_2)}{\sqrt{\frac{S_1^2}{n_1}+\frac{S_2^2}{n_2}}}\sim N(0,\ 1)$$

其中，n_1 和 n_2 为从两个不同总体随机抽取的样本容量，S_1^2 和 S_2^2 为来自两个不同总体的样本方差。

2. 小样本

如果两个样本都为相互独立的小样本，在两个总体都服从正态分布的情况下，分不同条件讨论检验统计量及其分布。

（1）σ_1^2 与 σ_2^2 已知，在原假设成立的前提下，检验统计量及其分布为

$$Z=\frac{(\bar{X}_1-\bar{X}_2)-(\mu_1-\mu_2)}{\sqrt{\frac{\sigma_1^2}{n_1}+\frac{\sigma_2^2}{n_2}}}\sim N(0,\ 1)$$

（2）σ_1^2 与 σ_2^2 未知，$\sigma_1^2=\sigma_2^2$，在原假设成立的前提下，检验统计量及其分布为

$$t=\frac{(\bar{X}_1-\bar{X}_2)-(\mu_1-\mu_2)}{S_P\cdot\sqrt{\frac{1}{n_1}+\frac{1}{n_2}}}\sim t(n_1+n_2-2)$$

其中，S_P 为两总体的合并方差：

$$S_P=\sqrt{\frac{(n_1-1)S_1^2+(n_2-1)S_2^2}{n_1+n_2-2}}$$

（3）σ_1^2 与 σ_2^2 未知，$\sigma_1^2\neq\sigma_2^2$，但 $n_1=n_2=n$，在原假设成立的前提下，检验统计量及其分布为：

$$t=\frac{(\bar{X}_1-\bar{X}_2)-(\mu_1-\mu_2)}{\sqrt{\frac{S_1^2+S_2^2}{n}}}\sim t(2n-2)$$

（4）σ_1^2 与 σ_2^2 未知，$\sigma_1^2\neq\sigma_2^2$，$n_1\neq n_2$，在原假设成立的前提下，检验统计量及其分布为：

$$t=\frac{(\bar{X}_1-\bar{X}_2)-(\mu_1-\mu_2)}{S_P\cdot\sqrt{\frac{S_1^2}{n_1}+\frac{S_2^2}{n_2}}}\sim t(m)$$

其中，

$$m = \frac{\left(\frac{S_1^2}{n_1} + \frac{S_2^2}{n_2}\right)^2}{\frac{(S_1^2 / n_1)^2}{n_1 - 1} + \frac{(S_2^2 / n_2)^2}{n_2 - 1}}$$

通常计算出来的自由度 m 不一定是整数，具体计算时按四舍五入规则取整数。

（二）两个样本为匹配样本

检验两个总体均值之差时，有一种特殊的情况，就是所抽取的样本具有成对的天然属性，这两个样本被称为匹配样本。例如，比较同一样本的高中生期中考试和期末考试的成绩有无显著变化，比较同一样本的企业使用两种工艺流程的生产效率是否相同，比较同一样本的消费者对两种智能手机质量的评分有何差异，这些问题都是成对获得数据。因此，这类假设检验问题可以转化为一个样本的均值检验问题。一般做法是：

先计算出每一对样本数据的差值 d_i：$d_i = x_i^{(1)} - x_i^{(2)}$，$t = 1, 2, \cdots, n$；然后把这 n 个差值看作一个样本并计算其均值和标准差：

$$\bar{d} = \frac{\sum_{i=1}^{n} d_i}{n_d}$$

$$S_d = \sqrt{\frac{\sum_{i=1}^{n} (d_i - \bar{d})^2}{n_d - 1}}$$

假定两个总体配对差值构成的总体服从正态分布，且配对样本差值是从差值总体中随机抽取的，d_0 表示配对差的假设值（某一具体的数值），则检验统计量及其分布为

$$t = \frac{\bar{d} - d_0}{S_d / \sqrt{n}} \sim t(n-1)$$

二、两个总体的比例是否相同的检验

两个总体的比例是否相等的检验与单个总体的比例的检验的原理相类似，但形式要复杂一些。重点是要厘清检验方法的基本条件，避免基础性的错误，才能构建相应的检验统计量。

设两个总体都服从二项分布，两个总体的比例分别为 π_1 和 π_2，对应的样本比例分别为 p_1 和 p_2，样本容量分别为 n_1 和 n_2，两个样本均为大样本，满足 $n_1 p_1$、$n_2 p_2$、$n_1(1-p_1)$、$n_2(1-p_2)$ 都大于或等于 5。两个总体比例是否相等的检验具有下列 3 种形式：

①双侧检验：

$$H_0: \pi_1 = \pi_2,\quad H_1: \pi_1 \neq \pi_2$$

②左侧检验：

$$H_0: \pi_1 = \pi_2\ (\text{或}\ \pi_1 \geqslant \pi_2),\ H_1: \pi_1 < \pi_2$$

③右侧检验：

$$H_0: \pi_1 = \pi_2\ (\text{或}\ \pi_1 \leqslant \pi_2),\ H_1: \pi_1 > \pi_2$$

在原假设成立的前提下，检验统计量及其分布为

$$Z=\frac{(p_1-p_2)-(\pi_1-\pi_2)}{\sqrt{\frac{\pi_1\cdot(1-\pi_1)}{n_1}+\frac{\pi_2\cdot(1-\pi_2)}{n_2}}}\sim N(0,\ 1)$$

三、两个总体的方差是否相同的检验

由于随机分布的方差具有较强的现实含义，因此在实际应用中对两个总体的方差进行比较是一项常见的工作。例如，比较两只股票收益的波动率。比较两个总体的均值是否相等，将两均值之差是否为 0 作为比较准则条件，而比较两个总体的方差是否相等则将两个总体的方差之比 σ_1^2/σ_2^2 是否等于 1 作为比较准则条件。

检验两个总体的方差的相等性（也称齐性），需转化为比较两个总体的方差比关系问题。两个样本方差比 S_1^2/S_2^2 是两个总体方差比 σ_1^2/σ_2^2 的优良估计量，如果原假设成立，S_1^2/S_2^2 应该在 1 的附近波动；相反，如果 S_1^2/S_2^2 远离 1，则应拒绝原假设。

如果两个容量为 n_1 和 n_2 的样本分别独立地取自两个正态总体时，下列统计量服从第 1 自由度为 (n_1-1) 和第 2 自由度为 (n_2-1) 的 F 分布，即

$$F=\frac{S_1^2/\sigma_1^2}{S_2^2/\sigma_2^2}\sim F(n_1-1,\ n_2-1)$$

因此，在原假设 H_0：$\sigma_1^2=\sigma_2^2$ 成立的条件下，检验两个总体方差比的统计量及其分布为

$$F=\frac{S_1^2}{S_2^2}\sim F(n_1-1,\ n_2-1)$$

检验两个总体方差相等性的假设有如下三种形式：

（1）双侧检验：

$$H_0:\ \sigma_1^2=\sigma_2^2,\quad H_1:\ \sigma_1^2\neq\sigma_2^2$$

拒绝域为 $(0,\ F_{1-\alpha/2}(n_1-1,\ n_2-1))$ 和 $(F_{\alpha/2}(n_1-1,\ n_2-1),\ +\infty)$。

（2）左侧检验：

$$H_0:\ \sigma_1^2=\sigma_2^2\ (\text{或}\ \sigma_1^2\geqslant\sigma_2^2),\ H_1:\ \sigma_1^2<\sigma_2^2$$

拒绝域为 $(0,\ F_{1-\alpha}(n_1-1,\ n_2-1))$。

（3）右侧检验：

$$H_0:\ \sigma_1^2=\sigma_2^2\ (\text{或}\ \sigma_1^2\leqslant\sigma_2^2),\ H_1:\ \sigma_1^2>\sigma_2^2$$

拒绝域为 $(F_\alpha(n_1-1,\ n_2-1),\ +\infty)$

第四节　方差分析的基本原理

一、方差分析的基本概念

（一）方差分析的基本术语

方差分析是罗纳德·费希尔提出的一种检验方法，被广泛应用于对两个以上样本

的均值差别的显著性检验。方差分析方法是指通过观察方差的差异来源判断均值是否相等的方法。在方差分析中，差异分为两类：一类是随机的波动因素，不可控；另一类是可控的，在研究中施加的。方差分析是从观测变量的差异源头入手，研究诸多控制变量中哪些变量是对观测变量有显著影响的变量。

1. 因素

方差分析中，所考察的定性变量称为“因素”或“因子”，通常用大写字母 A、B、C 等来表示，例如导入案例里影响产品净含量的因素可能有分厂、班次、物料等级等。要检验不同的分厂对产品净含量有无影响，这里的“分厂”是分类变量，就是因素（因素变量）。

影响产品净含量（观测变量）的因素有很多，可以分为两大类。①目标因素。目标因素（比如“分厂”）的不同水平取值会影响观测变量的取值，即控制因素不同水平的取值会产生观测变量值的差异，这一差异构成观测变量方差的一部分。②其他因素。其他因素又可以分为两个部分：一部分是除目标因素之外的其他控制因素或控制变量（比如班次、物料等级），另一部分是随机因素。

如果其他控制因素中已经不存在对观测变量影响特别明显的因素变量，则影响观测变量的因素只有目标因素和随机因素。例如，在对不同分厂产品净含量的研究中，产品的净含量是观测变量（因变量），分厂是目标因素（自变量），这里没有其他控制因素，所以其他影响净含量的因素就是随机因素。

要检测目标因素对观测变量影响的显著性，首先需要将其他控制因素固定下来，即将这些因素对观测变量的影响剔除；再进一步测定目标因素的影响程度与随机因素的影响程度。控制因素的剔除方法主要有两种：一种是确定总体时直接将各个单位在这些因素上的取值固定；另一种是在目标因素各个水平值确定的子总体中，控制因素的取值力求随机化，以最大限度降低这些因素对观测变量的影响。

在实际操作中，如果没有特别说明，一般把统计工作要求考察的目标因素简称为“因素变量”；为明确定性依据，常常直接把目标因素称为“控制变量”，根据控制变量的多少，可以把方差分析分为单因素方差分析（一个控制变量）和多因素方差分析（两个及两个以上控制变量），多因素方差分析又可以分为无交互作用的方差分析和有交互作用的方差分析两种类型。

2. 水平

所考察因素的不同状态或不同类别称为“水平”或“处理”。水平是因素的具体表现，例如导入案例里有 4 个分厂，即“分厂”这个因素有 4 个水平（分别记为 A_1、A_2、A_3、A_4）。

3. 观测变量和观测值

方差分析中的观测变量是指待检验其均值的变量，也被称为因变量或者目标变量，它通常是统计任务要求考察的试验指标（检测指标）。观测变量为数值型变量，可以计算均值和方差。该变量的样本数据称为观测值，例如导入案例里的“净含量”即观测变量。

任务所要求考察的检测指标在控制因素的不同水平下得到的具体样本数据为观测值。由于不同水平代表一类总体，不同水平下得到的观测值便可以视作样本，样本观测值的个数可以视作样本容量，不同水平得到的样本观测值的个数可以不同。样本是分别从每个水平（总体）中随机抽取的，每个水平下都有若干样本数据即“观测值”，例如表 8-1 中，每个分厂随机抽取的 10 瓶产品检测得到的净含量就是 10 个观测值，每个分厂的 10 个观测值就构成了这个分厂的样本，一共有 4 个样本。

4. 单元

单元也被称为水平组合或者单元格，是指各因素的各个水平的组合。例如，在导入案例中，如果加入分为“日班”和“夜班”两个水平的因素“班次”后，在研究分厂（四水平）、班次（二水平）对产品净含量的影响时，就可形成 4×2=8（个）单元。

5. 均衡

如果在实验中任一因素各水平在所有单元格中出现的次数相同，且每个单元格内的元素数均相同，则该实验是均衡的；否则，就是不均衡的。

6. 交互作用

如果一个因素的效应大小在另一个因素的不同水平下明显不同，则称为两因素间存在交互作用。也就是说，当一个因素与另一个因素共同起作用时，它们对因变量产生的影响与各自单独作用时截然不同，这就说明两个因素之间存在交互作用。影响因变量的各因素是同时起作用的，且各因素的作用交织在一起，在这种情况下单纯研究某个因素的作用是没有意义的，针对其他因素的各个水平来研究该因素的作用才有意义。

（二）离差

1. 总离差平方和（SST）

总离差平方和用来度量观测变量的总变异程度。它是全部观测值与总平均值的误差平方和，反映了全部观测值的差异大小。

2. 组内离差平方和（SSE）

组内离差平方和是每个水平的各观测值与其组均值的离差平方和，又称误差平方和。它反映了同一水平下样本观测值的差异状况。组内离差平方和实质上反映的是随机误差的大小。例如，在导入案例中，组内离差平方和反映的是同一个分厂的产品由于随机因素引起的产品净含量的差异。

3. 组间离差平方和（SSA）

组间离差平方和是各组均值与总均值之间的离差平方和，也称为因素 A 的效应离差平方和。实质上，组间离差平方和所反映的误差有两种可能。一是由于所检验因素水平的差异引起的系统误差。例如，在导入案例中，分厂不同可能造成产品净含量有差异（各分厂产品净含量的均值不尽相等），致使来自不同总体的样本均值之间有差异。二是随机误差，因为它是根据样本观测值计算的。例如：在导入案例中，即使分厂的不同对产品净含量毫无影响（总体平均净含量相等），抽样的随机性也会使得来自不同分厂的样本平均数之间存在差异。

二、方差分析的基本思想

（一）方差分析的任务

在导入案例中，某连锁商超采购部门还有一个问题要解决：如何判断食品企业 4

个分厂灌装的产品的净含量是不是有差别。这是多个总体均值比较的问题，μ_1、μ_2、μ_3、μ_4之间的差异无法用两个总体均值是否相同的假设检验一次完成。如果采用两两对比，将分别比较μ_1和μ_2、μ_1和μ_3、μ_1和μ_4、μ_2和μ_3、μ_2和μ_4、μ_3和μ_4，两两对比的最大问题是如果每次显著性$\alpha=0.05$，其犯I类错误的可能性是5%，多次检验后，I类错误的可能性将增加，导致最后结果有一定的偏差。

在管理实践中，需要对多个（两个以上）总体均值的差异同时进行假设检验的情况比较普遍。例如，多种不同包装的同类产品的平均销售量是否有显著差异？多个品牌同类产品的平均使用寿命是否相同？多个专业学生的统计学平均成绩是否有显著差异？统计学的方差分析法就是用来解决这类推断问题的。

从形式上看，方差分析法是同时对多个总体均值的比较，实质上它是研究一个（或几个）定性变量对一个定量变量有无显著影响、鉴别因素效应的一种常用方法。例如，影响同类产品的平均销售量的因素往往有很多。当其他影响因素都相同或相近时，如果不同包装的平均销售量有显著差异，就说明包装是影响销售量的一个显著因素；反之亦然。

方差分析的基本任务是检验两个以上的总体均值是否存在差异。不同于基于抽样分布理论的两总体均值之差的假设检验方法，方差分析基于对观测变量的方差进行分解来判断多总体均值之间是否存在差异，通过对数据误差来源的分析来判断不同总体的均值是否有差异，进而分析各因素对观测变量是否有显著影响。

（二）方差分析的逻辑

在剔除了非目标控制因素的影响后，观测变量的方差可分为两个部分：由目标因素引起的部分和由随机因素引起的部分。反映观测变量变化的总方差可分解为由目标因素引起的系统性方差和由随机因素引起的随机方差两个部分。相应地，可由总离差平方和、组间离差平方和、组内离差平方和来度量。SST用来度量观测变量的总变异程度；SSA用来度量目标因素不同水平各子总体观测变量均值的差异程度，这一差异既包括目标因素水平本身的系统性因素造成的系统误差，又包括抽样形成的随机误差；SSE是度量目标因素取同一水平值时观测变量取值的差异程度，这一差异只包括随机因素的影响。SST=SSA+SSE。

SSA既包括系统方差，又包括随机方差；而SSE仅包括随机方差。因此，目标因素对观测变量影响的显著性可以通过对比SSA和SSE的大小来观察。如果目标因素对观测变量的影响不大，那么SSA和SSE经过平均后的数值（均方）就应该很接近，其比值应该会很接近1；相反，如果目标因素对观测变量的影响较大，那么SSA和SSE经过平均后的数值（均方）就应该有明显差异，其比值应该明显大于1。

综上所述，借助于组间均方与组内均方比值统计量的分布理论，可以通过对比一次抽样得到的检验统计量的取值与给定显著性水平下的临界值，来对目标因素不同水平下观测变量的均值是否存在显著性差异进行决策。

与两个总体参数的假定检验相比，方差分析的最大优点是可一次分析处理多组数据的均值比较。我们可通过方差比值的方法，将多组数据均值的差异用F分布分析出结果。其中双因素方差分析还可以将两个变量在一次分析中完成，并呈现出清晰简洁的结果报告。这也是方差分析受人们普遍欢迎的原因，它被大量应用到多个领域的调查研究中去，如市场调查、行为研究等。

（三）方差分析中的基本假定

进行方差分析需要如下 3 个假定：

1. 抽取数据的随机性与独立性假定

这一假定要求随机抽取样本，确保一组数据一定独立于实验中的任何其他数据；否则，会严重影响方差分析的推断效果。

2. 抽取数据的正态性假定

这一假定要求在抽样的时候在正态总体中随机抽取数据，这样才能保证抽取的数据服从正态分布。

3. 抽取数据方差的一致性假定

这一假定要求只能在均值可以不同但是方差一定相等的正态总体中抽取数据；否则，也会严重影响方差分析的推断效果。

第五节　单因素方差分析

单因素方差分析，顾名思义，其目标因素只有一个，即只研究一个目标因素的不同水平对观测变量的影响。

一、单因素方差分析的数据结构

在单因素方差分析中，用 A 表示因素，A 的 m 个取值表示 m 个水平，分别用 A_1，A_2，…，A_i，…，A_m 表示，每个水平对应一个总体。从不同总体中抽取的样本量（观测变量的观测次数）可以相同，也可以不同。若不同水平下观测变量的观测次数相同，则称为均衡数据，否则称为非均衡数据。各水平下的观测次数分别用 n_1，n_2，…，n_j，…，n_m 来表示，x_{ij} 表示第 i 个总体的第 j 个观测值（$i=1, 2, \cdots, m$；$j=1, 2, \cdots, n_i$）。

观测值总个数 n 可表示为

$$n = \sum_{i=1}^{m} n_i = n_1 + n_2 + \cdots + n_m$$

均值 $\bar{x}_i$ 表示第 i 个总体的样本均值，其计算公式为

$$\bar{X}_i = \frac{1}{n_i} \sum_{j=1}^{n_i} x_{ij} (i = 1, 2, \cdots, m)$$

式中，n_i 为第 i 个总体的观测值个数，x_{ij} 为第 i 个总体的第 j 个观测值。$\bar{X}$ 是全部观测值的总均值，它等于全部观测值之和除以观测值总个数，计算公式为

$$\bar{X} = \frac{1}{n} \sum_{i=1}^{m} \sum_{j=1}^{n_i} x_{ij} = \frac{1}{n} \sum_{i=1}^{m} n_i \bar{X}_i$$

二、单因素方差分析的步骤

（一）提出假设

结合假设检验中设立假设的规则，原假设为自变量对因变量没有显著影响，或自变量各个水平下因变量的均值没有显著差异。因此，原假设与备择假设分别如下：

H_0：$\mu_1=\mu_2=\cdots=\mu_i=\cdots=\mu_m$，自变量对因变量没有显著影响。

H_1：$\mu_i(i=1, 2, \cdots, m)$ 不全相等，自变量对因变量有显著影响。

（二）确定并计算检验统计量

1. 离差平方和

SSE 是每个水平的各观测值与其组均值的离差平方和，其计算公式为

$$\text{SSE}=\sum_{i=1}^{m}\sum_{j=1}^{n_i}(x_{ij}-\bar{X}_i)^2$$

SSA 是各组均值 $x_i(i=1, 2, \cdots, m)$ 与总均值 $\bar{x}$ 之间的离差平方和，其计算公式为

$$\text{SSA}=\sum_{i=1}^{m}n_i(x_i-\bar{X})^2$$

SST 是所有观测值 x_{ij} 与总均值 $\bar{X}$ 的离差平方和，其计算公式为

$$\text{SST}=\sum_{i=1}^{m}\sum_{j=1}^{n_i}(x_{ij}-\bar{X})^2$$

三个离差平方和之间存在以下等式关系：SST=SSA+SSE。就该公式中的关系来看，在 SST 中，如果 SSA 所占比例较大，则说明观测变量的变差主要由目标因素引起，目标因素对观测变量的影响显著；相反，如果 SSA 所占比例较小，则说明目标因素对观测变量的影响不显著。

2. 自由度与均方

离差平方和的大小除了与影响因素的影响程度有关，还与它们的自由度有关。因此，我们不能直接对比 SSA 和 SSE 的大小，应该首先将自由度的影响剔除掉。SST 的自由度 $df_T=n-1$，SSA 的自由度 $df_A=m-1$，SSE 的自由度 $df_E=n-m$。其中，n 为全部观测值的个数，m 为因素水平的个数。各离差平方和的自由度之间存在以下数量关系。$df_T=df_A+df_E$

均方（MS）也称为均方差，等于各离差平方和除以各自的自由度。相应地，有组间均方 MSA 和组内均方 MSE，它们的计算公式分别为

$$\text{MSA}=\frac{\text{SSA}}{m-1},\quad \text{MSE}=\frac{\text{SSE}}{n-m}$$

方差分析主要是比较组间均方 MSA 和组内均方 MSE 的大小，因此不必计算总方差 SST 的均方。

3. 检验统计量

由相关抽样理论可知，当 H_0 为真时，组间均方与组内均方之比服从 $F(m-1, n-m)$ 分布。其中，$m-1$ 为 SSA 的自由度，$n-m$ 为 SSE 的自由度。因此，将组间均方与组内均方之比作为检验统计量 F，其计算公式为

$$F = \frac{\text{MSA}}{\text{MSE}} = \frac{\text{SSA} \ /(m-1)}{\text{SSE} \ /(n-m)} \sim F(m-1, \ n-m)$$

（三）给定显著性水平，进行统计决策

根据样本数据，我们可以计算出检验统计量 F 的值。F 值越大，说明目标因素对观测变量的影响越显著。在给定显著性水平 α 下，我们通过查表可以得到 $F(m-1, \ n-m)$ 的临界值 $F_\alpha(m-1, \ n-m)$。我们将计算得到的检验统计量 F 的值与临界值进行比较，若检验统计量的值落在拒绝域内（$F > F_\alpha$），说明小概率事件在一次抽样中发生了，则有理由拒绝原假设 H_0；若检验统计量的值落在接受域内（$F < F_\alpha$），说明小概率事件没有发生，则不拒绝原假设 H_0。

三、单因素方差分析的应用

【例 8-4】根据表 8-1 数据，分析该食品企业 4 个分厂灌装的净含量是不是有差别（$\alpha = 0.05$）。

1. 提出假设

原假设 H_0：$\mu_1 = \mu_2 = \mu_3 = \mu_4$，即 4 个分厂产品净含量的均值完全相等。

备择假设 H_1：μ_1、μ_2、μ_3、μ_4 不完全相等，即 4 个分厂产品净含量的均值不完全相等。

2. 用 Excel 进行方差分析

从前面的分析过程可以看出，进行方差分析需要大量的计算，计算工作量太大，需要利用统计软件进行。现在的统计软件，如 SPSS、SAS 和 Excel 等都有现成的方差分析模块，运用这些软件进行方差分析就变得非常简单。在这里，我们利用常用的 Excel 软件，结合表 8-1 的数据，给出用 Excel 进行方差分析的具体操作步骤。

第 1 步：在 Excel 新的工作表中，把表 8-1 拷贝进去（见图 8-2）。

第 2 步：在分析工具中选择【单因素方差分析】，然后单击【确定】按钮（见图 8-3）。

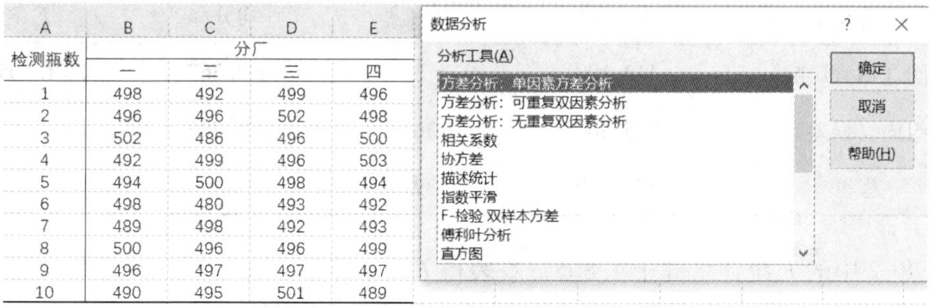

图 8-2　演示界面（一）

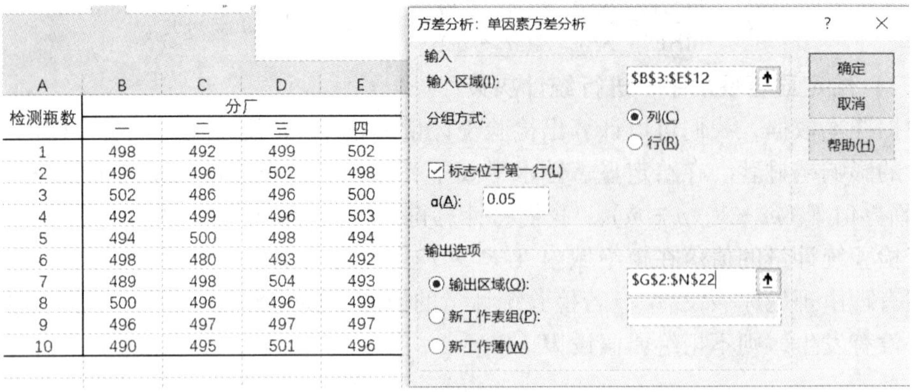

图 8-3 演示界面（二）

选择数据，设定输出区域，然后单击【确定】按钮（见图 8-4）。

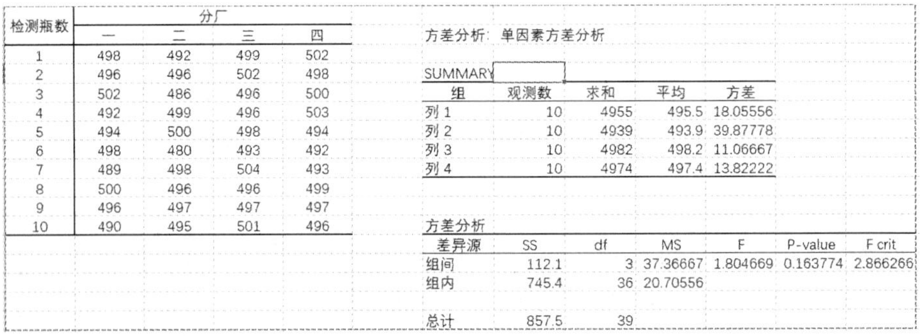

检测瓶数	分厂			
	一	二	三	四
1	498	492	499	502
2	496	496	502	498
3	502	486	496	500
4	492	499	496	503
5	494	500	498	494
6	498	480	493	492
7	489	498	504	493
8	500	496	496	499
9	496	497	497	497
10	490	495	501	496

方差分析：单因素方差分析

SUMMARY

组	观测数	求和	平均	方差
列 1	10	4955	495.5	18.05556
列 2	10	4939	493.9	39.87778
列 3	10	4982	498.2	11.06667
列 4	10	4974	497.4	13.82222

方差分析

差异源	SS	df	MS	F	P-value	F crit
组间	112.1	3	37.36667	1.804669	0.163774	2.866266
组内	745.4	36	20.70556			
总计	857.5	39				

图 8-4 演示界面（三）

3. 分析与结论

我们根据需要从 Excel 处理结果中选择相应数据制作单因素分析表（见表 8-2）。

表 8-2 单因素方差分析表

误差来源	平方和	自由度	均分和	F 值
组间（因素影响）	112. 100	3	37. 367	1. 805
组内（误差）	745. 400	36	20. 706	
总和	857. 500	39		

表 8-2 中的 F 统计量等于 1. 805，查表得 $F_{(3,\ 36,\ 0.05)}$ = 2. 95。

由于 $F = 1.805 < F_{\alpha} = 2.95$，所以不能拒绝 H_0，可以得出结论：分厂的不同对产品的净含量没有显著影响。

本章小结

统计学的假设检验是带概率性质的反证法。它是指根据问题的实际情况提出假设，从总体中随机抽取一个样本，根据总体分布状况、总体方差是否已知以及样本大小等条件确定检验统计量的抽样分布，计算出原假设成立的前提下样本的出现是否属于小概率事件，从而判断该假设成立与否的方法。

由于抽样的随机性，假设检验可能出现两类错误：第一类错误是原假设为真时拒绝原假设，从实际效果上又称为“拒真”或“弃真”错误，犯第一类错误的概率用 α 表示，也就是显著性水平；第二类错误是原假设为假时接受原假设，从实际效果上又称“受伪”或“取伪”错误，犯第二类错误的概率通常记为 β 。当样本容量 n 固定时，如果 α 减少，β 就会增大；相反，当 β 在减少时，α 就会增大。

方差分析方法是指通过观察方差的差异来源判断均值是否相等的方法。其本质上是从数据间的差异入手，来研究变量之间的关系。方差分析的一般方法是假设各水平间无显著差异，通过随机抽样，计算相应样本统计量与临界值，并进行比较，从而做出最终判断。根据控制变量的多少，方差分析可以分为单因素方差分析和多因素方差分析，其分析原理和过程基本相同。在统计工作中，我们可以利用相关统计软件求出方差分析各步骤结果，从而提高数据处理效率。

思考与练习

一、思考题

1. 简述假设检验的步骤。

2. 假设检验的第一类错误和第二类错误是什么？两类错误发生的概率有何关系？

3. 在假设检验中如何选取一个适当的检验统计量？双侧检验、左侧检验与右侧检验的临界域是如何确定的？

4. 对单个总体的均值进行检验，如果总体不服从正态分布，抽取的是小样本，有办法进行检验吗？

5. 方差分析的任务是什么？

6. 方差分析的基本假定有哪些？

7. 两个总体均值是否相同的假设检验与方差分析有什么区别？

二、计算题

1. 有一种电子元件，要求其使用寿命不得低于 1 000 个小时。已知这种元件的使用寿命服从标准差为 100 个小时的正态分布。现从一批元件中随机抽查了 25 件，测得平均使用寿命为 972 个小时。

（1）在 0.05 的显著性水平下，检验这批电子元件是否合格。

（2）假如上述样本平均寿命是对 50 件样品检查的结果，其他条件不变，判断这批电子元件是否合格。

2. 根据学校历史记录，学生的统计学考试的平均分数为 65 分，标准差为 16 分。现在学校改革了教学方法，抽取 64 名学生做调查，得平均分数为 69 分。在 0.05 的显著性水平下，平均分数有无显著提高？

3. 某工厂生产瓶装 1 千克的某饮料，标准差为 0.02 千克，现随机抽取 36 瓶进行检验，得平均重量为 0.996 2 千克。在 0.05 的显著性水平下，能否相信该厂生产的饮料每瓶重量为 1 千克？

4. 用精确方法测量某化工厂排放的气体中有害气体的含量服从正态分布 $X \sim N(23, 4)$，现用一种简便方法测量 6 次得一组数据 0.002 3、0.002 1、0.001 9、0.002 4、0.001 8、0.001 8。在 0.05 的显著性水平下，问用简便方法测得的有害气体含量是否有系统偏差？

5. 根据过去大量资料，某厂生产的灯泡的使用寿命服从正态分布 $N \sim (1\ 020, 100^2)$。现从最近生产的一批产品中随机抽取 16 只，测得样本平均寿命为 1 080 个小时。试在 0.05 的显著性水平下判断这批产品的使用寿命是否有显著提高。

6. 某自行车运动队准备采购训练用车，选出 3 名运动员分别使用 3 种车在同等路况下试车，三种车骑行速度的资料如表 8-3 所示。

表 8-3　三种车骑行速度的资料　　单位：千米/小时

类别	队员 1	队员 2	队员 3
车 A	42	46	44
车 B	50	48	46
车 C	46	50	48

试在显著性水平 0.05 下分析 3 种车是否有差异。

第九章 相关与回归分析

第一节 相关与回归分析概述

一、相关分析

（一）变量之间的关系

自然界和社会中的许多事物或现象彼此之间都是有机地相互联系着，相互依赖着，相互制约着。这种相互联系、相互依赖、相互制约的关系就是事物或现象之间的相互依存关系，即客观现象总是普遍联系和相互依存的。如果客观现象能够量化，即可以用变量（指标）反映，那么变量之间关系可以概括为两种不同的类型：一种是函数关系，另一种是相关关系。

在自然界和经济领域中，许多现象之间存在着相互依存、相互制约的关系。如果用变量与变量之间的关系来描述，通常可以分为两种类型：函数关系和相关关系。

1. 函数关系

当一个或几个变量取一定的值时，另一个变量有确定值与之相对应，我们称这种关系为确定性的函数关系。通常是现象之间存在着严格的依存关系，对于某一变量的每一个数值，都有另一变量的确定值与之相对应，并且这种关系可用一个数学表达式反映出来。例如，某种商品的销售收入 y 与该商品的销售量 x 以及该商品价格 p 之间的关系可用 $y=px$ 表示，这就是一种函数关系。一般把作为影响因素的变量称为自变量，把发生对应变化的变量称为因变量。在上例中，y 是因变量，p 与 x 则是自变量。

2. 相关关系

当一个或几个相互联系的变量取一定数值时，与之相对应的另一变量的值虽然不确定，但它仍按某种规律在一定的范围内变化，变量间的这种相互关系称为具有不确定性的相关关系。例如，劳动生产率和工资水平的关系、投资额和国民收入的关系、商品流转规模与流通费用的关系等都属于相关关系。通常是现象之间存在着非严格的、不确定的依存关系，某一现象在数量上发生变化会影响另一现象在数量上发生变化，而且这种变化在数量上具有一定的随机性。

首先，相关关系是现象之间确实存在着数量上的相互依存关系。例如，在两个现象之间，一个现象发生了数量上的变化，另一个也必然发生相应的变化。例如施肥量变化会使亩产量发生变化，固定资产投资增加会使企业产量增加，家庭收入变化会使家庭支出发生相应变化等。

其次，现象之间的依存关系不是确定的和严格的。也就是对于现象的一个变量值，可以有若干的变量与之相对应。例如亩产量的增长与施肥量的增长之间就不存在严格的依存关系，当增加同样多的施肥量时，各个地块增加的亩产量不一定相同。这是因为对于亩产量来说，除了施肥量这一因素之外，还受到种子品质、土壤条件、降雨量等其他因素的影响。也就是说，由于一个现象的变量往往受到多种因素影响，关系错综复杂，偶然性因素很多，造成了变量之间的依存关系不确定。

3. 相关关系和函数关系的区别与联系

函数关系中两个变量之间的关系是确定的，相关关系中两个变量之间的关系是不确定的。变量之间的函数关系可以用方程 $y=f(x)$ 表示出来，相关关系不能用一定的方程表示。函数关系是相关关系的特例，函数关系是完全的相关关系。

变量之间的函数关系和相关关系在一定条件下是可以互相转化的。本来具有函数关系的变量，当存在观测误差时，其函数关系往往以相关的形式表现出来。而具有相关关系的变量之间的联系，如果我们对它们有了深刻的规律性认识，并且能够把影响因变量变动的因素全部纳入方程，这时的相关关系也可能转化为函数关系。另外，相关关系也具有某种变动规律性，所以，相关关系经常可以用一定的函数形式去近似地描述。客观现象的函数关系可以用数学分析的方法去研究，而研究客观现象的相关关系必须借助于统计学中的相关与回归分析方法。

（二）相关关系的种类

1. 按相关的形式不同，相关关系可分为线性相关、非线性相关

当自变量数值发生变动时，因变量数值发生大致均等的变动，从图形上看，其分布近似地表现为直线形式，称为线性相关。例如人均消费水平与人均收入水平通常是线性关系。当自变量数值发生变动时，因变量数值随之发生变动，但不是大致均等的变动，从图形上看，其分布近似地表现为各种不同的曲线形式，称为非线性相关。例如产品的平均成本与产品总产量之间的相关关系就是一种非线性相关。

2. 按相关的方向不同，相关关系可分为正相关、负相关

正相关指的是因素变量和结果变量变动的方向一致，即相关的变量按同一方向变化，自变量 x 值增加（或减少）时，因变量 y 值随之增加（或减少）。例如销售额随着销售量的提高而增加。负相关指的是因素变量和结果变量变动的方向相反，即相关的变量按反方向变化，自变量 x 值增加（或减少）时，因变量 y 值随之减少（或增加）。例如商品流转的规模越大，流通费用水平越低。

3. 按相关的程度不同，相关关系可分为完全相关、不完全相关、不相关

因变量完全随自变量变动而变动，这时相关关系就转化为函数关系，称为完全相关。例如在价格不变的条件下，某种商品的销售总额与其销售量总是成正比例关系。在这种场合，相关关系便成为函数关系。因此也可以说，函数关系是相关关系的一个特例。变量之间变动完全不存在任何依存关系，称为不相关或零相关。例如，商品价

格的高低与星星数量的多少是不相关的。变量之间的关系介于完全相关与不相关之间，称为不完全相关。相关分析的主要对象是不完全的相关关系，一般的相关关系都是指这种不完全相关。

4. 按影响因素的数量不同，相关关系可分为单相关、复相关

两个变量的相关关系称为单相关，一个变量与两个或两个以上的变量的相关关系称为复相关。例如，某种商品的需求与其价格水平以及人们收入水平之间的相关关系便是一种复相关。在一个变量与两个或两个以上变量相关的场合，当假定其他变量不变时，其中两个变量的相关关系称为偏相关。例如，在假定人们的收入水平不变的条件下，某种商品的需求与其价格水平的关系就是一种偏相关。

（三）相关分析

相关分析是研究两个或两个以上变量之间相关程度以及用一定函数表达现象相关关系的统计方法。

相关分析就是对变量之间的相关关系的分析，其任务是对变量之间是否存在必然的联系、联系的形式、变动的方向等做出符合实际的判断，并测定它们联系的密切程度，检验其有效性。研究现象之间相关关系的理论和方法就称为相关分析法。相关关系是相关分析的研究对象，而函数关系则是相关分析的工具。

二、散点图、相关表与相关系数

要判别与度量现象之间有无相关关系、变动的方向和相关程度，我们可通过绘制散点图、制作相关表、计算相关系数等方法来描述。

（一）散点图

散点图又称相关图，可以直观而形象地显示现象之间相关的性质和密切程度。它是以直角坐标系的横轴代表变量 x，纵轴代表变量 y，将两个变量之间相对应的变量值用坐标点的形式描绘出来，从而反映两个变量之间相关关系的图形（如图 9-1 所示）。

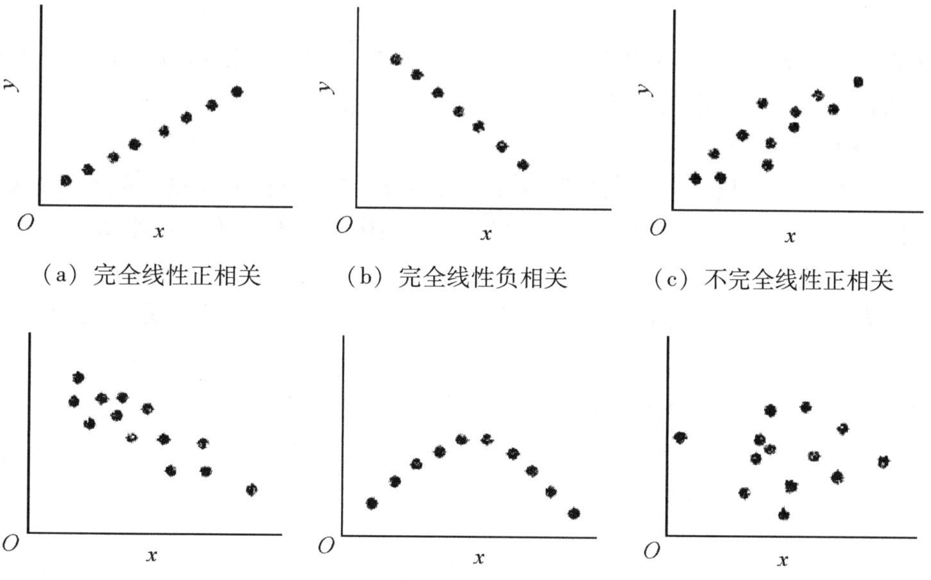

（a）完全线性正相关　（b）完全线性负相关　（c）不完全线性正相关

（d）不完全线性负相关　（e）曲线相关　（f）不存在线性相关

图 9-1　散点图示例

散点图是描述变量之间关系的一种直观方法，从中可以大体看出变量之间的关系形态及关系强度。如果坐标点可以近似地表现为一条直线，则称为线性相关；如果坐标点可以近似地表现为一条曲线，则称为非线性相关或曲线相关；如果坐标点很分散，无任何规律，则表示变量之间没有相关关系。

（二）相关表

相关表是显示变量之间相关关系的统计表。研究变量之间数量上的相互依存关系时，首先需要取得相关变量成对的资料，并将两个变量的对应值平行排列，其中某一变量按其取值大小顺序排列，形成相关表。相关表中的数据通常是反映变量之间关系的部分数据，即样本数据。样本数据应有足够的代表性，数据不宜过少。相关表是绘制相关图、计算相关系数的依据。

【例 9-1】为研究美国软饮料公司的广告费用 x 与销售数量 y 的关系，根据七种主要品牌软饮料公司的相关数据编制的相关表如表 9-1 所示。

表 9-1　美国软饮料公司广告费用与销售数量

品牌名称	广告费用 x/百万美元	销售数量 y/百万箱
7-Up	11.6	219.5
Moutain Dew	29.0	535.6
Dr. Pepper	40.2	546.9
Sprite	55.7	541.5
Diet-Coke	60.4	811.4
Pepsi-Cola	92.4	1 384.6
Coca-Cola Classic	131.3	1 929.2

资料来源：安德森，斯威尼，威廉斯. 商务与经济统计（原书第 11 版）[M]. 雷平，译. 北京：机械工业出版社出版，2008：405.

从表 9-1 我们可以直观地看出，随着广告费用的增加，销售数量有上升的趋势，两者之间存在一定的正相关关系。

（三）相关系数

相关表和散点图只能大体上反映变量（现象）之间的相关关系，但不能准确反映变量之间的关系强度。要判断变量之间相关关系的密切程度，还需要计算相关系数。

1. 相关系数的计算

相关系数是指根据数据测定两个变量之间线性关系强度和相关方向的统计量。若相关系数是根据总体全部数据计算的，称为总体相关系数，记为 ρ；若是根据样本数据计算的，称为样本相关系数，记为 r。样本相关系数的计算公式为

$$r = \frac{\sigma_{xy}}{\sigma_x \cdot \sigma_y} = \frac{\sum(x-\bar{x})(y-\bar{y})}{\sqrt{\sum(x-\bar{x})^2} \cdot \sqrt{\sum(y-\bar{y})^2}} \tag{9-1}$$

式（9-1）中，$\sigma_{xy} = \frac{\sum(x-\bar{x})(y-\bar{y})}{n}$ 为 x 和 y 的协方差，$\sigma_x = \sqrt{\frac{\sum(x-\bar{x})^2}{n}}$ 为 x 的标准

差，$\sigma_y = \sqrt{\frac{\sum (y-\bar{y})^2}{n}}$ 为 y 的标准差。

2. 相关系数的性质

相关系数的性质如下：

（1）相关系数具有对称性。参与相关分析的两个变量是对等的，不分自变量和因变量，因此相关系数只有一个。

（2）相关系数用正负号反映相关关系的方向，正号反映正相关，负号反映负相关。

（3）计算样本相关系数的两个变量都是随机变量。

（4）相关系数是系数，不受变量值水平和计量单位的影响，便于在不同的资料之间对相关程度进行比较。

（5）相关系数的取值范围是 $[-1, 1]$。

（6）相关系数仅用于对两个变量的线性关系强度的度量，不能用于描述非线性关系。$r=0$ 只表示两个变量之间不存在线性相关关系，并不能说明变量之间没有相关关系，因为它们之间可能存在非线性相关关系。我们可利用相关系数的大小来判别线性相关密切程度的高低。r 的绝对值越接近 1，两个变量之间的线性关系越强。根据经验，通常认为：$r=0$，表示两个变量之间不存在线性相关；$0<|r|\leqslant 0.3$，表示微弱线性相关；$0.3<|r|\leqslant 0.5$，表示低度线性相关；$0.5<|r|\leqslant 0.8$，表示显著线性相关；$0.8<|r|<1$，表示高度线性相关；$|r|=1$，表示完全线性相关。

相关系数在相关分析及回归分析中都有很重要的用途。在许多场合，相关系数的计算是和回归模型联系在一起的，用于分析回归模型的有效程度，但在另外许多场合，相关系数的计算具有独立的意义。因为有时对某些现象的分析并不需要从一个变量去估计另一个变量的变动，而只在于要了解两个变量线性关系的密切程度，或根据相关系数为识别数列，选择模型提供根据，这时就只要求计算相关系数，而不需要利用回归模型进行推算。

三、回归分析

（一）回归分析的含义与用途

回归（regression）最初是由英国生物学家高尔顿（F. Golton）在其研究遗传学的论文中所提出的，他发现子女的身高表现出回归到其父母平均身高的趋势，他在这一研究中所建立的数学模型被称为回归模型。该模型沿用至今，但其意义与回归的传统意义已有很大区别。现代意义上的回归是指关于一个变量（因变量）对另一个或另外多个变量（自变量）依存关系的研究，即用适当的数学模型去近似地表达或估计变量之间的平均变化关系，目的是根据已知的或固定的自变量的数值去估计因变量的总体平均值。

1. 回归分析的含义

回归分析是指在相关分析的基础上，对具有相关关系的两个或两个以上变量之间数量变化的一般关系进行测定，通过一定的数学表达式将这种关系描述出来，进而确定一个或几个变量（自变量）的变化对另一个特定变量（因变量）的影响程度。其本质是通过一个（些）变量的变化去解释另一个（些）变量的变化。

2. 回归分析的用途

回归分析的用途如下：

（1）从一组样本数据出发，确定变量之间的数学表达式；

（2）对这些表达式的可信程度进行各种统计检验和理论检验，从影响某一特定变量的诸多变量中找出哪些变量的影响是显著的和符合理论的，哪些变量的影响不是显著的和符合理论的；

（3）利用所求的表达式，根据一个或几个变量的取值来估计或预测另一个特定变量的取值，并给出这种估计或预测的可靠程度。

（二）回归分析和相关分析的联系与区别

1. 回归分析和相关分析的联系

（1）相关分析是回归分析的基础与前提。相关系数能确定变量之间相关方向和相关的密切程度，对具有密切相关关系的变量进行回归才是有意义的。

（2）回归分析是相关分析的深入和继续。相关分析不能指出变量之间相互关系的具体形式，也无法以一个变量的变化推测另一个变量的确切变化情况。只有进行回归分析，才能建立变量之间的数学表达式，进而进行估计或预测。只有这样相关分析才有意义。

2. 回归分析和相关分析的区别

（1）回归分析所研究的变量的地位不是对等的，必须根据研究的目的，先确定自变量和因变量，然后才能进行回归分析；相关分析研究的变量的地位是对等的。

（2）在回归分析中，改变变量的位置，便会有不同意义的回归模型；在相关分析中，改变变量的位置并不影响相关系数的数值。

（3）在回归分析中，因变量是随机的，自变量是给定的；在相关分析中，一个变量是随机的，另一个或多个变量可以是随机的，也可以是非随机的。

（三）回归分析的类型

1. 按自变量的多少划分，回归分析可分为简单（一元）回归和复（多元）回归

（1）简单（一元）回归：自变量只有一个 。

（2）复（多元）回归：自变量为两个或两个以上。

2. 按回归方程式的特征划分，回归分析可分为线性回归和非线性回归

（1）线性回归：因变量为自变量的线性函数。

（2）非线性回归：因变量为自变量的非线性函数。

第二节　一元线性回归模型

在对社会经济的诸多现象的研究中，人们并不满足于仅探知某些现象之间是否有相关关系。从预测及决策的角度出发，人们更想厘清相关现象的因果关系。从这个意义上说，回归分析就是一种基于因果关系的预测方法。通过对具有相关关系的两个或两个以上变量之间数量变化的一般关系进行测定，在确定自变量和因变量的基础上建立数学表达式，这个统计方法就是回归分析，相应的数学表达式被称为回归模型。其

中，通过只有一个自变量的线性相关关系建立的数学表达式被称为一元线性回归模型。

一、一元线性回归模型概述

（一）总体回归模型

一元线性回归模型，又称简单线性回归模型，它假定因变量 y 主要受自变量 x 的影响，它们之间存在着近似的线性函数关系，即有

$$y_i = \beta_1 + \beta_2 x_i + \varepsilon_i \tag{9-2}$$

式（9-2）被称为总体回归模型。式（9-2）中的 β_1 和 β_2 是未知的参数，又叫回归系数。y_i 和 x_i 分别是 y 和 x 的第 i 次观测值。ε_i 是随机误差项，又称随机干扰项，它是一个特殊的随机变量，反映未列入方程式的其他各种因素对 y 的影响。

例如，y 可以代表消费支出，x 代表可支配收入。β_1 被称为基础消费水平的常数项，代表不受可支配收入影响的消费支出。β_2 代表边际消费倾向，它表明可支配收入每增加一个单位时消费支出所增加的数量。ε_i 代表除了收入以外其他各种影响消费的因素。如果其他各种影响因素能够相互抵消，我们就可以说，平均来看消费支出与可支配收入的关系能够用直线反映。如果用数学形式来表示，可以写成：

$$E(y_i) = \beta_1 + \beta_2(x_i) \tag{9-3}$$

式（9-3）表明：在 x 的值给定的条件下，y 的期望值是 x 的严密的线性函数。这条直线被称为总体回归直线。y 的实际观测值并不一定位于该直线上，只是散布在该直线的周围。我们把各实际观测点与总体回归线垂直方向的距离称为随机误差项，也就是定义

$$\varepsilon_i = y_i - E(y_i)$$

（二）样本回归模型

在现实问题研究中，由于所要研究的现象的总体是未知的，因此无法掌握因变量 y 总体的全部取值。也就是说，总体回归模型事实上是未知的，需要利用样本的信息对其进行估计。

根据样本数据拟合的直线称为样本回归直线，如果拟合的是一条曲线，则称为样本回归曲线。显然，样本回归线的函数形式应与总体回归线的函数形式一致。一元线性回归模型的样本回归线可表示为

$$\hat{y}_i = \hat{\beta}_1 + \hat{\beta}_2 x_i \tag{9-4}$$

其中，x 代表自变量，$\hat{y}_i$ 代表因变量 y 的估计值。$\hat{\beta}_2$ 代表样本回归直线的斜率，也称回归系数，表示自变量每变化一个单位时 $\hat{y}_i$ 的增量或平均增加值。当 $\hat{\beta}_2 > 0$ 时，表示 x 与 $\hat{y}_i$ 同方向变动，表示两个变量之间呈正相关；当 $\hat{\beta}_2 < 0$，表示 x 与 $\hat{y}_i$ 反方向变动，表示两个变量负相关；当 $\hat{\beta}_2 = 0$ 时，表示 x 与 $\hat{y}_i$ 之间不存在线性关系，$\hat{y}_i$ 为一常数 a。式（9-4）中的 $\hat{y}_i$ 是样本回归线上与 x 相对应的 y 值，可视为 $E(y_i)$ 的估计 $\hat{\beta}_1$ 是样本回归模型的截距系数。

实际观测到的因变量 y_i 值并不完全等于 $\hat{y}_i$，如果用 e_i 表示二者之差（$e_i = y_i - \hat{y}_i$），则有

$$y_i = \beta_1 + \beta_2 x_i + e_i,\quad i = 1,\ 2,\ \cdots,\ n \tag{9-5}$$

式（9-5）被称为样本回归模型。式（9-5）中，e_i 为残差，n 是样本容量。

样本回归模型与总体回归模型之间的联系显而易见。这里需要特别指出的是它们之间的区别。第一，总体回归线是未知的，只有一条。而样本回归线则是根据样本数据拟合的，每抽取一组样本，便可以拟合一条样本回归线。第二，总体回归函数中的 β_1 和 β_2 是未知的参数，表现为常数。而样本回归函数中的 $\hat{\beta}_1$ 和 $\hat{\beta}_2$ 是随机变量，其具体数值随所抽取的样本的观测值的不同而变动。第三，总体回归函数中的 ε_i 是 y_i 与未知的总体回归线之间的纵向距离，它是不可直接观测的。而样本回归函数中的 e_i 是 y_i 与样本回归线之间的纵向距离。在根据样本观测值拟合出样本回归线之后，我们可以计算出 e_i 的具体数值。综上所述，样本回归模型是对总体回归模型的近似反映。回归分析的主要任务就是采用适当的方法，充分利用样本所提供的信息，使得样本回归函数尽可能地接近于真实的总体回归函数。

（三）误差项的标准假定

误差项 ε 是一个期望值为 0 的随机变量；对于所有的 x 值，ε 的方差都相同；误差项之间不存在自相关关系，其协方差为 0；误差项 ε 是一个服从正态分布的随机变量；自变量是给定的变量，与随机误差项线性无关。这些基本假设是德国数学家高斯最早提出的，故也称为高斯假定或经典假定。

二、一元线性回归模型的估计

回归分析的主要任务是要建立能够近似反映真实总体回归模型的样本回归模型。在根据样本资料确定样本回归方程时，一般总是希望 y 的估计值从整体来看尽可能地接近其实际观测值。这就是说，残差 e_i 的总量越小越好。可是，由于 e_i 有正有负，简单的代数和会相互抵消，因此为了数学上便于处理，通常采用残差平方和 Σe_i^2 作为衡量总偏差的尺度。所谓的最小二乘法就是根据这一思路，通过令残差平方和最小来估计回归系数的一种方法。最小二乘法，也称为最小平方法，是通过使因变量的实际值（观测值）与估计值之间的离差平方和最小来估计未知参数的方法。

设：

$$Q = \Sigma e_i^2 = \Sigma (y_i - \hat{y}_i)^2 = \Sigma (y_i - \beta_1 - \beta_2 x_i)^2$$

要使 Q 最小，根据微积分的极值定理，对 Q 求相应于 $\hat{\beta}_1$ 和 $\hat{\beta}_2$ 的偏导数，并令其等于 0，便可求出 $\hat{\beta}_1$ 和 $\hat{\beta}_2$，即

$$\begin{cases} \dfrac{\partial Q}{\partial \beta_1} = -2\Sigma(y_i - \beta_1 - \beta_2 x_i) = 0 \\ \dfrac{\partial Q}{\partial \beta_2} = -2\Sigma x_i(y_i - \beta_1 - \beta_2 x_i) = 0 \end{cases}$$

整理后，有

$$\begin{cases} \Sigma y_i = n\beta_1 + \beta_2 \Sigma x_i \\ \Sigma x_i y_i = \beta_1 \Sigma x_i + \beta_2 \Sigma x_i \end{cases} \tag{9-6}$$

方程组（9-6）称为标准方程组或正规方程组，其中的 n 是样本量。求解这一方程组，可得

$$
\begin{cases}
\beta_2 = \dfrac{n\sum x_i y_i - \sum x_i \sum y_i}{n\sum x_i^2 - (\sum x_i)^2} \\
\beta_1 = \bar{y} - \beta_2 \bar{x}
\end{cases}
\tag{9-7}
$$

方程组（9-7）中，$\bar{x}$ 和 $\bar{y}$ 分别是 x 和 y 的样本均值。

三、一元线性回归模型的检验

（一）一元线性回归模型检验的种类

一元线性回归模型中的参数估计出来之后，还必须对其进行检验。如果通过检验发现模型有缺陷，则必须回到模型的设定阶段或参数估计阶段重新选择因变量和自变量及其函数形式，或者对数据进行加工整理之后再次估计参数。

一元线性回归模型的检验包括经济意义检验、统计检验和计量经济学检验。经济意义检验主要涉及参数估计值的符号和取值区间，如果它们与实质性科学的理论以及人们的实践经验不相符，就说明模型不能很好地解释现象。在对实际的社会经济现象进行回归分析时，常常会遇到经济意义检验不能通过的情况。造成这一结果的主要原因是：社会经济现象的统计数据无法像自然科学中的统计数据那样可以通过可控制的实验取得，因而所观测的样本容量可能偏小，不具有足够的代表性，或者不能满足标准线性回归分析所要求的假定条件。统计学检验是利用统计学中的抽样理论来检验样本回归方程的可靠性，具体又可分为拟合程度评价和显著性检验。统计检验是对所有现象进行回归分析时都必须通过的检验。经济计量学检验是对标准线性回归模型的假定条件能否得到满足进行检验，具体包括序列相关检验、异方差性检验等。检验对于社会经济现象的定量分析具有特别重要的意义。关于计量经济学检验的问题在一般的计量经济学教科书中有详细介绍。本书只讨论统计学检验。

（二）拟合优度的评价

所谓拟合优度，是指样本观测值聚集在样本回归直线周围的紧密程度。判断回归模型拟合优度优劣最常用的数量指标是可决系数（又称判定系数）。该指标是建立在对总离差平方和进行分解的基础之上的。

因变量的实际观测值与其样本均值的离差即总离差 $(y_i - \bar{y})$ 可以分解为两个部分：一部分是因变量的理论回归值与其样本均值的离差 $(\hat{y}_i - \bar{y})$，它可以看成能够由样本回归直线解释的部分，称为可解释离差；另一部分是实际观测值与理论回归值的离差 $(y_i - \hat{y}_i)$，它是不能由样本回归直线加以解释的残差 e_i。对任一实际观测值 y_i，总有

$$
\sum (y_i - \bar{y})^2 = \sum (\hat{y}_i - \bar{y})^2 + \sum (y_i - \hat{y}_i)^2 \tag{9-8}
$$

如果记 $SST = \sum (y_i - \bar{y})^2$，$SSR = \sum (\hat{y}_i - \bar{y})^2$，$SSE = \sum (y_i - \hat{y}_i)^2$，则有

$$
SST = SSR + SSE \tag{9-9}
$$

式（9-9）中，SST 是总的离差平方和，反映 n 次观测值的总变差；SSR 是回归平方和，反映了 y 的总变差中由于 x 与 y 之间的线性关系引起的 y 的变化部分；SSE 是剩余残差平方和，亦即残差平方和或误差平方和，是指用样本回归直线无法解释的离差平方和，反映了除了 x 对 y 的线性关系影响之外的其他因素所引起的 y 的变化部分。式（9-9）的两边同除以 SST，得

$$1=\frac{SSR}{SST}+\frac{SSE}{SST} \tag{9-10}$$

显而易见，各个样本观测点与样本回归直线靠得越紧，SSR 在 SST 中所占的比例就越大。因此，可定义这一比例为判定系数（coefficient of determination），用 r^2 表示，即

$$r^2=\frac{SSR}{SST}=1-\frac{SSE}{SST} \tag{9-11}$$

判定系数是对回归模型拟合程度的综合度量：判定系数越大，模型对样本的拟合程度越高；判定系数越小，模型对样本的拟合程度越低。判定系数具有非负性，取值范围为 $0 \leqslant r^2 \leqslant 1$。判定系数是样本观测值的函数，它也是一个统计量。

在一元线性回归中，判定系数 r^2 实际上是相关系数 r 的平方。根据这一结论，我们不仅可以由相关系数直接计算判定系数 r^2，也可以进一步理解相关系数的意义。相关系数 r 与回归系数 $\hat{\beta}_2$ 的正负号是相同的，实际上，相关系数 r 也从另一个角度说明了回归直线的拟合优度。$|r|$ 越接近 1，表明回归直线对观测数据的拟合程度就越高。但用 r 说明回归直线的拟合优度要慎重，因为 r 的值总是大于 r^2 的值（除非 $r=0$ 或 $|r|=1$）。比如，当 $r=0.5$ 时，表面上看相关程度似乎接近一半，但 $r^2=0.25$，实际上这只能解释总变差的 25%。$r^2=0.7$ 才能解释近一半的变差，$r<0.3$ 意味着只有很少一部分变差可由回归直线来解释。

（三）显著性检验

一元线性回归分析中的显著性检验包括两个方面的内容：一是对各回归系数的显著性检验，二是对整个回归方程线性关系的显著性检验。对于前者，通常采用 t 检验，而对于后者，则是在方差分析的基础上采用 F 检验。在一元线性回归模型中，由于只有一个解释变量 x，对 $\beta_2=0$ 的 t 检验与对整个方程的 F 检验是等价的。不过，这里对回归系数的显著性检验、线性关系的显著性检验都做一下介绍，但要注意在多元线性回归分析中的不同。

1. 回归系数的显著性检验

所谓回归系数的显著性检验，就是根据样本估计的结果，对总体回归系数的有关假设进行检验。为了进行显著性检验，首先有必要了解 $\hat{\beta}_1$ 和 $\hat{\beta}_2$ 的概率分布。因为 $\hat{\beta}_1$ 和 $\hat{\beta}_2$ 均为线性估计量，是因变量 y_i 的线性组合。根据高斯假定，可知 y_i 是服从正态分布的变量，所以 $\hat{\beta}_1$ 和 $\hat{\beta}_2$ 也服从正态分布。若令

$$\sigma_{\hat{\beta}_1}^2=\sigma^2\left[\frac{1}{n}+\frac{\bar{x}^2}{\sum(x_i-\bar{x})^2}\right],\ \sigma_{\hat{\beta}_2}^2=\sigma^2\left[\frac{1}{\sum(x_i-\bar{x})^2}\right]$$

则有

$$\hat{\beta}_1 \sim N(\beta_1,\ \sigma_{\hat{\beta}_1}^2),\ \hat{\beta}_2 \sim N(\beta_2,\ \sigma_{\hat{\beta}_2}^2)$$

在总体方差已知的情况下，利用上述正态分布可以用 Z 检验方法去对总体回归系数进行假设检验。但是，一般来说，总体方差 σ^2 是未知的，要用其无偏估计量 S^2 去代替。我们用 S_{β_i} 代表 $\hat{\beta}_i$ 的标准差（$i=1,2$）。数学上可以证明，当样本为小样本时，回归系数估计值的标准化变换值并不遵循正态分布规律，而是服从 t 分布，即

$$t_{\hat{\beta}_1} = \frac{\hat{\beta}_i - \beta}{s_{\hat{\beta}_i}} \sim t(n-2) \tag{9-12}$$

式（9-12）中的 n 为样本容量，$n-2$ 为自由度。利用以上结论可以对回归系数进行显著性检验。β_1 和 β_2 的检验方法是相同的，但 β_2 检验更为重要，因为它表明自变量对因变量线性影响的存在性以及影响的方式。

2. 线性关系的显著性检验

线性关系的显著性检验是指检验自变量 x 与因变量 y 之间的线性关系是否显著，或者说，它们之间能否用一个线性模型来表示。为检验两个或两个以上变量之间的线性关系是否显著，需要构造用于检验的统计量。该统计量的构造是以 SSR 和 SSE 为基础的。用 SSR 除以其相应的自由度（SSR 的自由度是自变量的个数 k，在一元回归中为 1）后的结果称为均方回归，记为 MSR；用 SSE 除以其相应的自由度（SSE 的自由度为 $n-k-1$，在一元回归中为 $n-2$）后的结果称为均方残差，记为 MSE。如果原假设成立（H_0：$\beta_2=0$，即两个变量之间的线性关系不显著），则 MSR/MSE 的抽样分布服从自由度为 1 和 $n-2$ 的 F 分布，即

$$F = \frac{SSR/k}{SSE/(n-k-1)} = \frac{SSR/1}{SSE/(n-2)} = \frac{MSR}{MSE} \sim F(1, n-2) \tag{9-13}$$

所以当原假设 H_0：$\beta_2=0$ 成立时，MSR/MSE 的值应接近 0，但如果原假设 H_0：$\beta_2=0$ 不成立，MSR/MSE 的值将变得无穷大。因此，较大的 MSR/MSE 将导致拒绝原假设，这时就可以断定变量 x 与 y 之间存在着显著的线性关系。

四、一元线性回归模型的应用

（一）回归预测的基本公式

建立回归模型的重要目的之一是进行预测。如果所拟合的样本回归方程经过检验，被认为具有经济意义，同时被证明有较高的拟合程度，就可以利用其来进行预测。简单回归预测的基本公式如下：

$$\hat{y}_f = \hat{\beta}_1 + \hat{\beta}_2 x_f \tag{9-14}$$

式（9-14）中，x_f 是给定的 x 的具体数值，$\hat{y}_f$ 是 x_f 给定时 y 的预测值，$\hat{\beta}_1$ 和 $\hat{\beta}_2$ 是已估计出的样本回归系数。回归预测是一种有条件的预测，在进行回归预测时，必须先给出 x_f 的具体数值。当给出的 x_f 属于样本内的数值时，利用式（9-14）来计算 $\hat{y}_f$ 称为内插检验或事后预测。而当给出的 x_f 属于样本之外的数值时，利用式（9-14）来计算 $\hat{y}_f$ 称为外推预测或事前预测。通常所说的预测就是指事前预测。

（二）预测误差

$\hat{y}_f$ 是根据样本回归方程计算的，它是样本观测值的函数，因而也是一个随机变量。$\hat{y}_f$ 与所要预测的 y 的真值之间必然存在一定的误差。在实际的回归模型预测中，发生预测误差的原因可以概括为以下四个：

（1）模型本身的误差因素所造成的误差。由于总体回归函数并未将所有影响 y 的因素都纳入模型，同时其具体的函数形式也只是对实际变量之间数量联系的近似反映，因此必然存在误差。这一误差可以用总体随机误差项的方差来评价。

（2）回归系数的估计值同其真值不一致所造成的误差。如前所述，样本回归系数

是根据样本估计的，它与总体回归系数之间总是有一定的误差。这一误差可以用回归系数的最小二乘估计量的方差来评价。

（3）自变量 x 的设定值同其实际值的偏离所造成的误差。当给出的 x_f 在样本之外时，其本身也需要利用某种方法进行预测。如果 x_f 与未来时期 x 的实际值不符，将其代入式（9-14）求得的 y 的预测值当然也会与其实际值有所不同。

（4）未来时期总体回归系数发生变化所造成的误差。在研究客观现象的总体回归方程中，总体回归系数是一定时期内经济结构的数量特征，随着社会经济运行机制和经济结构的变化而有所变动。这时，如果仍沿用根据样本期数据拟合的样本回归方程去进行预测，也会造成误差。

第三节　多元线性回归模型

一、多元线性回归模型概述

一元线性回归分析所研究的是一个因变量与一个自变量之间的关系。但是在现实中，某一现象的变动常受多种现象变动的影响。例如，消费除了受本期收入水平的影响外，还会受以往消费和收入水平的影响；一个企业利润额的多少除了与销售额多少有关外，还与成本、价格的多少等有关。这就是说，影响因变量的自变量通常不止一个，而是多个。在许多场合，仅考虑单个变量是不够的，还需要就一个因变量与多个自变量的联系来进行考察，才能获得比较满意的结果。这就产生了测定多因素对某一变量的影响问题。研究在线性相关条件下两个和两个以上自变量对一个因变量的数量变化关系，称为多元线性回归分析，表现这一数量关系的数学公式称为多元线性回归模型。多元线性回归模型是一元线性回归模型的扩展，其基本原理与一元线性回归模型相类似，只是在计算上麻烦一些而已。限于本书的篇幅和内容深度，本书对多元线性回归分析不做进一步论述，仅给出必要的结论。多元线性回归模型总体回归函数的一般形式如下：

$$y_i = \beta_0 + \beta_1 x_{1i} + \cdots + \beta_k x_{ki} + \varepsilon_i \tag{9-15}$$

式（9-15）假定因变量 y 与 k 个自变量之间的回归关系可以用线性函数来近似反映。式（9-15）中，y_i 是变量 y 的第 i 次观测值；x_{ji} 是第 j 个自变量 x_j 的第 i 次观测值（$j=1, 2, \cdots, k$）；ε_i 是随机误差项；β_1，β_2，$\cdots$，β_k 是总体回归系数。式（9-15）中，总体回归系数是未知的，必须利用有关的样本观测值来进行估计。

假设已给出了 n 次观测值，同时，$\hat{\beta}_1$，$\hat{\beta}_2$，$\cdots$，$\hat{\beta}_k$ 为总体回归系数的估计，则多元线性回归模型的样本回归函数如下：

$$\hat{y}_i = \hat{\beta}_0 + \hat{\beta}_1 x_{1i} + \hat{\beta}_2 x_{2i} + \cdots + \hat{\beta}_k x_{ki} + e_i \tag{9-16}$$

式（9-16）中，e_i 是 y_i 与其估计 $\hat{y}_i$ 之间的离差，即残差。与一元线性回归分析类似，多元线性回归分析也需要提出一些必要的假定，除了包括上面已经提出的关于随机误差项的假定外，还有一条假定，即回归模型所包含的自变量之间不能具有较强的线性关系。

二、多元线性回归模型的估计与检验

多元线性回归模型中回归系数的估计同样用最小二乘法。但由于计算过程很复杂，一般要用计算机进行处理，在此不做介绍。多元线性回归模型的检验与一元线性回归模型类似。但在多元线性回归模型中，一般用调整的多重判定系数来反映回归模型的拟合优度。其计算公式为

$$\bar{r}^2 = 1 - (1 - r^2)(\frac{n - 1}{n - k - 1}) \tag{9-17}$$

式（9-17）中，$\bar{r}^2$ 为调整的多重判定系数，r^2 为多重判定系数，n 为样本量，k 为自变量个数。

三、多元线性回归模型的应用

（一）回归变量的选择问题

当影响因素较多时，对自变量的选择一定要经过筛选。筛选的目的有两个：一是如果自变量个数较多，则需要较大的样本，如果样本较小，回归分析无意义；二是如果自变量个数较多，容易造成信息的重叠，产生严重的多重共线性。

（二）各回归变量之间不能存在严重的多重共线性

所谓多重共线性，是指各变量之间存在高度的线性相关。多重共线性会给多元回归分析带来严重的危害，会使回归结果混乱，歪曲回归系数。此时，对回归系数进行解释将是无法实现的。

（三）多元回归系数是不可比的

因为回归系数的大小受各变量的计量单位影响，多元回归方程中各回归系数的大小并不能代表重要性的高低。只有对数据进行标准化变换以后才有可比性。

（四）应避免虚假回归问题的发生

虚假回归是指变量之间在数量上表现为某种关系，并能够用回归模型描述，但事实上这种关系在实际中并不存在。因此，在回归分析中首先应进行理论分析。

本章小结

相关分析是研究两个或两个以上变量之间相关程度以及用一定函数表达现象相关关系的统计方法。在自然界和经济领域中，许多现象之间存在着相互依存、相互制约的关系，如果用变量与变量之间的关系来描述，通常可以分为两种类型：函数关系和相关关系。要判别与度量现象之间有无相关关系、变动的方向和相关程度，可通过绘制散点图、制作相关表、计算相关系数等方法来描述。其中，要判断变量之间相关关系的密切程度，需要计算相关系数。相关系数是指根据数据测定两个变量之间线性关系强度和相关方向的统计量。

回归分析是指在相关分析的基础上，对具有相关关系的两个或两个以上变量之间数量变化的一般关系进行测定，通过一定的数学表达式将这种关系描述出来进而确定

一个或几个变量（自变量）的变化对另一个特定变量（因变量）的影响程度。相应的数学表达式称为回归模型，其中，通过只有一个自变量的线性相关关系建立的数学表达式称为一元线性回归模型。

一元线性回归模型的数学表达式是根据样本数据拟合的直线，称为样本回归直线。要建立能够近似反映真实总体回归模型的样本回归模型，一般采用最小二乘法，通过使因变量的实际值（观测值）与估计值之间的离差平方和达到最小来估计未知参数。参数估计出来之后，还必须对其进行检验，并根据检验结果修正或修改有缺陷的模型。

思考与练习

一、思考题

1. 什么是相关分析？相关关系与函数关系有什么联系与区别？
2. 什么是回归分析？回归分析与相关分析有什么联系与区别？
3. 简述相关系数的性质。
4. 简述高斯假定的内容。
5. 通过哪些检验可以发现一元线性回归模型的缺陷？

二、计算题

1. 某地区随机抽取了生产某种产品的 10 个企业。10 个企业的产量与生产费用的情况如表 9-2 所示。

表 9-2　10 个企业的产量与生产费用的情况

企业编号	产量/万件	生产费用/万元
1	50	160
2	60	195
3	85	267.75
4	100	300
5	120	342
6	145	348
7	160	384
8	185	416.25
9	190	408.5
10	200	420

计算 10 个企业的产量与生产费用之间的相关系数，根据计算结果说明产量与生产费用之间存在什么样的关系。

2. 某机构研究了20××年11个城市的人口数对其社会消费品零售总额的影响，得到了如表9-3所示的资料。

表9-3　20××年11个城市的人口数与社会消费品零售总额的情况

城市编号	人口数/万人	社会消费品零售总额/亿元
1	52	130
2	104	286
3	156	286
4	208	364
5	260	572
6	312	598
7	364	832
8	416	754
9	468	832
10	520	884
11	572	858

用最小二乘法建立直线回归方程，并判断该直线回归方程是否能说明城市人口数与社会消费品零售总额之间存在回归关系。

附录 常用统计附表

附表 1　标准正态分布函数值表

本表列出了标准正态分布 $N(0,\ 1)$ 的分布函数：

$$\Phi(x)=\int_{-\infty}^{x}\frac{1}{\sqrt{2\pi}}e^{-\frac{t^2}{2}}dt$$

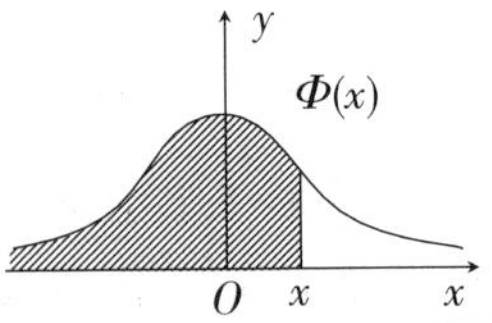

x	0.00	0.01	0.02	0.03	0.04	0.05	0.06	0.07	0.08	0.09
0.0	0.500 0	0.504 0	0.508 0	0.512 0	0.516 0	0.519 9	0.523 9	0.527 9	0.531 9	0.535 9
0.1	0.539 8	0.543 8	0.547 8	0.551 7	0.555 7	0.559 6	0.563 6	0.567 5	0.571 4	0.575 3
0.2	0.579 3	0.583 2	0.587 1	0.591 0	0.594 8	0.598 7	0.602 6	0.606 4	0.610 3	0.614 1
0.3	0.617 9	0.621 7	0.625 5	0.629 3	0.633 1	0.636 8	0.640 6	0.644 3	0.648 0	0.651 7
0.4	0.655 4	0.659 1	0.662 8	0.666 4	0.670 0	0.673 6	0.677 2	0.680 8	0.684 4	0.687 9
0.5	0.691 5	0.695 0	0.698 5	0.701 9	0.705 4	0.708 8	0.712 3	0.715 7	0.719 0	0.722 4
0.6	0.725 7	0.729 1	0.732 4	0.735 7	0.738 9	0.742 2	0.745 4	0.748 6	0.751 7	0.754 9
0.7	0.758 0	0.761 1	0.764 2	0.767 3	0.770 4	0.773 4	0.776 4	0.779 4	0.782 3	0.785 2
0.8	0.788 1	0.791 0	0.793 9	0.796 7	0.799 5	0.802 3	0.805 1	0.807 8	0.810 6	0.813 3
0.9	0.815 9	0.818 6	0.821 2	0.823 8	0.826 4	0.828 9	0.831 5	0.834 0	0.836 5	0.838 9
1.0	0.841 3	0.843 8	0.846 1	0.848 5	0.850 8	0.853 1	0.855 4	0.857 7	0.859 9	0.862 1
1.1	0.864 3	0.866 5	0.868 6	0.870 8	0.872 9	0.874 9	0.877 0	0.879 0	0.881 0	0.883 0
1.2	0.884 9	0.886 9	0.888 8	0.890 7	0.892 5	0.894 4	0.896 2	0.898 0	0.899 7	0.901 5
1.3	0.903 2	0.904 9	0.906 6	0.908 2	0.909 9	0.911 5	0.913 1	0.914 7	0.916 2	0.917 7
1.4	0.919 2	0.920 7	0.922 2	0.923 6	0.925 1	0.926 5	0.927 9	0.929 2	0.930 6	0.931 9

附表 1(续)

x	0.00	0.01	0.02	0.03	0.04	0.05	0.06	0.07	0.08	0.09
1.5	0.933 2	0.934 5	0.935 7	0.937 0	0.938 2	0.939 4	0.940 6	0.941 8	0.942 9	0.944 1
1.6	0.945 2	0.946 3	0.947 4	0.948 4	0.949 5	0.950 5	0.951 5	0.952 9	0.953 5	0.954 5
1.7	0.955 4	0.956 4	0.957 3	0.958 2	0.959 1	0.959 9	0.960 8	0.961 6	0.962 5	0.963 3
1.8	0.964 1	0.964 9	0.965 6	0.966 4	0.967 1	0.967 8	0.968 6	0.969 3	0.969 9	0.970 3
1.9	0.971 3	0.971 9	0.972 6	0.973 2	0.973 8	0.974 4	0.975 0	0.975 6	0.976 1	0.976 7
2.0	0.977 2	0.977 8	0.978 3	0.978 8	0. 9 793	0.979 8	0.980 3	0.980 8	0.981 2	0.981 7
2.1	0.982 1	0.982 6	0.983 0	0.983 4	0.983 8	0.984 2	0.984 6	0.985 0	0.985 4	0.985 7
2.2	0.986 1	0.986 4	0.986 8	0.987 1	0.987 5	0.987 8	0.988 1	0.988 4	0.988 7	0.989 0
2.3	0.989 3	0.989 6	0.989 8	0.990 1	0.990 4	0.990 6	0.990 9	0.991 1	0.991 3	0.991 6
2.4	0.991 8	0.992 0	0.992 2	0.992 5	0.992 7	0.992 9	0.993 1	0.993 2	0.993 4	0.993 6
2.5	0.993 8	0.994 0	0.994 1	0.994 3	0.994 5	0.994 6	0.994 8	0.994 9	0.995 1	0.995 2
2.6	0.995 3	0.995 5	0.995 6	0.995 7	0.995 9	0.996 0	0.996 1	0.996 2	0.996 3	0.996 4
2.7	0.996 5	0.996 6	0.996 7	0.996 8	0.996 9	0.997 0	0.997 1	0.997 2	0.997 3	0.997 4
2.8	0.997 4	0.997 5	0.997 6	0.997 7	0.997 7	0.997 8	0.997 9	0.997 9	0.998 0	0.998 1
2.9	0.998 1	0.998 2	0.998 2	0.998 3	0.998 4	0.998 4	0.998 5	0.998 5	0.998 6	0.998 6
3.0	0.998 7	0.998 7	0.998 7	0.998 8	0.998 8	0.998 9	0.998 9	0.998 9	0.999 0	0.999 0
3.1	0.999 0	0.999 1	0.999 1	0.999 1	0.999 2	0.999 2	0.999 2	0.999 2	0.999 3	0.999 3
3.2	0.999 3	0.999 3	0.999 4	0.999 4	0.999 4	0.999 4	0.999 4	0.999 5	0.999 5	0.999 5
3.3	0.999 5	0.999 5	0.999 5	0.999 6	0.999 6	0.999 6	0.999 6	0.999 6	0.999 6	0.999 7
3.4	0.999 7	0.999 7	0.999 7	0.999 7	0.999 7	0.999 7	0.999 7	0.999 7	0.999 7	0.999 8

附表 2　t 分布上侧分位数表

本表列出了 $t(n)$ 分布的上侧 α 分位数 $t_\alpha(n)$，它满足

$$P\{t(n) > t_\alpha(n)\} = \alpha$$

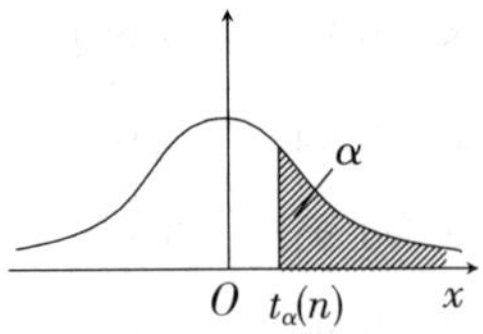

n	α					
	0. 25	0. 10	0. 05	0. 025	0. 01	0. 005
1	1. 000 0	3. 077 7	6. 313 8	12. 706 2	31. 820 7	63. 657 4
2	0. 816 5	1. 885 6	2. 920 0	4. 302 7	6. 964 6	9. 924 8
3	0. 764 9	1. 637 7	2. 353 4	3. 182 4	4. 540 7	5. 840 9
4	0. 740 7	1. 533 2	2. 131 8	2. 776 4	3. 746 9	4. 604 1
5	0. 726 7	1. 475 9	2. 015 0	2. 570 6	3. 364 9	4. 032 2
6	0. 717 6	1. 439 8	1. 943 2	2. 446 9	3. 142 7	3. 707 4
7	0. 711 1	1. 414 9	1. 894 6	2. 364 6	2. 998 0	3. 499 5
8	0. 706 4	1. 396 8	1. 859 5	2. 306 0	2. 896 5	3. 366 5
9	0. 702 7	1. 383 0	1. 833 1	2. 262 2	2. 821 4	3. 249 8
10	0. 699 8	1. 372 2	1. 812 5	2. 228 1	2. 763 8	3. 169 3
11	0. 697 4	1. 363 4	1. 795 9	2. 201 0	2. 718 1	3. 105 8
12	0. 695 5	1. 356 2	1. 782 3	2. 178 8	2. 681 0	3. 054 5
13	0. 693 8	1. 350 2	1. 770 9	2. 160 4	2. 650 3	3. 012 3
14	0. 692 4	1. 345 0	1. 761 3	2. 144 8	2. 624 5	2. 976 8
15	0. 691 2	1. 340 6	1. 753 1	2. 131 5	2. 602 5	2. 946 7
16	0. 690 1	1. 336 8	1. 745 9	2. 119 9	2. 583 5	2. 920 8
17	0. 689 2	1. 333 4	1. 739 6	2. 109 8	2. 566 9	2. 898 2
18	0. 688 4	1. 330 4	1. 734 1	2. 100 9	2. 552 4	2. 878 4
19	0. 687 6	1. 327 7	1. 729 1	2. 093 0	2. 539 5	2. 860 9
20	0. 687 0	1. 325 3	1. 724 7	2. 086 0	2. 528 0	2. 845 3

n	α 0.25	0.10	0.05	0.025	0.01	0.005
21	0.686 4	1.323 2	1.720 7	2.079 6	2.517 7	2.831 4
22	0.685 8	1.321 2	1.717 1	2.073 9	2.508 3	2.818 8
23	0.685 3	1.319 5	1.713 9	2.068 7	2.499 9	2.807 3
24	0.684 8	1.317 8	1.710 9	2.063 9	2.492 2	2.796 9
25	0.684 4	1.316 3	1.708 1	2.059 5	2.485 1	2.787 4
26	0.684 0	1.315 0	1.705 6	2.055 5	2.478 6	2.778 7
27	0.683 7	1.313 7	1.703 3	2.051 8	2.472 7	2.770 7
28	0.683 4	1.312 5	1.701 1	2.048 4	2.467 1	2.763 3
29	0.683 0	1.311 3	1.699 1	2.045 2	2.462 0	2.756 4
30	0.682 8	1.310 4	1.697 3	2.042 3	2.457 3	2.750 0
31	0.682 5	1.309 5	1.695 5	2.039 5	2.452 8	2.744 0
32	0.682 2	1.308 6	1.693 9	2.036 9	2.448 7	2.738 5
33	0.682 0	1.307 7	1.692 4	2.034 5	2.444 8	2.733 3
34	0.681 8	1.307 0	1.690 9	2.032 2	2.441 1	2.728 4
35	0.681 6	1.306 2	1.689 6	2.030 1	2.437 7	2.723 8
36	0.681 4	1.305 5	1.688 3	2.028 1	2.434 5	2.719 5
37	0.681 2	1.304 9	1.687 1	2.026 2	2.431 4	2.715 4
38	0.681 0	1.304 2	1.686 0	2.024 4	2.428 6	2.711 6
39	0.680 8	1.303 6	1.684 9	2.022 7	2.425 8	2.707 9
40	0.680 7	1.303 1	1.683 9	2.021 1	2.423 3	2.704 5
41	0.680 5	1.302 5	1.682 9	2.019 5	2.420 8	2.701 2
42	0.680 4	1.302 0	1.682 0	2.018 1	2.418 5	2.698 1
43	0.680 2	1.301 6	1.681 1	2.016 7	2.416 3	2.695 1
44	0.680 1	1.301 1	1.680 2	2.015 4	2.414 1	2.692 3
45	0.680 0	1.300 6	1.679 4	2.014 1	2.412 1	2.689 6

附表 3 χ^2 分布上侧分位数表

本表列出了$\chi^2(n)$分布的上侧 α 分位数$\chi^2_\alpha(n)$，它满足

$$P\{\chi^2(n) > \chi^2_\alpha(n)\} = \alpha$$

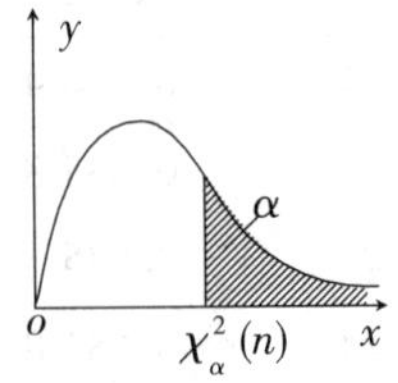

n	α					
	0.995	0.99	0.975	0.95	0.90	0.75
1	—	—	0.001	0.004	0.016	0.102
2	0.010	0.020	0.051	0.103	0.211	0.575
3	0.072	0.115	0.216	0.352	0.584	1.213
4	0.207	0.297	0.484	0.711	1.064	1.923
5	0.412	0.554	0.831	1.145	1.610	2.675
6	0.676	0.872	1.237	1.635	2.204	3.455
7	0.989	1.239	1.690	2.167	2.833	4.255
8	1.344	1.646	2.180	2.733	3.490	5.071
9	1.735	2.088	2.700	3.325	4.168	5.899
10	2.156	2.558	3.247	3.940	4.865	6.737
11	2.603	3.053	3.816	4.575	5.578	7.584
12	3.074	3.571	4.404	5.226	6.304	8.438
13	3.565	4.107	5.009	5.892	7.042	9.299
14	4.075	4.660	5.629	6.571	7.790	10.165
15	4.601	5.229	6.262	7.261	8.547	11.037
16	5.142	5.812	6.908	7.962	9.312	11.912
17	5.697	6.408	7.564	8.672	10.085	12.792
18	6.265	7.015	8.231	9.390	10.865	13.675
19	6.814	7.633	8.907	10.117	11.651	14.562
20	7.434	8.260	9.591	10.851	12.443	15.452

n	α					
	0.995	0.99	0.975	0.95	0.90	0.75
21	8.034	8.897	10.283	11.591	13.240	16.344
22	8.643	9.542	10.982	12.338	14.042	17.240
23	9.260	10.196	11.689	13.091	14.848	18.137
24	9.886	10.856	12.401	13.848	15.659	19.037
25	10.520	11.524	13.120	14.611	16.473	19.939
26	11.160	12.198	13.844	15.379	17.292	20.843
27	11.808	12.879	14.573	16.151	18.114	21.749
28	12.461	13.565	15.308	16.928	18.939	22.657
29	13.121	14.257	16.047	17.708	19.768	23.567
30	13.787	14.954	16.791	18.493	20.599	24.478
31	14.458	15.655	17.539	19.281	21.434	25.390
32	15.134	16.362	18.291	20.072	22.271	26.304
33	15.815	17.074	19.047	20.867	23.110	27.219
34	16.501	17.789	19.806	21.664	23.952	28.136
35	17.192	18.509	20.569	22.456	24.797	29.054
36	17.887	19.233	21.336	23.269	25.643	29.973
37	18.586	19.960	22.106	24.075	26.492	30.893
38	19.289	20.691	22.878	24.884	27.343	31.815
39	19.996	21.426	23.654	25.695	28.196	32.737
40	20.707	22.164	24.433	26.509	29.051	33.660
41	21.421	22.906	25.215	27.326	29.907	34.585
42	22.138	23.650	25.999	28.144	30.765	35.510
43	22.859	24.398	26.785	28.965	31.625	36.436
44	23.584	25.148	27.575	29.787	32.487	37.363
45	24.411	25.901	28.366	30.612	33.350	38.291

附表3(续)

n	α					
	0.25	0.10	0.05	0.025	0.01	0.005
1	1.323	2.706	3.841	5.024	6.635	7.879
2	2.773	4.605	5.991	7.378	9.210	10.597
3	4.108	6.251	7.815	9.348	11.345	12.838
4	5.385	7.779	9.488	11.143	13.277	14.860
5	6.626	9.236	11.071	12.833	15.086	16.750
6	7.841	10.645	12.592	14.449	16.812	18.548
7	9.037	12.017	14.067	16.013	18.475	20.278
8	10.219	13.362	15.507	17.535	20.090	21.955
9	11.389	14.684	16.919	19.023	21.666	23.589
10	12.549	15.987	18.307	20.483	23.209	25.188
11	13.701	17.275	19.675	21.920	24.725	26.757
12	14.845	18.549	21.026	23.337	26.217	28.299
13	15.984	19.812	22.362	24.736	27.688	29.819
14	17.117	21.064	23.685	26.119	29.141	31.319
15	18.245	22.307	24.996	27.488	30.578	32.801
16	19.369	23.542	26.296	28.845	32.000	34.267
17	20.489	24.769	27.587	30.191	33.409	35.718
18	21.605	25.989	28.869	31.526	34.805	37.156
19	22.718	27.204	30.144	32.852	36.191	38.582
20	23.828	28.412	31.410	34.170	37.566	39.997
21	24.935	29.615	32.671	36.479	38.932	41.401
22	26.039	30.813	33.924	36.781	40.289	42.796
23	27.141	32.007	35.172	38.076	41.638	44.181
24	28.241	33.196	36.415	39.364	42.980	45.559
25	29.339	34.382	37.652	40.646	44.314	46.928

附表 3(续)

n	α					
	0. 25	0. 10	0. 05	0. 025	0. 01	0. 005
26	30. 435	35. 563	38. 885	41. 923	45. 643	48. 290
27	31. 528	36. 741	40. 113	43. 194	46. 963	49. 645
28	32. 620	37. 916	41. 337	44. 461	48. 278	50. 993
29	33. 711	39. 087	42. 557	45. 722	49. 588	52. 336
30	34. 800	40. 256	43. 773	46. 979	50. 892	53. 672
31	35. 887	41. 422	44. 985	48. 232	52. 191	55. 003
32	36. 973	42. 585	46. 194	49. 480	53. 486	56. 328
33	38. 058	43. 745	47. 400	50. 725	54. 776	57. 648
34	39. 141	44. 903	48. 602	51. 966	56. 061	58. 964
35	40. 223	46. 059	49. 802	53. 203	57. 342	60. 275
36	41. 304	47. 212	50. 998	54. 437	58. 619	61. 581
37	42. 383	48. 363	52. 192	55. 668	59. 892	62. 883
38	43. 462	49. 513	53. 884	56. 896	61. 162	64. 181
39	44. 539	50. 600	54. 572	58. 120	62. 428	65. 476
40	45. 616	51. 805	55. 758	59. 342	63. 691	66. 766
41	46. 692	52. 949	56. 942	60. 561	64. 950	68. 053
42	47. 766	54. 090	58. 124	61. 777	66. 206	69. 336
43	48. 840	55. 230	59. 304	62. 990	67. 459	70. 616
44	49. 913	56. 369	60. 481	64. 201	69. 710	71. 893
45	50. 985	57. 505	61. 656	65. 410	69. 957	73. 166

附表 4　F 分布上侧分位数表

本表列出了 $F(n_1, n_2)$ 分布的上侧 α 分位数 $F_\alpha(n_1, n_2)$，它满足：

$$P\{F(n_1, n_2) > F_\alpha(n_1, n_2)\} = \alpha$$

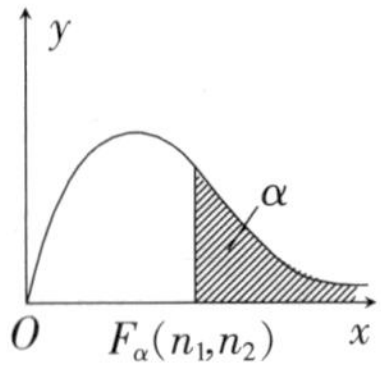

(1) $\alpha = 0.25$

n_2 \ n_1	1	2	3	4	5	6	7	8	9	10	12	15	20	24	30	40	60	120	∞
1	5.83	7.50	8.20	8.58	8.82	8.98	9.10	9.19	9.26	9.32	9.41	9.49	9.58	9.63	9.67	9.71	9.76	9.80	9.85
2	2.57	3.00	3.15	3.23	3.28	3.41	3.34	3.35	3.37	3.38	3.39	3.41	3.43	3.43	3.44	3.45	3.46	3.47	3.48
3	2.02	2.28	2.36	2.39	2.41	2.42	2.43	2.44	2.44	2.44	2.45	2.46	2.46	2.46	2.47	2.47	2.47	2.47	2.47
4	1.81	2.00	2.05	2.06	2.07	2.08	2.08	2.08	2.08	2.08	2.08	2.08	2.08	2.08	2.08	2.08	2.08	2.08	2.08
5	1.69	1.85	1.88	1.89	1.89	1.89	1.89	1.89	1.89	1.89	1.89	1.89	1.88	1.88	1.88	1.88	1.87	1.87	1.87
6	1.62	1.76	1.78	1.79	1.79	1.78	1.78	1.78	1.77	1.77	1.77	1.76	1.76	1.75	1.75	1.75	1.74	1.74	1.74
7	1.57	1.70	1.72	1.72	1.71	1.71	1.70	1.70	1.69	1.69	1.68	1.68	1.67	1.67	1.66	1.66	1.65	1.65	1.65
8	1.54	1.66	1.67	1.66	1.66	1.65	1.64	1.64	1.63	1.63	1.62	1.62	1.61	1.60	1.60	1.59	1.59	1.58	1.58
9	1.51	1.62	1.63	1.63	1.62	1.61	1.60	1.60	1.59	1.59	1.58	1.57	1.56	1.56	1.55	1.54	1.54	1.53	1.53
10	1.49	1.60	1.60	1.59	1.59	1.58	1.57	1.56	1.56	1.55	1.54	1.53	1.52	1.52	1.51	1.51	1.50	1.49	1.48
11	1.47	1.58	1.58	1.57	1.56	1.55	1.54	1.53	1.53	1.52	1.51	1.50	1.49	1.49	1.48	1.47	1.47	1.46	1.45
12	1.46	1.56	1.56	1.55	1.54	1.53	1.52	1.51	1.51	1.50	1.49	1.48	1.47	1.46	1.45	1.45	1.44	1.43	1.42
13	1.45	1.55	1.55	1.53	1.52	1.51	1.50	1.49	1.49	1.48	1.47	1.46	1.45	1.44	1.43	1.42	1.42	1.41	1.40
14	1.44	1.53	1.53	1.52	1.51	1.50	1.49	1.48	1.47	1.46	1.45	1.44	1.43	1.42	1.41	1.41	1.40	1.39	1.38
15	1.43	1.52	1.52	1.51	1.49	1.48	1.47	1.46	1.46	1.45	1.44	1.43	1.41	1.41	1.40	1.39	1.38	1.37	1.36
16	1.42	1.51	1.51	1.50	1.48	1.47	1.46	1.45	1.44	1.44	1.43	1.41	1.40	1.39	1.38	1.37	1.36	1.35	1.34
17	1.42	1.51	1.50	1.49	1.47	1.46	1.45	1.44	1.43	1.43	1.41	1.40	1.39	1.38	1.37	1.36	1.35	1.34	1.33
18	1.41	1.50	1.49	1.48	1.46	1.45	1.44	1.43	1.42	1.42	1.40	1.39	1.38	1.37	1.36	1.35	1.34	1.33	1.32
19	1.41	1.49	1.49	1.47	1.46	1.44	1.43	1.42	1.41	1.41	1.40	1.38	1.37	1.36	1.35	1.34	1.33	1.32	1.30
20	1.40	1.49	1.48	1.47	1.45	1.44	1.43	1.42	1.41	1.40	1.39	1.37	1.36	1.35	1.34	1.33	1.32	1.31	1.29
21	1.40	1.48	1.48	1.46	1.44	1.43	1.42	1.41	1.40	1.39	1.38	1.37	1.35	1.34	1.33	1.32	1.31	1.30	1.28
22	1.40	1.48	1.47	1.45	1.44	1.42	1.41	1.40	1.39	1.39	1.37	1.36	1.34	1.33	1.32	1.31	1.30	1.29	1.28
23	1.39	1.47	1.47	1.45	1.43	1.42	1.41	1.40	1.39	1.38	1.37	1.35	1.34	1.33	1.32	1.31	1.30	1.28	1.27
24	1.39	1.47	1.46	1.44	1.43	1.41	1.40	1.39	1.38	1.38	1.36	1.35	1.33	1.32	1.31	1.30	1.29	1.28	1.26
25	1.39	1.47	1.46	1.44	1.42	1.41	1.40	1.39	1.38	1.37	1.36	1.34	1.33	1.32	1.31	1.29	1.28	1.27	1.25
26	1.38	1.46	1.45	1.44	1.42	1.41	1.39	1.38	1.37	1.37	1.35	1.34	1.32	1.31	1.30	1.29	1.28	1.26	1.25
27	1.38	1.46	1.45	1.43	1.42	1.40	1.39	1.38	1.37	1.36	1.35	1.33	1.32	1.31	1.30	1.28	1.27	1.26	1.24
28	1.38	1.46	1.45	1.43	1.41	1.40	1.39	1.38	1.37	1.36	1.34	1.33	1.31	1.30	1.29	1.28	1.27	1.25	1.24
29	1.38	1.45	1.45	1.43	1.41	1.40	1.38	1.37	1.36	1.35	1.34	1.32	1.31	1.30	1.29	1.27	1.26	1.25	1.23
30	1.38	1.45	1.44	1.42	1.41	1.39	1.38	1.37	1.36	1.35	1.34	1.32	1.30	1.29	1.28	1.27	1.26	1.24	1.23
40	1.36	1.44	1.42	1.40	1.39	1.37	1.36	1.35	1.34	1.33	1.31	1.30	1.28	1.26	1.25	1.24	1.22	1.21	1.19
60	1.35	1.42	1.41	1.38	1.37	1.35	1.33	1.32	1.31	1.30	1.29	1.27	1.25	1.24	1.22	1.21	1.19	1.17	1.15
120	1.34	1.40	1.39	1.37	1.35	1.33	1.31	1.30	1.29	1.28	1.26	1.24	1.22	1.21	1.19	1.18	1.16	1.13	1.10
∞	1.32	1.39	1.37	1.35	1.33	1.31	1.29	1.28	1.27	1.25	1.24	1.22	1.19	1.18	1.16	1.14	1.12	1.08	1.00

附表4(续)

(2) $\alpha = 0.10$

n_2	n_1=1	2	3	4	5	6	7	8	9	10	15	20	30	50	100	200	500	∞
1	39.9	49.5	53.6	55.8	57.2	58.2	58.9	59.4	59.9	60.2	61.2	61.7	62.3	62.7	63.0	63.2	63.3	63.3
2	8.53	9.00	9.16	9.24	9.29	9.33	9.35	9.37	9.38	9.39	9.42	9.44	9.46	9.47	9.48	9.49	9.49	9.49
3	5.54	5.46	5.39	5.34	5.31	5.28	5.27	5.25	5.24	5.23	5.20	5.18	5.17	5.15	5.14	5.14	5.14	5.13
4	4.54	4.32	4.19	4.11	4.05	4.01	3.98	3.95	3.94	3.92	3.87	3.84	3.82	3.80	3.78	3.77	3.76	3.76
5	4.06	3.78	3.62	3.52	3.45	3.40	3.37	3.34	3.32	3.30	3.24	3.21	3.17	3.15	3.13	3.12	3.11	3.10
6	3.78	3.46	3.29	3.18	3.11	3.05	3.01	2.98	2.96	2.94	2.87	2.84	2.80	2.77	2.75	2.73	2.73	2.72
7	3.59	3.26	3.07	2.96	2.88	2.83	2.78	2.75	2.72	2.70	2.63	2.59	2.56	2.52	2.50	2.48	2.48	2.47
8	3.46	3.11	2.92	2.81	2.73	2.67	2.62	2.59	2.56	2.54	2.46	2.42	2.38	2.35	2.32	2.31	2.30	2.29
9	3.36	3.01	2.81	2.69	2.61	2.55	2.51	2.47	2.44	2.42	2.34	2.30	2.25	2.22	2.19	2.17	2.17	2.16
10	3.28	2.92	2.73	2.61	2.52	2.46	2.41	2.38	2.35	2.32	2.24	2.20	2.16	2.12	2.09	2.07	2.06	2.06
11	3.23	2.86	2.66	2.54	2.45	2.39	2.34	2.30	2.27	2.25	2.17	2.12	2.08	2.04	2.00	1.99	1.98	1.97
12	3.18	2.81	2.61	2.48	2.39	2.33	2.28	2.24	2.21	2.19	2.10	2.06	2.01	1.97	1.94	1.92	1.91	1.90
13	3.14	2.76	2.56	2.43	2.35	2.28	2.23	2.20	2.16	2.14	2.05	2.01	1.96	1.92	1.88	1.86	1.85	1.85
14	3.10	2.73	2.52	2.39	2.31	2.24	2.19	2.15	2.12	2.10	2.01	1.96	1.91	1.87	1.83	1.82	1.80	1.80
15	3.07	2.70	2.49	2.36	2.27	2.21	2.16	2.12	2.09	2.06	1.97	1.92	1.87	1.83	1.79	1.77	1.76	1.76
16	3.05	2.67	2.46	2.33	2.24	2.18	2.13	2.09	2.06	2.03	1.94	1.89	1.84	1.79	1.76	1.74	1.73	1.72
17	3.03	2.64	2.44	2.31	2.22	2.15	2.10	2.06	2.03	2.00	1.91	1.86	1.81	1.76	1.73	1.71	1.69	1.69
18	3.01	2.62	2.42	2.29	2.20	2.13	2.08	2.04	2.00	1.98	1.89	1.84	1.78	1.74	1.70	1.68	1.67	1.66
19	2.99	2.61	2.40	2.27	2.18	2.11	2.06	2.02	1.98	1.96	1.86	1.81	1.76	1.71	1.67	1.65	1.64	1.63
20	2.97	2.59	2.38	2.25	2.16	2.09	2.04	2.00	1.96	1.94	1.84	1.79	1.74	1.69	1.65	1.63	1.62	1.61
22	2.95	2.56	2.35	2.22	2.13	2.06	2.01	1.97	1.93	1.90	1.81	1.76	1.70	1.65	1.61	1.59	1.58	1.57
24	2.93	2.54	2.33	2.19	2.10	2.04	1.98	1.94	1.91	1.88	1.78	1.73	1.67	1.62	1.58	1.56	1.54	1.53
26	2.91	2.52	2.31	2.17	2.08	2.01	1.96	1.92	1.88	1.86	1.76	1.71	1.65	1.59	1.55	1.53	1.51	1.50
28	2.89	2.50	2.29	2.16	2.06	2.00	1.94	1.90	1.87	1.84	1.74	1.69	1.63	1.57	1.53	1.50	1.49	1.48
30	2.88	2.49	2.28	2.14	2.05	1.98	1.93	1.88	1.85	1.82	1.72	1.67	1.61	1.55	1.51	1.48	1.47	1.46
40	2.84	2.44	2.23	2.09	2.00	1.93	1.87	1.83	1.79	1.76	1.66	1.61	1.54	1.48	1.43	1.41	1.39	1.38
50	2.81	2.41	2.20	2.06	1.97	1.90	1.84	1.80	1.76	1.73	1.63	1.57	1.50	1.44	1.39	1.36	1.34	1.33
60	2.79	2.39	2.18	2.04	1.95	1.87	1.82	1.77	1.74	1.71	1.60	1.54	1.48	1.41	1.36	1.33	1.31	1.29
80	2.77	2.37	2.15	2.02	1.92	1.85	1.79	1.75	1.71	1.68	1.57	1.51	1.44	1.38	1.32	1.28	1.26	1.24
100	2.76	2.36	2.14	2.00	1.91	1.83	1.78	1.73	1.70	1.66	1.56	1.49	1.42	1.35	1.29	1.26	1.23	1.21
200	2.73	2.33	2.11	1.97	1.88	1.80	1.75	1.70	1.66	1.63	1.52	1.46	1.38	1.31	1.24	1.20	1.17	1.14
500	2.72	2.31	2.10	1.96	1.86	1.79	1.73	1.68	1.64	1.61	1.50	1.44	1.36	1.28	1.21	1.16	1.12	1.09
∞	2.71	2.30	2.08	1.94	1.85	1.77	1.72	1.67	1.63	1.60	1.49	1.42	1.34	1.26	1.18	1.13	1.08	1.00

(3)

$\alpha = 0.05$

n_2	n_1														
	1	2	3	4	5	6	7	8	9	10	12	14	16	18	20
1	161	200	216	225	230	234	237	239	241	242	244	245	246	247	248
2	18.5	19.0	19.2	19.2	19.3	19.3	19.4	19.4	19.4	19.4	19.4	19.4	19.4	19.4	19.4
3	10.1	9.55	9.28	9.12	9.01	8.94	8.89	8.85	8.81	8.79	8.74	8.71	8.69	8.67	8.66
4	7.71	6.94	6.59	6.39	6.26	6.16	6.09	6.04	6.00	5.96	5.91	5.87	5.84	5.82	5.80
5	6.61	5.79	5.41	5.19	5.05	4.95	4.88	4.82	4.77	4.74	4.68	4.64	4.60	4.58	4.56
6	5.99	5.14	4.76	4.53	4.39	4.28	4.21	4.15	4.10	4.06	4.00	3.96	3.92	3.90	3.87
7	5.59	4.74	4.35	4.12	3.97	3.87	3.79	3.73	3.68	3.64	3.57	3.53	3.49	3.47	3.44
8	5.32	4.46	4.07	3.84	3.69	3.58	3.50	3.44	3.39	3.35	3.28	3.24	3.20	3.17	3.15
9	5.12	4.26	3.86	3.63	3.48	3.37	3.23	3.23	3.18	3.14	3.07	3.03	2.99	2.96	2.94
10	4.96	4.10	3.71	3.48	3.33	3.22	3.14	3.07	3.02	2.98	2.91	2.86	2.83	2.80	2.77
11	4.84	3.98	3.59	3.36	3.20	3.09	3.01	2.95	2.90	2.85	2.79	2.74	2.70	2.67	2.65
12	4.75	3.89	3.49	3.26	3.11	3.00	2.91	2.85	2.80	2.75	2.69	2.64	2.60	2.57	2.54
13	4.67	3.81	3.41	3.18	3.03	2.92	2.83	2.77	2.71	2.67	2.60	2.55	2.51	2.48	2.46
14	4.60	3.74	3.34	3.11	2.96	2.85	2.76	2.70	2.65	2.60	2.53	2.48	2.44	2.41	2.39
15	4.54	3.68	3.29	3.06	2.90	2.79	2.71	2.64	2.59	2.54	2.48	2.42	2.38	2.35	2.33
16	4.49	3.63	3.24	3.01	2.85	2.74	2.66	2.59	2.54	2.49	2.42	2.37	2.33	2.30	2.28
17	4.45	3.59	3.20	2.96	2.81	2.70	2.61	2.55	2.49	2.45	2.38	2.33	2.29	2.26	2.23
18	4.41	3.55	3.16	2.93	2.77	2.66	2.58	2.51	2.46	2.41	2.34	2.29	2.25	2.22	2.19
19	4.38	3.52	3.13	2.90	2.74	2.63	2.54	2.48	2.42	2.38	2.31	2.26	2.21	2.18	2.16
20	4.35	3.49	3.10	2.87	2.71	2.60	2.51	2.45	2.39	2.35	2.28	2.22	2.18	2.15	2.12
21	4.32	3.47	3.07	2.84	2.68	2.57	2.49	2.42	2.37	2.32	2.25	2.20	2.16	2.12	2.10
22	4.30	3.44	3.05	2.82	2.66	2.55	2.46	2.40	2.34	2.30	2.23	2.17	2.13	2.10	2.07
23	4.28	3.42	3.03	2.80	2.64	2.53	2.44	2.37	2.32	2.27	2.20	2.15	2.11	2.07	2.05
24	4.26	3.40	3.01	2.78	2.62	2.51	2.42	2.36	2.30	2.25	2.18	2.13	2.09	2.05	2.03
25	4.24	3.39	2.99	2.76	2.60	2.49	2.40	2.34	2.28	2.24	2.16	2.11	2.07	2.04	2.01
26	4.23	3.37	2.98	2.74	2.59	2.47	2.39	2.32	2.27	2.22	2.15	2.09	2.05	2.02	1.99
27	4.21	3.35	2.96	2.73	2.57	2.46	2.37	2.31	2.25	2.20	2.13	2.08	2.04	2.00	1.97
28	4.20	3.34	2.95	2.71	2.56	2.45	2.36	2.29	2.24	2.19	2.12	2.06	2.02	1.99	1.96
29	4.18	3.33	2.93	2.70	2.55	2.43	2.35	2.28	2.22	2.18	2.10	2.05	2.01	1.97	1.94
30	4.17	3.32	2.92	2.69	2.53	2.42	2.33	2.27	2.21	2.16	2.09	2.04	1.99	1.96	1.93
32	4.15	3.29	2.90	2.67	2.51	2.40	2.31	2.24	2.19	2.14	2.07	2.01	1.97	1.94	1.91
34	4.13	3.28	2.88	2.65	2.49	2.38	2.29	2.23	2.17	2.12	2.05	1.99	1.95	1.92	1.89
36	4.11	3.26	2.87	2.63	2.48	2.36	2.28	2.21	2.15	2.11	2.03	1.98	1.93	1.90	1.87
38	4.10	3.24	2.85	2.62	2.46	2.35	2.26	2.19	2.14	2.09	2.02	1.96	1.92	1.88	1.85
40	4.08	3.23	2.84	2.61	2.45	2.34	2.25	2.18	2.12	2.08	2.00	1.95	1.90	1.87	1.84
42	4.07	3.22	2.83	2.59	2.44	2.32	2.24	2.17	2.11	2.06	1.99	1.93	1.89	1.86	1.83
44	4.06	3.21	2.82	2.58	2.43	2.31	2.23	2.16	2.10	2.05	1.98	1.92	1.88	1.84	1.81
46	4.05	3.20	2.81	2.57	2.42	2.30	2.22	2.15	2.09	2.04	1.97	1.91	1.87	1.83	1.80
48	4.04	3.19	2.80	2.57	2.41	2.29	2.21	2.14	2.08	2.03	1.96	1.90	1.86	1.82	1.79
50	4.03	3.18	2.79	2.56	2.40	2.29	2.20	2.13	2.07	2.03	1.95	1.89	1.85	1.81	1.78
60	4.00	3.15	2.76	2.53	2.37	2.25	2.17	2.10	2.04	1.99	1.92	1.86	1.82	1.78	1.75
80	3.96	3.11	2.72	2.49	2.33	2.21	2.13	2.06	2.00	1.95	1.88	1.82	1.77	1.73	1.70
100	3.94	3.09	2.70	2.46	2.31	2.19	2.10	2.03	1.97	1.93	1.85	1.79	1.75	1.71	1.68
125	3.92	3.07	2.68	2.44	2.29	2.17	2.08	2.01	1.96	1.91	1.83	1.77	1.72	1.69	1.65
150	3.90	3.06	2.66	2.43	2.27	2.16	2.07	2.00	1.94	1.89	1.82	1.76	1.71	1.67	1.64
200	3.89	3.04	2.65	2.42	2.26	2.14	2.06	1.98	1.93	1.88	1.80	1.74	1.69	1.66	1.62
300	3.87	3.03	2.63	2.40	2.24	2.13	2.04	1.97	1.91	1.86	1.78	1.72	1.68	1.64	1.61
500	3.86	3.01	2.62	2.39	2.23	2.12	2.03	1.96	1.90	1.85	1.77	1.71	1.66	1.62	1.59
1 000	3.85	3.00	2.61	2.38	2.22	2.11	2.02	1.95	1.89	1.84	1.76	1.70	1.65	1.61	1.58
∞	3.84	3.00	2.60	2.37	2.21	2.10	2.01	1.94	1.88	1.83	1.75	1.69	1.64	1.60	1.57

n_2	n_1														
	22	24	26	28	30	35	40	45	50	60	80	100	200	500	∞
1	249	249	249	250	250	251	251	251	252	252	252	253	254	254	254
2	19.5	19.5	19.5	19.5	19.5	19.5	19.5	19.5	19.5	19.5	19.5	19.5	19.5	19.5	19.5
3	8.65	8.64	8.63	8.62	8.62	8.60	8.59	8.59	8.58	8.57	8.56	8.55	8.54	8.53	8.53
4	5.79	5.77	5.76	5.75	5.75	5.73	5.72	5.71	5.70	5.69	5.67	5.66	5.65	5.64	5.63
5	4.54	4.53	4.52	4.50	4.50	4.48	4.46	4.45	4.44	4.43	4.41	4.41	4.39	4.37	4.37
6	3.86	3.84	3.83	3.82	3.81	3.79	3.77	3.76	3.75	3.74	3.72	3.71	3.69	3.68	3.67
7	3.43	3.41	3.40	3.39	2.38	3.36	3.34	3.33	3.32	3.30	3.29	3.27	3.25	3.24	3.23
8	3.13	3.12	3.10	3.09	3.08	3.06	3.04	3.03	3.02	3.01	2.99	2.97	2.95	2.94	2.93
9	2.92	2.90	2.89	2.87	2.86	2.84	2.83	2.81	2.80	2.79	2.77	2.76	2.73	2.72	2.71
10	2.75	2.74	2.72	2.71	2.70	2.68	2.66	2.65	2.64	2.62	2.60	2.59	2.56	2.55	2.54
11	2.63	2.61	2.59	2.58	2.57	2.55	2.53	2.52	2.51	2.49	2.47	2.46	2.43	2.42	2.40
12	2.52	2.51	2.49	2.48	2.47	2.44	2.43	2.41	2.40	2.38	2.36	2.35	2.32	2.31	2.30
13	2.44	2.42	2.41	2.39	2.38	2.36	2.34	2.33	2.31	2.30	2.27	2.26	2.23	2.22	2.21
14	2.37	2.35	2.33	2.32	2.31	2.28	2.27	2.25	2.24	2.22	2.20	2.19	2.16	2.14	2.13
15	2.31	2.29	2.27	2.26	2.25	2.22	2.20	2.19	2.18	2.16	2.14	2.12	2.10	2.08	2.07
16	2.25	2.24	2.22	2.21	2.19	2.17	2.15	2.14	2.12	2.11	2.08	2.07	2.04	2.02	2.01
17	2.21	2.19	2.17	2.16	2.15	2.12	2.10	2.09	2.08	2.06	2.03	2.02	1.99	1.97	1.96
18	2.17	2.15	2.13	2.12	2.11	2.08	2.06	2.05	2.04	2.02	1.99	1.98	1.95	1.93	1.92
19	2.13	2.11	2.10	2.08	2.07	2.05	2.03	2.01	2.00	1.98	1.96	1.94	1.91	1.89	1.88
20	2.10	2.08	2.07	2.05	2.04	2.01	1.99	1.98	1.97	1.95	1.92	1.91	1.88	1.86	1.84
21	2.07	2.05	2.04	2.02	2.01	1.98	1.96	1.95	1.94	1.92	1.89	1.88	1.84	1.82	1.81
22	2.05	2.03	2.01	2.00	1.98	1.96	1.94	1.92	1.91	1.89	1.86	1.85	1.82	1.80	1.78
23	2.02	2.00	1.99	1.97	1.96	1.93	1.91	1.90	1.88	1.86	1.84	1.82	1.79	1.77	1.76
24	2.00	1.98	1.97	1.95	1.94	1.91	1.89	1.88	1.86	1.84	1.82	1.80	1.77	1.75	1.73
25	1.98	1.96	1.95	1.93	1.92	1.89	1.87	1.86	1.84	1.82	1.80	1.78	1.75	1.73	1.71
26	1.97	1.95	1.93	1.91	1.90	1.87	1.85	1.84	1.82	1.80	1.78	1.76	1.73	1.71	1.69
27	1.95	1.93	1.91	1.90	1.88	1.86	1.84	1.82	1.81	1.79	1.76	1.74	1.71	1.69	1.67
28	1.93	1.91	1.90	1.88	1.87	1.84	1.82	1.80	1.79	1.77	1.74	1.73	1.69	1.67	1.65
29	1.92	1.90	1.88	1.87	1.85	1.83	1.81	1.79	1.77	1.75	1.73	1.71	1.67	1.65	1.64
30	1.91	1.89	1.87	1.85	1.84	1.81	1.79	1.77	1.76	1.74	1.71	1.70	1.66	1.64	1.62
32	1.88	1.86	1.85	1.83	1.82	1.79	1.77	1.75	1.74	1.71	1.69	1.67	1.63	1.61	1.59
34	1.86	1.84	1.82	1.80	1.80	1.77	1.75	1.73	1.71	1.69	1.66	1.65	1.61	1.59	1.57
36	1.85	1.82	1.81	1.79	1.78	1.75	1.73	1.71	1.69	1.67	1.64	1.62	1.59	1.56	1.55
38	1.83	1.81	1.79	1.77	1.76	1.73	1.71	1.69	1.68	1.65	1.62	1.61	1.57	1.54	1.53
40	1.81	1.79	1.77	1.76	1.74	1.72	1.69	1.67	1.66	1.64	1.61	1.59	1.55	1.53	1.51
42	1.80	1.78	1.76	1.74	1.73	1.70	1.68	1.66	1.65	1.62	1.59	1.57	1.53	1.51	1.49
44	1.79	1.77	1.75	1.73	1.72	1.69	1.67	1.65	1.63	1.61	1.58	1.56	1.52	1.49	1.48
46	1.78	1.76	1.74	1.72	1.71	1.68	1.85	1.64	1.62	1.60	1.57	1.55	1.51	1.48	1.46
48	1.77	1.75	1.73	1.71	1.70	1.67	1.64	1.62	1.61	1.59	1.56	1.54	1.49	1.47	1.45
50	1.76	1.74	1.72	1.70	1.69	1.66	1.63	1.61	1.60	1.58	1.54	1.52	1.48	1.46	1.44
60	1.72	1.70	1.68	1.66	1.65	1.62	1.59	1.57	1.56	1.53	1.50	1.48	1.44	1.41	1.39
80	1.68	1.65	1.63	1.62	1.60	1.57	1.54	1.52	1.51	1.48	1.45	1.43	1.38	1.35	1.32
100	1.65	1.63	1.61	1.59	1.57	1.54	1.52	1.49	1.48	1.45	1.41	1.39	1.34	1.31	1.28
125	1.63	1.60	1.58	1.57	1.55	1.52	1.49	1.47	1.45	1.42	1.39	1.36	1.31	1.27	1.25
150	1.61	1.59	1.57	1.55	1.53	1.50	1.48	1.45	1.44	1.41	1.37	1.34	1.29	1.25	1.22
200	1.60	1.57	1.55	1.53	1.52	1.48	1.46	1.43	1.41	1.39	1.35	1.32	1.26	1.22	1.19
300	1.58	1.55	1.53	1.51	1.50	1.46	1.43	1.41	1.39	1.36	1.32	1.30	1.23	1.19	1.15
500	1.56	1.54	1.52	1.50	1.48	1.45	1.42	1.40	1.38	1.34	1.30	1.28	1.21	1.16	1.11
1 000	1.55	1.53	1.51	1.49	1.47	1.44	1.41	1.38	1.36	1.33	1.29	1.26	1.19	1.13	1.08
∞	1.54	1.52	1.50	1.48	1.46	1.42	1.39	1.37	1.35	1.32	1.27	1.24	1.17	1.11	1.00

(4) $\alpha = 0.01$

n_2	n_1														
	1	2	3	4	5	6	7	8	9	10	12	14	16	18	20
1	405	500	540	563	576	586	593	598	602	606	611	614	617	619	621
2	98.5	99.0	99.2	99.2	99.3	99.3	99.4	99.4	99.4	99.4	99.4	99.4	99.4	99.4	99.4
3	34.1	30.8	29.5	28.7	28.2	27.9	27.7	27.5	27.3	27.2	27.1	26.9	26.8	26.8	26.7
4	21.2	18.0	16.7	16.0	15.5	15.2	15.0	14.8	14.7	14.5	14.4	14.2	14.2	14.1	14.0
5	16.3	13.3	12.1	11.4	11.0	10.7	10.5	10.3	10.2	10.1	9.89	9.77	9.68	9.61	9.55
6	13.7	10.9	9.78	9.15	8.75	8.47	8.26	8.10	7.98	7.87	7.72	7.60	7.52	7.45	7.40
7	12.2	9.55	8.45	7.85	7.46	7.19	6.99	6.84	6.72	6.62	6.47	6.36	6.27	6.21	6.16
8	11.3	8.65	7.59	7.01	6.63	6.37	6.18	6.03	5.91	5.81	5.67	5.56	5.48	5.41	5.36
9	10.6	8.02	6.99	6.42	6.06	5.80	5.61	5.47	5.35	5.26	5.11	5.00	4.92	4.86	4.81
10	10.0	7.56	6.55	5.99	5.64	5.39	5.20	5.06	4.94	4.85	4.71	4.60	4.52	4.46	4.41
11	9.65	7.21	6.22	5.67	5.32	5.07	4.89	4.74	4.63	4.54	4.40	4.29	4.21	4.15	4.10
12	9.33	6.93	5.95	5.41	5.06	4.82	4.64	4.50	4.39	4.30	4.16	4.05	3.97	3.91	3.86
13	9.07	6.70	5.74	5.21	4.86	4.62	4.44	4.30	4.19	4.10	3.96	3.86	3.78	3.71	3.66
14	8.86	6.51	5.56	5.04	4.70	4.46	4.28	4.14	4.03	3.94	3.80	3.70	3.62	3.56	3.51
15	8.68	6.36	5.42	4.89	4.56	4.32	4.14	4.00	3.89	3.80	3.67	3.56	3.49	3.42	3.37
16	8.53	6.23	5.29	4.77	4.44	4.20	4.03	3.89	3.78	3.69	3.55	3.45	3.37	3.31	3.26
17	8.40	6.11	5.18	4.67	4.34	4.11	3.93	3.79	3.68	3.59	3.46	3.35	3.27	3.21	3.16
18	8.29	6.01	5.09	4.58	4.25	4.00	3.84	3.71	3.60	3.51	3.37	3.27	3.19	3.13	3.08
19	8.18	5.93	5.01	4.50	4.17	3.94	3.77	3.63	3.52	3.43	3.30	3.19	3.12	3.05	3.00
20	8.10	5.85	4.94	4.43	4.10	3.87	3.70	3.56	3.46	3.37	3.23	3.13	3.05	2.99	2.94
21	8.02	5.78	4.87	4.37	4.04	3.81	3.64	3.51	3.40	3.31	3.17	3.07	2.99	2.93	2.88
22	7.95	5.72	4.82	4.31	3.99	3.76	3.59	3.45	3.35	3.26	3.12	3.02	2.94	2.88	2.83
23	7.88	5.66	4.76	4.26	3.94	3.71	3.54	3.41	3.30	3.21	3.07	2.97	2.89	2.83	2.78
24	7.82	5.61	4.72	4.22	3.90	3.67	3.50	3.36	3.26	3.17	3.03	2.93	2.85	2.79	2.74
25	7.77	5.57	4.68	4.18	3.86	3.63	3.46	3.32	3.22	3.13	2.99	2.89	2.81	2.75	2.79
26	7.72	5.53	4.64	4.14	3.82	3.59	3.42	3.29	3.18	3.09	2.96	2.86	2.78	2.72	2.66
27	7.68	5.49	4.60	4.11	3.78	3.56	3.39	3.26	3.15	3.06	2.93	2.82	2.75	2.68	2.63
28	7.64	5.45	4.57	4.07	3.75	3.53	3.36	3.23	3.12	3.03	2.90	2.79	2.72	2.65	2.60
29	7.60	5.42	4.54	4.04	3.73	3.50	3.33	3.20	3.09	3.00	2.87	2.77	2.69	2.62	2.57
30	7.56	5.39	4.51	4.02	3.70	3.47	3.30	3.17	3.07	2.98	2.84	2.74	2.66	2.60	2.55
32	7.50	5.34	4.46	3.97	3.65	3.43	3.26	3.13	3.02	2.93	2.80	2.70	2.62	2.55	2.50
34	7.44	5.29	4.42	3.93	3.61	3.39	3.22	3.09	2.98	2.89	2.76	2.66	2.58	2.51	2.46
36	7.40	5.25	4.38	3.89	3.57	3.35	3.18	3.05	2.95	2.86	2.72	2.62	2.54	2.48	2.43
38	7.35	5.21	4.34	3.86	3.54	3.32	3.15	3.02	2.92	2.83	2.69	2.59	2.51	2.45	2.40
40	7.31	5.18	4.31	3.83	3.51	3.29	3.12	2.99	2.89	2.80	2.66	2.56	2.48	2.42	2.37
42	7.28	5.15	4.29	3.80	3.49	3.27	3.10	2.97	2.86	2.78	2.64	2.54	2.46	2.40	2.34
44	7.25	5.12	4.26	3.78	3.47	3.24	3.08	2.95	2.84	2.75	2.62	2.52	2.44	2.37	2.32
46	7.22	5.10	4.24	3.76	3.44	3.22	3.06	2.93	2.82	2.73	2.60	2.50	2.42	2.35	2.30
48	7.20	5.08	4.22	3.74	3.43	3.20	3.04	2.91	2.80	2.72	2.58	2.48	2.40	2.33	2.28
50	7.17	5.06	4.20	3.72	3.41	3.19	3.02	2.89	2.79	2.70	2.56	2.46	2.38	2.32	2.27
60	7.08	4.98	4.13	3.65	3.34	3.12	2.95	2.82	2.72	2.63	2.50	2.39	2.31	2.25	2.20
80	6.96	4.88	4.04	3.56	3.26	3.04	2.87	2.74	2.64	2.55	2.42	2.31	2.23	2.17	2.12
100	6.90	4.82	3.98	3.51	3.21	2.99	2.82	2.69	2.59	2.50	2.37	2.26	2.19	2.12	2.07
125	6.84	4.78	3.94	3.47	3.17	2.95	2.79	2.66	2.55	2.47	2.33	2.23	2.15	2.08	2.03
150	6.81	4.75	3.92	3.45	3.14	2.92	2.76	2.63	2.53	2.44	2.31	2.20	2.12	2.06	2.00
200	6.76	4.71	3.88	3.41	3.11	2.89	2.73	2.60	2.50	2.41	2.27	2.17	2.09	2.02	1.97
300	6.72	4.68	3.85	3.38	3.08	2.86	2.70	2.57	2.47	2.38	2.24	2.14	2.06	1.99	1.94
500	6.69	4.65	3.82	3.36	3.05	2.84	2.68	2.55	2.44	2.36	2.22	2.12	2.04	1.97	1.92
1 000	6.66	4.63	3.80	3.34	3.04	2.82	2.66	2.53	2.43	2.34	2.20	2.10	2.02	1.95	1.90
∞	6.63	4.61	3.78	3.32	3.02	2.80	2.64	2.51	2.41	2.32	2.18	2.08	2.00	1.93	1.88

n_2	n_1														
	22	24	26	28	30	35	40	45	50	60	80	100	200	500	∞
1	622	623	624	625	626	628	629	630	630	631	633	633	635	636	637
2	99.5	99.5	99.5	99.5	99.5	99.5	99.5	99.5	99.5	99.5	99.5	99.5	99.5	99.5	99.5
3	26.6	26.6	26.6	26.5	26.5	26.5	26.4	26.4	26.4	26.3	26.3	26.2	26.2	26.1	26.1
4	14.0	13.9	13.9	13.9	13.8	13.8	13.7	13.7	13.7	13.7	13.6	13.6	13.5	13.5	13.5
5	9.51	9.47	9.43	9.40	9.38	9.33	9.29	9.26	9.24	9.20	9.16	9.13	9.08	9.04	9.02
6	7.35	7.31	7.28	7.25	7.23	7.18	7.14	7.11	7.09	7.06	7.01	6.99	6.93	6.90	6.88
7	6.11	6.07	6.04	6.02	5.99	5.94	5.91	5.88	5.86	5.82	5.78	5.75	5.70	5.67	5.65
8	5.32	5.28	5.25	5.22	5.20	5.15	5.12	5.00	5.07	5.03	4.99	4.96	4.91	4.88	4.86
9	4.77	4.73	4.70	4.67	4.65	4.60	4.57	4.54	4.52	4.48	4.44	4.42	4.36	4.33	4.31
10	4.36	4.33	4.30	4.27	4.25	4.20	4.17	4.14	4.12	4.08	4.04	4.01	3.96	3.93	3.91
11	4.06	4.02	3.99	3.96	3.94	3.89	3.86	3.83	3.81	3.78	3.73	3.71	3.66	3.62	3.60
12	3.82	3.78	3.75	3.72	3.70	3.65	3.62	3.59	3.57	3.54	3.49	3.47	3.41	3.38	3.36
13	3.62	3.59	3.56	3.53	3.51	3.46	3.43	3.40	3.38	3.34	3.30	3.27	3.22	3.19	3.17
14	3.46	3.43	3.40	3.37	3.35	3.30	3.27	3.24	3.22	3.18	3.14	3.11	3.06	3.03	3.00
15	3.33	3.29	3.26	3.24	3.21	3.17	3.13	3.10	3.08	3.05	3.00	2.98	2.92	2.89	2.87
16	3.22	3.18	3.15	3.12	3.10	3.05	3.02	2.99	2.97	2.93	2.89	2.86	2.81	2.78	2.75
17	3.12	3.08	3.05	3.03	3.00	2.96	2.92	2.89	2.87	2.83	2.79	2.76	2.71	2.68	2.65
18	3.03	3.00	2.97	2.94	2.92	2.87	2.84	2.81	2.78	2.75	2.70	2.68	2.62	2.59	2.57
19	2.96	2.92	2.89	2.87	2.84	2.80	2.76	2.73	2.71	2.67	2.63	2.60	2.55	2.51	2.49
20	2.90	2.86	2.83	2.80	2.78	2.73	2.69	2.67	2.64	2.61	2.56	2.54	2.48	2.44	2.42
21	2.84	2.80	2.77	2.74	2.72	2.67	2.64	2.61	2.58	2.55	2.50	2.48	2.42	2.38	2.36
22	2.78	2.75	2.72	2.69	2.67	2.62	2.58	2.55	2.53	2.50	2.45	2.42	2.36	2.33	2.31
23	2.74	2.70	2.67	2.64	2.62	2.57	2.54	2.51	2.48	2.45	2.40	2.37	2.32	2.28	2.26
24	2.70	2.66	2.63	2.60	2.58	2.53	2.49	2.46	2.44	2.40	2.36	2.33	2.27	2.24	2.21
25	2.68	2.62	2.59	2.56	2.54	2.49	2.45	2.42	2.40	2.36	2.32	2.29	2.23	2.19	2.17
26	2.62	2.58	2.55	2.53	2.50	2.45	2.42	2.39	2.36	2.33	2.28	2.25	2.19	2.16	2.13
27	2.59	2.55	2.52	2.49	2.47	2.42	2.38	2.35	2.33	2.29	2.25	2.22	2.16	2.12	2.10
28	2.56	2.52	2.49	2.46	2.44	2.39	2.35	2.32	2.30	2.26	2.22	2.19	2.13	2.09	2.06
29	2.53	2.46	2.46	2.44	2.41	2.36	2.33	2.30	2.27	2.23	2.19	2.16	2.10	2.06	2.03
30	2.51	2.47	2.44	2.41	2.39	2.34	2.30	2.27	2.25	2.21	2.16	2.13	2.07	2.03	2.01
32	2.46	2.42	2.39	2.36	2.34	2.29	2.25	2.22	2.20	2.16	2.11	2.08	2.02	1.98	1.96
34	2.42	2.38	2.35	2.32	2.30	2.25	2.21	2.18	2.16	2.12	2.07	2.04	1.98	1.94	1.91
36	2.38	2.35	2.32	2.29	2.26	2.21	2.17	2.14	2.12	2.08	2.03	2.00	1.94	1.90	1.87
38	2.35	2.32	2.28	2.26	2.23	2.18	2.14	2.11	2.09	2.05	2.00	1.97	1.90	1.86	1.84
40	2.33	2.29	2.26	2.23	2.20	2.15	2.11	2.08	2.06	2.02	1.97	1.94	1.87	1.83	1.80
42	2.30	2.26	2.23	2.20	2.18	2.13	2.09	2.06	2.03	1.99	1.94	1.91	1.85	1.80	1.78
44	2.28	2.24	2.21	2.18	2.15	2.10	2.06	2.03	2.01	1.97	1.92	1.89	1.82	1.78	1.75
46	2.26	2.22	2.19	2.16	2.13	2.08	2.04	2.01	1.99	1.95	1.90	1.86	1.80	1.75	1.73
48	2.24	2.20	2.17	2.14	2.12	2.06	2.02	1.99	1.97	1.93	1.88	1.84	1.78	1.73	1.70
50	2.22	2.18	2.15	2.12	2.10	2.05	2.01	1.97	1.95	1.91	1.86	1.82	1.76	1.71	1.68
60	2.15	2.12	2.08	2.05	2.03	1.98	1.94	1.90	1.88	1.84	1.78	1.75	1.68	1.63	1.60
80	2.07	2.03	2.00	1.97	1.94	1.89	1.85	1.81	1.79	1.75	1.69	1.66	1.58	1.53	1.49
100	2.02	1.98	1.94	1.92	1.89	1.84	1.80	1.76	1.73	1.69	1.63	1.60	1.52	1.47	1.43
125	1.98	1.94	1.91	1.88	1.85	1.80	1.76	1.72	1.69	1.65	1.59	1.55	1.47	1.41	1.37
150	1.96	1.92	1.88	1.85	1.83	1.77	1.73	1.69	1.66	1.62	1.56	1.52	1.43	1.38	1.33
200	1.93	1.89	1.85	1.82	1.79	1.74	1.69	1.66	1.63	1.58	1.52	1.48	1.39	1.33	1.23
300	1.89	1.85	1.82	1.79	1.76	1.71	1.66	1.62	1.59	1.55	1.48	1.44	1.35	1.28	1.22
500	1.87	1.83	1.79	1.76	1.74	1.68	1.63	1.60	1.56	1.52	1.45	1.41	1.31	1.23	1.16
1 000	1.85	1.81	1.77	1.74	1.72	1.66	1.61	1.57	1.54	1.50	1.43	1.38	1.28	1.19	1.11
∞	1.83	1.79	1.76	1.72	1.70	1.64	1.59	1.55	1.52	1.47	1.40	1.36	1.25	1.15	1.00

主要参考书目

[1] 向蓉美，王青华，马丹. 统计学 [M] 北京：机械工业出版社，2017.

[2] 王淑芬. 应用统计学 [M]. 2版. 北京：北京大学出版社，2011.

[3] 李卉妍，王浩. 统计学：原理与SPSS应用 [M]. 北京：机械工业出版社，2013.

[4] 田海霞，景刚. 统计学：原理与Excel应用 [M]. 北京：机械工业出版社，2016.

[5] 安德森，斯威尼，威廉斯. 商务与经济统计：精要版 [M]. 雷平，译. 北京：机械工业出版社，2012.

[6] 贾俊平. 统计学 [M]. 6版. 北京：中国人民大学出版社，2015.

[7] 曾五一，朱平辉. 统计学在经济管理领域的应用 [M]. 北京：机械工业出版社，2012.

[8] 曾五一，肖红叶. 统计学导论 [M]. 2版. 北京：科学出版社，2011.

[9] 唐金华，姚世斌，蒋海燕，等. 社会经济统计学：原理与Excel应用案例分析 [M]. 成都：西南财经大学出版社，2017.

[10] 刘桂荣. 统计学原理 [M]. 2版. 上海：华东理工大学出版社，2019.

[11] 庞皓. 统计学 [M]. 6版. 成都：西南财经大学出版社，2019.

[12] 徐晓岭，王磊. 统计学 [M]. 北京：人民邮电出版社，2015.

[13] 陈磊. 应用统计学 [M]. 北京：中国纺织出版社，2018.

[14] 程建华，洪文. 统计学原理与应用 [M]. 北京：人民邮电出版社，2013.

[15] 庞淑萍，孙伟. 概率论与数理统计 [M]. 北京：化学工业出版社，2016.

[16] 同济大学数学系. 概率论与数理统计 [M]. 北京：人民邮电出版社，2017.

[17] 陈桢. 统计学原理 [M]. 北京：中国经济出版社，2018.

[18] 风笑天. 社会研究方法 [M]. 北京：中国人民大学出版社，2018.